太陽下的魯迅

魯迅與左翼文人

房向東——著

序

何滿子

到明年，魯迅棄世將整整60年了。對於由他的乳汁哺養大的我們這一代，魯迅比無數活著的人更活著。對於那些敵視魯迅，或因為魯迅巨大的存在而對他們有所妨礙的人們，魯迅也仍然是他們驅趕不去的心病。魯迅去世以後，對魯迅的詆毀、中傷、曲解和居心叵測的陽尊而陰貶，即使不比他在世時更多，至少在手法上更為深曲，更所謂「皮裡陽秋」。比起那些直斥魯迅作品為「魯貨」的妄人來也更有蠱惑力，因而也更為陰毒。

如我們所熟知，在建國後的最初階段，蹧蹋魯迅主要是為了達到某種政治目的，如在製造胡風、馮雪峰等人的冤案時，說什麼「魯迅看錯了人」，「魯迅被壞人所包圍」之類的讕言成為「一律」的輿論。接著是「四人幫」時期的把魯迅塑造成偶像，其目的，一面是將魯迅給真正的造神運動陪綁，把魯迅歪曲成造反英雄的守護神；一面將魯迅劈削成棍子，用以為「橫掃一切牛鬼蛇神」的武器。但不論前者和後者，都沒有能使魯迅和蹧蹋他的人一樣聲名狼藉。雖

然如此，但從「左」的一面敗壞魯迅聲名的歷時頗久的活動仍然若干地給魯迅造成了損害。那主要的損害是，壞貨們在不明真相的群眾中造成了一個虛假的印象，即魯迅似乎和這些壞貨是同夥。

人們厭惡透了極「左」的那一套，同時人們也要求對歷史，特別是五四以來的文化運動進行反思；於是也要求重新認識過去那些與「左」的思潮沒有瓜葛的人物，乃至站在敵對方面的人物，重新評價。這是一種可以理解的歷史的反撥，為了嫌惡「左」，人們在感情上希望在極「左」思潮之外找尋抗衡人物，哪怕中間人物也好。這種逆反心理使林語堂、梁實秋、胡適，甚至漢奸周作人也成了研究的熱門人物。本來，對歷史人物進行再評價，對人物的功過是非重新做出理智的客觀的歷史估量，未嘗不是好事。五四以來文化上的著名人物大抵與魯迅有過關係；事實上，當時活躍在文化學術界人物也不可能不與新文化運動的旗手和主將魯迅有正面或負面、直接或間接的關係。研究他們時必須提到魯迅。尤其必須注意的是，由於以後成為極「左」路線的一些代表人物，是由當年與人民共命運的文化主流中的一翼蛻變而成的，魯迅當時正置身於主流之中；魯迅雖然也和本陣營的「左」的萌芽勢力相抗衡，做了許多艱苦的抵制

（最具體地表現在《且介亭雜文末編‧答徐懋庸並關於抗日統一戰線問題》一文中。順便說說，此文是瞭解魯迅思想人格和瞭解中國新文學運動的人必須反覆認真閱讀的文獻）；但是，為了民族和人民解放運動的利益，魯迅不得不維護雖然夾有不純成份的但大方面一致的主流。為此，他必須譴責、批評、有時是規勸對主流起干擾作用的異己勢力，這在當時的形勢下是無可非議的。近年來的論客們卻常常在這些論戰上做文章，尋覓魯迅的「陰暗」面。事實上，這些曾被魯迅撻伐、諷刺或規誡過的人物，不論在以後的生涯中升沉如何，發生了何等樣的變化，在當時的情勢中，在魯迅所針對的問題上，都是該被指責和批判的，正義在魯迅的一方。只要是尊重歷史，不錯置時空，不懷偏見的人，都只能得出這樣的結論而不是其他。

　　可是，由於挾著對「左」的一套的厭恨，當今有不少論客帶著一種逆反心理，一種給過去主流以外的人物「平反」的心態，對他們重新評價時，往往無視或故意抹煞時空和條件，佯作客觀超脫狀，在提到這些人物和魯迅的關係時，對他們當時所起的負面作用或置之不論，或曲予辯解，巧辭洗雪；甚至拿魯迅墊背以托高這些人物。這是近年來的一個新動向，是新一輪的對魯迅的貶抑和

曲解。——其實，即使不論及魯迅，將魯迅的論敵抬高，就是假此形彼貶低魯迅。

論客們貶抑魯迅的動機當然是各不相同的，有的純然是自私的目的。比如，孤桐先生章士釗，舊民主革命時期和章太炎來往過，傾向大概不算壞；建國前夕是識時務之俊傑，且又和國家領導人有私誼，成了著名的上層統戰對象，晚節頗為光彩。但是在二〇年代〇初北洋軍閥統治時期當過總長，人稱「老虎總長」。不論在政治上或文化上都是十足加一的反動人物。由於他鎮壓女師大，對站在正義一方的魯迅萬分嫉妒，又兼魯迅戳穿了他們一夥的「國粹」假古董，便假權濟私撤去了魯迅的職務，作惡非止一端，都有歷史可按，醜跡昭著，人誰不知？可是孤桐先生的後人為了把尊人打扮成一貫正確，通體漂亮，竟撰文栽誣魯迅當年和他的鬥爭是「偏見」，說什麼章士釗主張「一生要與人為善，切莫加害他人」云云。那麼，錯誤竟全在魯迅，簡直滑稽之至。即使「三·一八慘案」的罪責可以推諉，難道鎮壓女師大，撤魯迅的職也叫「與人為善」？也叫「不加害他人」嗎？可笑！當然，這類曲解太幼稚了，沒有多少市場。

魯迅與舊禮教的衛道士「國粹派」之流戰，與北洋軍閥刺刀庇蔭下的「正人君子」陳源之輩戰，與誘勸學生進入研究室莫問國事的胡適之流戰，與國民黨御用文人如民族主義文學派戰，凡此種種，即使論客們想從雞蛋裡挑骨頭也沒有什麼文章可做。與創造社、太陽社以及三〇年代「左」的暗流戰，也就是魯迅所說的要防備「同一陣營放來的冷箭」，迫使他在對敵作戰時也必須「橫著站」的那檔子事，也因為毛澤東說過魯迅是新文化運動的方向，定了調，下面心懷嫌隙的諸君也只好限於在私下裡嘀嘀咕咕，或用旁敲側擊的小動作損害魯迅；而其對魯迅洩怨的方法，則是遷怒於與魯迅生前關係密切的戰友，如胡風、馮雪峰等人都被往死裡整。連類而及，如丁玲、聶紺弩、彭柏山等一批人也沒有好果子吃。這種對魯迅的怨恨在檯面上是擺不出來的，除了「實際解決」以外，不好在文字上做手腳，頂多只能拐彎抹角地嘁嘁喳喳一下，做不成正面文章。

事到如今，剩下的就是在海外的林語堂、梁實秋等人了。稍明事理的人都能判斷在當時的形勢和條件下，魯迅在和他們的論戰中居於正確的一方是不容置疑的；林、梁等人後來所走的道路，也證明他們與人民共和國不是同心同德。於是專就他們文學和學術上的若干成就做文章。以他們的成就證明魯迅當年在

某些問題上對他們的不容為「偏狹」，使不熟悉歷史的新一代人在他們的誤導下難以辨明是非。這種以此形彼的手法有時是能若干地得售的。與之相類的是，近年來對漢奸周作人的近於狂熱的美化。研究周作人也沒有什麼不可以，怪的是，沒有一位論客肯正視這樣的重要事實：即自從由於周作人的挑釁而導致兄弟反目（這件事的本身就是周作人蓄意用捕風捉影的暖味來損害魯迅，以達到其背信棄義的卑劣目的的。說穿了十分卑瑣可笑，無非是他的日本女人想趕走魯迅，佔下魯迅購置的房產，並將贍養老太太的責任推給魯迅獨自承當，而這壞女人可以成為家庭主宰，自行其是，如此而已）。以後，周作人的文章，基本上是以傷害魯迅做為他的「終極關懷」的。周作人一貫處處標榜和魯迅走兩條路，對革命文學明諷暗嘲，他之最後終於當了漢奸，可謂事有必至。只是他會做文章，言偽而辯，說怪話也說得含蓄而有文采罷了。直到解放以後，所寫的《魯迅的故家》、《魯迅小說中的人物》，即在靠賣魯迅吃飯時，仍在損害魯迅，惡毒地將現實主義的魯迅拉下來變成自然主義的魯迅。所有這些，聰明的論客們在宣揚周作人如何這好那好的「客觀」研究文字中，何嘗點明過一個字？善於抉發「文心」的評論家們對周作人「文心」的核心部分一點不感興趣，只是黏嘴抹舌地嘆賞他的智慧和境界，以此為「真賞」，真不知其玄機所在。

至於魯迅的文心，那真是清楚不過的。他一生都為民族和人民的解放而戰鬥。為此，他必然要不妥協地站在殘民媚外的國民黨反動勢力及其幫兇幫閒們的對立面。如上所言，當時代表人民力量的主流並非是一塵不染，無可訾議的。在文藝方面，既有前蘇聯「拉普」的壞影響，又有當時史達林在政治上主張的「中間勢力最危險」的「左」的指導思想的危害，這種危害侵入文藝領域，由瞿秋白、馮雪峰等黨的代表播送和影響魯迅。按當時的理論水準，在當時的鬥爭形勢下，即使兩害相權取其輕，魯迅也只能選擇代表人民利益的革命力量的一方，維護其權威。直到「兩個口號」之爭，宗派主義的猖狂實在使魯迅不能容忍時，才有《致徐懋庸》那封有名的信所表示的和錯誤傾向不妥協的態度，堅持其獨立思考的勇邁精神。這是魯迅的深沉的痛苦，也顯示了他的發光的良心。而在這以前的一段時間裡，如對「第三種人」的爭論，都是為維護「左聯」的權威，即某種意義上的「遵命文學」。今天看來似乎不無可議之處，或可視為帶有宗派關門主義的偏頗。但這主要是由瞿秋白、馮雪峰等人為代表的當時成問題的路線影響所導致的。解放後馮雪峰曾著《黨給魯迅以力量》一書，如

以當時的某些鬥爭來說，以瞿、馮為代表的影響實在是損害了魯迅的。當然，責任也不在瞿、馮，這是那時「國際」和上面的路線。在當時複雜的很不明朗的鬥爭環境中，魯迅也如他所說的看人要看其大節一樣，只能站在代表人民利益的政治勢力一方，配合其戰鬥，別無選擇。何況，「第三種人」確實也對進步文藝陣營進行干擾，對「左聯」冷嘲熱諷，態度並不友好；其中一些成員的社會性行動和文學傾向也確實有毛病，這些都在魯迅的批評中可以看到。再說，魯迅就他們的文學傾向進行批評，在正常的文學批評中也是應該的，只是人們習慣於將當時的文學論戰都當作政治鬥爭來看，問題的性質就沉重起來了。縱然如此，認真讀一下魯迅批評「第三種人」的文章，也可以發現和他對待國民黨御用文人的誅伐有所區別，並不採取勢不兩立的敵對態度，魯迅是掌握分寸的。至於文筆的辛辣，乃是其一貫的風格使然，魯迅批評同一陣營的戰友亦復如此。對老朋友，如數度分合，最後也並未徹底決裂的林語堂，魯迅的批評也是很不鬆和的，收於《且介亭雜文二集》中的《「題未定」草（二、三）》，反覆用以其人之文反治其人的辛辣尖刻可以為證，但究竟只是看問題的見解之爭，和對敵人的誅伐究竟不同。

魯迅熱烈地愛，也熱烈地恨，對於有害的事物，對國民性的痼疾，鞭韃固然不留情面；對於某些不良傾向，並非構成大患的，他也常義憤溢於言表，或因愛深而責重，如嚴父師之責子弟，其實出於對人生的愛心，但很多人以為未免太「偏激」。凡對陳腐的中國社會的死樣活氣的習俗有痛切感受的人，卻會覺得他「偏激」得可愛，覺得中國文化多麼需要魯迅式的反中庸、反鄉愿的「偏激」呀！魯迅是人，當然也有缺點，如要吹毛求疵，有的是碴可找，但「偏激」絕非缺點，正是他的生命的華彩部分。

魯迅的「偏激」是對事不對人的。要傷著人，那是因事而傷人。比如，最近還有人因他批評梅蘭芳一事而嘖有煩言，呶呶不休。魯迅與梅蘭芳何怨何尤？他是評現象而及人。魯迅諷刺「男人扮女人的藝術」難道錯了嗎？這種扭曲人性的醜陋的傳統寶貝有什麼值得肯定？最近讀六月十七日的《光明日報》，刊有瀋陽市取締男扮女裝的模特兒表演的消息，試問這類惡劣的表演也取締錯了嗎？我們是否還應該稱頌男子留辮女子纏足呢？那些玩藝兒以前不也是被當時人嘖嘖稱美的嗎？這裡所涉及的是一個社會問題，美學問題，當然也是「國民性」的問題，豈僅是批判一個具體的對象而已！

當然，習慣於欣賞「男子扮女子的藝術」的人們是不喜歡這些逆耳之言的，他們習慣於這種「永恆的藝術」之美妙，不自覺自己的精神之被扭曲。天真地喊出皇帝是光屁股的孩子是討人嫌的，魯迅不也正是以人性之本然提示了這種「藝術」之扭曲人性嗎？而且，魯迅還不知趣地揭了底，揭出這種藝術「男人眼裡扮女人，女人眼裡男人扮」的欣賞者的心裡的隱祕呢！當然是無可饒恕的「偏激」、「不識相」和「可惡」了。

魯迅從來就為衛道的君子們所敵視，為屠伯們所痛恨，為「死的說教者」所嫉忿，為形形色色的幫兇幫閒們所疾首，為「蒙大旗做虎皮」的幫朋派友們所忌憚，也為講究「中庸之道」的「中正和平」的人們所不滿。而且正如魯迅所自陳，他的「壞處，是論時事不留面子，砭錮弊常取類型，而後者尤與時宜不合。」（《偽自由書．前記》）分明是抨擊某一現象，因為所取的是標本，便被疑為專對私人，各就自己的瘡疤與圖像對號入座。不少讀者也往往只注意魯迅「罵」了某人，而不察魯迅指摘時弊的秉持公心。由於時間的距離，情況的隔閡，新一代的讀者更難以就彼時彼地彼事的具體情況判明是非，連就事論事也難以辦到；何況還有對魯迅的重重曲解，在給讀者以誤導呢？

誠然，有《魯迅全集》在，不存偏見的認真的讀者可以從中認識魯迅；從事魯迅和現代文學、現代中國研究的人，也有巨帙的《魯迅研究學術資料彙編》，搜集著與魯迅論戰過的幾乎全部文字，可供參比，藉這些文獻判明魯迅和論戰對手們的曲直所在。可是，這畢竟不是一般讀者所能細讀和泛覽的。房向東先生積數年之力，勾稽了魯迅和曾與之有過干涉的人物的資料，並廣採研究者的有關評論，寫成《魯迅與他「罵」過的人》一書，對當年的一場場公案做了集中的描述，分人成篇，頗似傳統的「學案」體的格式，扼述這些與魯迅有干涉過的人物的簡況和他們與魯迅的關係史，未曾與魯迅直接交往過的人也扼敘了對象的基本性狀，提供了魯迅之所以要「罵」的背景資料。對幾起重要的論戰，則扼要引錄了雙方論旨的原文。對論戰雙方的是非或做出自己的評價，或援引了研究者的見解。即使直敘事象，作者本人的傾向也鮮明地流露在客觀的敘述之中。對於理解魯迅，理解現代文學和文化史乃至理解現代中國，我想本書都是很有用的。

不管作者在書中對人物和事件的評價是否得當，乃至我自己也未必完全同意他的有些見解，但這些意見都是作者獨立做出，沒有懷著別的不光彩的目的去解

讀魯迅，這一誠實的態度就值得肯定。作者盛情約我作序，故就平時對魯迅的一點想法寫出如上。魯迅至今還活著，並將隨著歷史永遠活下去，研究魯迅的工作也將永遠做下去。凡是認真而又誠實的研究者，必將獲得讀者的感佩，我相信本書及作者也是。

一九九五年六月於上海

（這是何滿子先生為本書初版做的序。本書原名《魯迅與他「罵」過的人》，經過修訂，新增二十萬字，現分為二書，分別是《「新月邊的魯迅」——魯迅與右翼文人》、《「太陽下的魯迅」——魯迅與左翼文人》，二書同時續用何序。）

引言

說起魯迅與左翼文壇的關係，我們就會想起「革命文學論戰」、「兩個口號的論戰」等，這些論戰的來龍去脈，是非曲直，現代文學史已經有詳盡的論述。其實呢，論戰是由人挑起的，比如，說到「革命文學論戰」，就離不開魯迅與郭沫若、成仿吾這些人物的糾葛；說到「兩個口號的論戰」，也離不開魯迅與「四條漢子」等的恩怨。本書正是從「人」的角度，看魯迅與這些左翼文人的論戰甚至對罵的，盡量以客觀公正的態度，用歷史的眼光，重新審視這些筆墨官司。人物的糾紛，尤其是名人之間的糾紛，以及相關人物的命運，尤為讀者所關注。應該說，本書可以做為相關議題的補充，軟化了相關議題，多了可感性。

書名取《「太陽下的魯迅」——魯迅與左翼文人》。

魯迅視左翼文人為「同一營壘中人」。他正面與右翼文人陳西瀅、梁實秋之流戰，但卻需時時提防著「同一營壘」中人，「化了裝從背後給我一刀」。魯迅多次在私人通信中談到他的這一感慨。應該說，這些通信或是直接或是間

接地針對田漢等左翼文人的。一九三四年十二月十八日魯迅在致楊霽雲的信中說：「叭兒之類，是不足懼的，最可怕的確是口是心非的所謂『戰友』，因為防不勝防。例如紹伯之流，我至今還不明白他是什麼意思。為了防後方，我就得橫站，不能正對敵人，而且瞻前顧後，格外費力。身體不好，倒是年齡關係，和他們不相干，不過我有時確也憤慨，覺得枉費許多氣力，用在正經事上，成績可以好得多。」一九三五年一月十五日，魯迅在致曹靖華的信中說：「……最奇的是竟有同人而匿名加以攻擊者，子彈從背後來，真足令人悲憤……」一九三五年四月二十三日，在致蕭軍、蕭紅的信中，魯迅感慨：「敵人不足懼，最令人寒心而且灰心的，是友軍中的從背後來的暗箭；受傷之後，同一營壘中的快意的笑臉。因此，倘受了傷，就得躲入森林，自己舐乾，紮好，給誰也不知道。我以為這境遇，是可怕的。我倒沒有什麼灰心，大抵休息一會，就仍然站起來，然而好像終竟也有影響，不但顯於文章上，連自己也覺得近來還是『冷』的時候多了。」來自自己人的攻擊，魯迅是最為痛恨的。他在《給文學社信》中說：「給我以汙衊和侮辱，是平常的事；我也並不為奇：慣了。但那是小報，是敵人。略具識見的，一看就明白。而《文學》是掛著冠冕堂皇的招牌的，我又是同人之一，為什麼無端虛構事蹟，大加奚落，至於到這地步呢？莫非缺一個勢利卑劣的老人，也在文學戲臺上跳舞一下，以給觀眾開心，且催嘔吐嗎？我自信還不至於是這樣的腳色，我還能夠從此跳下這可怕的戲臺。那時就無論怎樣誣辱嘲罵，彼此都沒有矛盾了。」後來提到此事時，他說：「寧可與敵人明打，不欲受同仁的暗笑也。」

前面作戰，又要防著後面的子彈，魯迅是敵人的敵人，卻同時是「戰友」的異類。因腹背受敵，必須橫站。魯迅是一個獨然面對各種黑暗或灰色勢力、組織及宵小之輩的「戰士」，一個傲然獨立，卻是遍體鱗傷，過早地耗盡了體內的全部燃料，常四面受敵，不得不「橫站」著的「異類」。魯迅格外吃力，格外憤怒，格外絕望，魯迅是憤怒而又絕望的孤獨者。

讓魯迅「橫站」的田漢等左翼文人算是被魯迅「咬」住了。不過，應該說，魯迅對他並沒有「窮追猛打」，只是私下通信中說說。畢竟，魯迅還念及是「同一營壘」的。

其實，魯迅不只「橫站」在左右之間，也一直「橫站」在古今之間，中西之間，新舊之間，魯迅就是一個「橫站」著的「中間物」——魯迅「橫站」在

無邊無際的曠野。

這正是我取這一書名的用意所在。

雖然歷史上有左翼和右翼之分，正如毛澤東所言，凡是有人的地方，就有左、中、右，但是，應該指出的是，所謂「左翼」和「右翼」，在概念上有很多值得推敲的地方。

第一，這是模糊的概念。什麼是左，什麼是右，其解析的空間非常之大，其彈性也非常之大。在國民黨做為執政黨，共產黨做為在野黨的三、四〇年代，與共產黨站在一起的，肯定屬翼份子，比如郭沫若與周揚等，事實上，他們就是不曾公開身分的共產黨人；此外，那些不和一黨獨裁的國民黨政府合作的人，沒有在當時的體制內運作的人，比如早年的高長虹，還有魏建功、李小峰等人，似乎也應該屬於廣義的翼份子，至少是中間偏左的人物。

第二，這是相對的概念。一是相對於右，這很容易理解，沒有右翼的幫襯無以顯示左翼，反之，也成立；二是相對於當時特定的歷史，「左聯」時期的「左」的概念要嚴格許多，如胡喬木所言，「左聯」是半個黨，是黨的外圍組織。可是，到了「左聯」解散，「國防文學」提出，或抗日民族統一戰線形成後，「左」

的概念要相對寬泛一些。

第三，這是變化的概念。人是會變化的，魯迅生前就說過大意如此的話，極左是容易變成極右的。這樣的例子很多，比如張春橋，曾經是左翼文人，後來成為極左份子，成為「四人幫」的一員；楊邨人曾經「左」過，屬於「革命小販」一類，後來變節了；至於張資平，那更是應了魯迅所言，走向「極右」——成了漢奸了。

還要指出的是，做為文人的所謂左翼與右翼，雖然有程度不同的政治因素，但文人終究是文人，不是政治家，所以更多的是文化概念，主要是指思想觀念和價值判斷，而不是政治上的左翼陣營與右翼陣營，不是政治概念。本書的「左翼」取的也正是文化的概念。

總之，希望讀者把本書的「左翼」當作寬泛的概念，把本書看作是魯迅與左翼文人是是非非問題的文化讀本，而不要認為是對相關人物的政治評判。

除了此書中大多一目了然的左翼文人，還有若干不好下判斷者，或者說屬於中間偏左人物吧，新中國成立以後，他們在為新中國工作著，我將其做為「附錄一」收在書中。

有一些人物，與魯迅有一些小糾葛，展開來寫，沒有太多內容，但如果不涉及，又顯得不夠「齊全」，比如魯迅與茅盾、馮乃超等，我選擇簡單介紹，文字雖少，像是讀書小品，畢竟留下一鱗半爪，也有可讀性，做為「附錄二」。

此外，本書所設議題，都是多多少少與魯迅有過論戰或糾葛的，其他的左翼文人，比如瞿秋白、胡風、馮雪峰、蕭軍、丁玲等，他們或是魯迅的知己，或是魯迅的追隨者，他們與魯迅的友誼為世人所熟知，基本上沒有什麼可評判的，本書不再涉及。

目錄

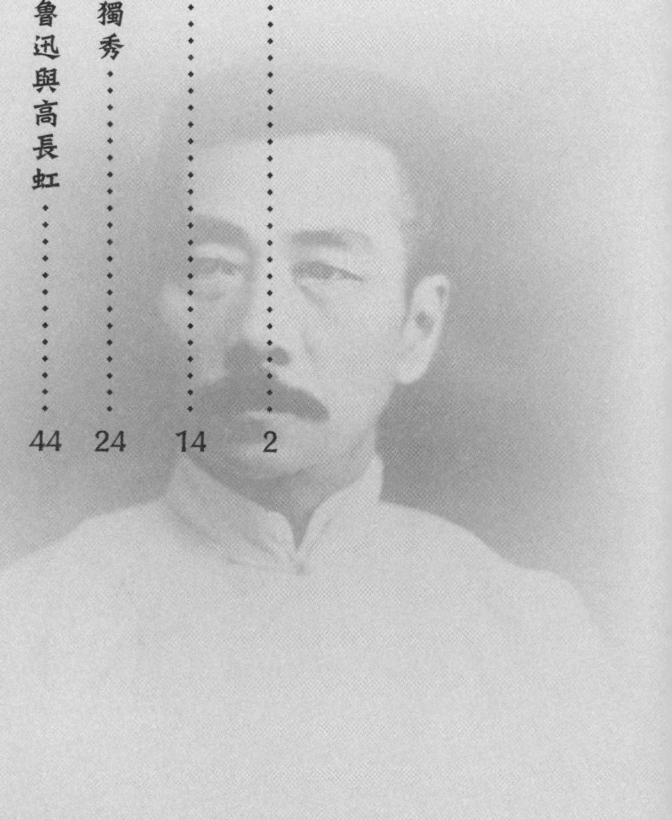

附錄二

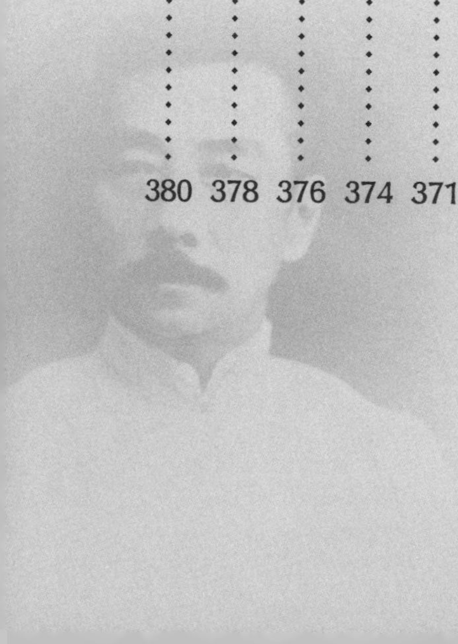

「過河拆橋」與「落井下石」

——魯迅與陳獨秀

魯迅與陳獨秀都是五四新文化運動的巨人，雖然他們在新文化運動中相互欣賞，相互支持，但應該說實際的往來非常之少。在相當長的一段時間，談魯迅與陳獨秀的文章甚少。說魯迅與陳獨秀的友誼嗎，因為眾所周知的陳獨秀的原因，顯然是不合適的；說魯迅與陳獨秀的論戰嗎，除了私下言談，又實在沒有什麼大不了的論戰。據此，我深刻認識到，有的歷史話題只有到了一定的歷史條件下，一定的時間段，才有可能發酵。

對魯迅與陳獨秀關係問題妄加非議的，當屬李敖的魯迅「過河拆橋」與「落井下石」說。這些倒是牽涉到了魯迅與陳獨秀關係的方方面面。因此，我就從李敖的胡言亂語說起吧！

早年，讀過牧惠先生編選的《千秋評論》，與柏楊的《醜陋的中國人》及龍應台的《野火集》一樣，給我留下了深刻的印象。我甚至以為，臺灣的這幾個男女，有魯迅遺風，是魯迅的傳人。應該實話實說，《千秋評論》以後，我就再也沒有接觸過李敖的作品。二〇〇五年六月至二〇〇六年八月，李敖在鳳凰臺他的名牌欄目「李敖有話說」（我以下所引李敖言論均出自於此）突然糾纏上了魯迅，對魯迅再三發難，信口雌黃。此後，還把他的胡言亂語編輯成了名著，

中中國友誼出版公司出版了，廣為流佈。

一

在陳獨秀問題上，李敖要把魯迅描述成一個過河拆橋、落井下石的人。先說過河拆橋。在李敖眼裡，陳獨秀似乎有恩於魯迅，魯迅是陳獨秀一手「提拔」起來的，他說：「當時魯迅這些人都是陳獨秀提拔起來的，或者幫忙大家一起共事，一起竄起來的。」

陳獨秀辦了《新青年》，先是透過錢玄同催促魯迅寫文章，後來陳獨秀自己也催促魯迅寫文章，陳和魯的關係，就是這麼簡單的關係。編輯需要稿件，向認為合適的作者組稿，如果作者答應了，應該說是作者對刊物和編輯的支持，哪裡有什麼提拔不提拔的問題?當年，魯迅們給《新青年》寫稿，甚至沒有一分錢的稿費，無論從哪一方面看，都只能說是魯迅對《新青年》和陳獨秀給予了支持。況且，後來魯迅也參加了《新青年》的編輯工作，他們屬於同仁雜誌的同仁，僅此而已。

倘說陳獨秀當了總書記，提拔魯迅當了宣傳部長，還勉強算得上「提拔」。不過，嚴格說來，也不是的，那時的共產黨處在非法的在野的地位，假如陳獨秀讓魯迅當了宣傳部長，也只是共同奮鬥的同志，不存在提拔不提拔的問題，因為他們沒有什麼私利可言，沒有像今天這樣有這個待遇那個待遇，還有若干特權；當年，他們一不小心就可能把自己折騰進了監獄，甚至送命。

什麼是提拔？當下的某些行政首長，任用自己的祕書到要害部門或油水多的部門工作，其作用力都來自上面，又「提」又「拔」，這才叫名符其實的「提拔」。總之，魯迅之所以成為魯迅，與陳獨秀幾無關係，絕對不是陳獨秀「提拔」的結果，陳獨秀也無恩於魯迅，他們只是編輯與作者的關係，是編輯同仁的關係，是五四新文化運動中兩個並行的巨人。既是如此，何言過河拆橋之類?!李敖後一句說的，「或者幫忙大家一起共事，一起竄起來的」，這還有點像人話，與事實相對接近。

李敖這個所謂的文章高手，在一句話裡，前後兩層意思不能互相支持，甚至是矛盾的。

二

再來看所謂的落井下石。李敖說：「陳獨秀當年是北京大學的文科學長，就是文學院院長，他後來做了中國共產黨的創辦人，可是因為政治路線不同，最後中國共產黨把他開除，他也坐了牢。可是坐牢的時候，被一個人落井下石，人家坐牢你怎麼可以落井下石呢？那個人是誰啊？不是別人，就是魯迅。」

魯迅怎麼對陳獨秀落井下石了，魯迅當年下的「石頭」在哪裡？魯迅又有什麼必要對陳獨秀落井下石呢？李敖接著說：

今天肯定五四新文化運動的這些紀錄裡面，大家都知道陳獨秀是有功勞的，大家也談到說是胡適、魯迅，他們都是有功勞的，可是大家不要忘記，在陳獨秀被國民黨抓起來的時候，魯迅不但不能像胡適這樣子去救陳獨秀，反倒用他一貫的諷刺跟清涼話來諷刺陳獨秀。我們在濮清泉的這篇文章《我所知道的陳獨秀》裡面，我們可以看到啊，他說魯迅在《新青年》上面，他是一名戰將，但不是主將，我們歡迎他寫稿，這是那個陳獨秀的口氣，可是陳獨秀入獄以後，魯迅曾以何干之的筆名，在《申報》自由談上面，罵陳獨秀是《紅樓夢》中的焦大，焦大因為罵了主子王熙鳳而落得吃馬屎，陳獨秀創辦了中國共產黨，他在為黨受苦受難的時候，坐牢的時候，被國民黨打壓的時候，魯迅居然這個樣子的對待陳獨秀，大家不覺得魯迅這個人的所謂的文學家、思想家、革命家的這個風骨，有點問題嗎？

我們先來說說「諷刺跟清涼話來諷刺陳獨秀」以及「陳獨秀是焦大」的問題。李敖提到的濮清泉《我所知道的陳獨秀》(1)這篇長文，牽涉到魯迅的有這樣一段話：

我問陳獨秀，是不是因為魯迅罵你是焦大，因此你就貶低他呢？（陳入獄後，魯迅曾以何干之的筆名在《申報・自由談》上，罵陳是《紅樓夢》中的焦大，焦大因罵了主子王熙鳳，落得吃馬屎。）他說，我絕不是這樣小氣的人，他若罵得對，那是應該的，若罵得不對，只好任他去罵，我一生挨人罵者多矣，我從沒有計較過。我絕不會反罵他是妙玉，魯迅自己也說，謾罵絕不是戰鬥，我很欽佩他這句話，毀譽一個人，不是當代就能做出定論的，要看天下後世評論如何，還要看大眾的看法如何。總之，我對魯迅是相當欽佩的，我認他為畏友，他的文字之鋒利、深刻，我是自愧不及的。人們說他的短文似匕首，我說他的文章勝大刀。他晚年放棄文學，從事政論，不能說不是一個損失，我是期待他有偉大作品問世的，我希望我這個期待不會落空。

這雖非陳獨秀的原話，濮清泉在《我所知道的陳獨秀》一文中，紀錄下了很多陳獨秀的談話，他說：「陳講給我的話，大體都還記得，復述出來，可以保證其精神大意不走原樣，但求一字不差，乃不可能之事，為慎重起見，他的講話，一般都不用引號。」這樣看來，其真實性的程度還是比較高的，上述引文基本上能代表陳獨秀的觀點。

既是如此，我們就要查查魯迅署名「何干之」的這篇《言論自由的界限》的文章，看看魯迅怎麼說。文章不長，照錄如下：

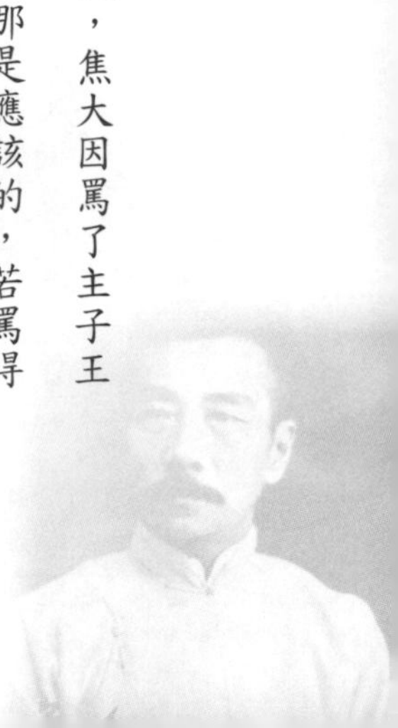

看《紅樓夢》，覺得賈府上是言論頗不自由的地方。焦大以奴才的身分，仗著酒醉，從主子罵起，直到別的一切奴才，說只有兩個石獅子乾淨。結果怎樣呢？結果是主子深惡，奴才痛嫉，給他塞了一嘴馬糞。

其實是，焦大的罵，並非要打倒賈府，倒是要賈府好，不過說主奴如此，賈府就要弄不下去罷了。然而得到的報酬是馬糞。所以這焦大，實在是賈府的屈原，假使他能做文章，我想，恐怕也會有一篇《離騷》之類。

三年前的新月社諸君子，不幸和焦大有了相類的境遇。他們引經據典，對於黨國有了一點微詞，雖然引的大抵是英國經典，但何嘗有絲毫不利於黨國的惡意，不過說：「老爺，人家的衣服多麼乾淨，您老人家的可有些兒髒，應該洗它一洗」罷了。不料「荃不察余之中情兮」，來了一嘴的馬糞：國報同聲致討，連《新月》雜誌也遭殃。但新月社究竟是文人學士的團體，這時就也來了一大堆引據三民主義，辨明心跡的「離騷經」。現在好了，吐出馬糞，換塞甜頭，有的顧問，有的教授，有的祕書，有的大學院長，言論自由，《新月》也滿是所謂「為文藝的文藝」了。

這就是文人學士究竟比不識字的奴才聰明，黨國究竟比賈府高明，現在究竟比乾隆時候光明：三明主義。

然而竟還有人在嚷著要求言論自由。世界上沒有這許多甜頭，我想，該是明白的吧，這誤解，大約是在沒有悟到現在的言論自由，只以能夠表示主人的寬宏大度的說些「老爺，您的衣服……」為限，而還想說開去。

這是斷乎不行的。前一種，是和《新月》受難時代不同，現在好像已有的了，這《自由談》也就是一個證據，雖然有時還有幾位拿著馬糞，前來探頭探腦的英雄。至於想說開去，那就足以破壞言論自由的保障。要知道現在雖比先前光明，但也比先前利害，一說開去，是連性命都要送掉的。即使有了言論自由的明令，也千萬大意不得。這我是親眼見過好幾回的，非「責老」也，不自覺其做奴才之君子，幸想一想而垂鑑焉。

我們通讀全文，找不到「陳獨秀」三個字。這篇文章是針對誰的呢，魯迅已經寫得明明白白，「三年前的新月社諸君子，不幸和焦大有了相類的境遇」。《魯迅全集》的注釋是這樣寫的：「新月社以一些資產階級知識份子為核心的文學和政治團體，約於一九二三年在北京成立，主要成員有胡適、徐志摩、陳源、梁實秋、羅隆基等。該社曾以詩社名義於一九二六年夏在北京《晨報副刊》出過《詩刊》（週刊）。一九二七年在上海創辦新月書店，一九二八年三月出版綜合性的《新月》月刊。一九二九年他們曾在《新月》上發表談人權等問題的文章，引證英、美各國法規，提出解決中國政治問題的意見，意在向蔣介石獻策邀寵。但文章發表後，

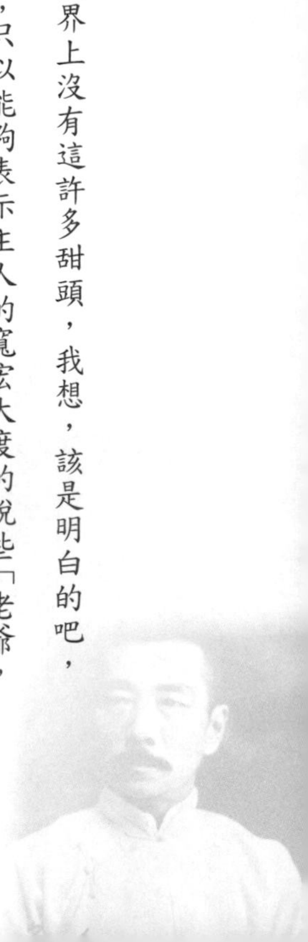

國民黨報刊紛紛著文攻擊，說他們『言論實屬反動』，國民黨中央議決由教育部對胡適加以『警誡』，《新月》月刊曾遭扣留。他們繼而變換手段，研讀『國民黨的經典』，著文引據『黨義』以辨明心跡，終於得到蔣介石的賞識。」「邀寵」之類，寫得不夠委婉，似與事實也有距離，然胡適等是在體制內運作，是希望蔣介石一黨獨裁的政府好，這一點，與焦大希望賈府好是一致的。魯迅文章中活的焦大是誰，話說得很明白，一般不會有歧義。

陳獨秀的這段談話，是濮清泉引出的，或者說是他提示的結果。我甚至懷疑，濮清泉並沒有看到魯迅的原文，陳獨秀也沒有看到原文，他們只是聽了耳食之言，以訛傳訛，如果他們看了原文，會得出這樣的結論嗎？陳獨秀會把胡適的帽子戴到自己的頭上？甘當焦大？

魯迅罵焦大，事實上已經為自己定位了，即，他是體制外的人物，不會做焦大這樣的事，換言之，他是不會與當權者合作的。與統治者「不合作」是魯迅一貫的態度。至於「新月派」文人那種對國民黨當局所寄存的不切實際的幻想和與虎謀皮的天真，也表明他們把自己定位在體制內。魯迅說過，「新月派」「看似硬其實軟」，正是點中要害。比如胡適罵國民政府，陳獨秀也罵國民政府，雖然他們都不提倡暴力，胡適容忍了一黨獨裁，當時只希望有個「好人政府」，罵成了座上賓；陳獨秀成立反對黨，鼓吹政府不等於國家，鼓動政權更迭，罵成了階下囚。誰硬誰軟？不言自明。以胡適為首的「新月派」人士是依附在政府身上，力爭做一個「諍友」的角色，即魯迅說的：老爺，您的衣服髒了，你看人家柯林頓穿得多乾淨！他們要當現政權的「諍友」，僅此而已。想法好像不錯，但你如果面對的是一個壞政府，你「諍」而人家不「納」，依然故我怎麼辦？那就只能紙上談兵，繼續對「民主」和「自由」進行學術研究了。

捎帶一句，陳獨秀說魯迅是「妙玉」，在我看來，這也不是罵，也有傳神之妙。我想，這主要是考慮到魯迅有潔癖這一點與妙玉近？不過，任何比喻都是蹩腳的，我估計，魯迅不會像妙玉那樣輕視劉姥姥。妙玉有點矯情並還出世，魯迅則有天然之野性，為人行文野趣盎然；魯迅是入世的，雖然這個「世」讓他極不滿意，雖然他很想躲進他的「一統」樓。

當然，魯迅的文章中沒有出現「陳獨秀」三個字，也不能證明《言論自由的界限》絕對與陳獨秀無關。細讀魯迅原文，我覺得這一段有可能——也僅僅是有可能——暗指陳獨秀：

> 然而竟還有人在嚷著要求言論自由。世界上沒有這許多甜頭，我想，該是明白的吧，這誤解，大約是在沒有悟到現在的言論自由，只以能夠表示主人的寬宏大度的說些「老爺，您的衣服……」為限，而還想說開去。

《言論自由的界限》一文寫於一九三三年四月十七日。此前，國民黨政府曾兩次開庭審訊

陳獨秀。據《國聞週報》記者《陳獨秀開審記》(2)一文記載，陳獨秀在第一次庭審回答問題時確實談到了言論自由問題：

問：何以要打倒國民政府？

答：這是事實，不否認。至於理由，可以分三點，簡單說明之：（一）現在國民黨政治是刺刀政治，人民即無發言權，即黨員恐亦無發言權，不合民主政治原則。

對庭審的情況，當時有不少報紙快速詳細報導，魯迅應該是較為關注，對情況相當瞭解的。他所說的「還有人在嚷著要求言論自由」是不是由此而發呢？如果這裡的「還有人」指的是陳獨秀。那麼，魯迅為什麼不同意其要求自由言論的觀點呢？

從魯迅原文可以看出，魯迅對新月社諸君子和後面「還有人」的態度是明顯不同的，對前者使用的是嘲諷的口氣，對後者則要溫和得多。他認為前者是小罵大幫忙，對後者則是認為不應該對當時的言論自由抱有希望：

要知道現在雖比先前光明，但也比先前利害，一說開去，是連性命都要送掉的。即使有了言論自由的明令，也千萬大意不得。這我是親眼見過好幾回的，非「賣老」也，不自覺其做奴才之君子，幸想一想而垂鑑焉。

「還有人」如果指的是陳獨秀的話，他不過是提醒老朋友，以其閱歷之豐富，早該看出政府的獨裁實質，要認清殘酷的現實，不要對政府的言論自由抱任何希望，存任何幻想，與一黨獨裁的專制政府談自由，無異於與虎謀皮。魯迅是善意的，充其量是批評，還稱不上罵，也沒有將其比作焦大的意思。

從魯迅文章的事實出發，哪怕可能暗指了陳獨秀，可是，這是如李敖所說的「落井下石」嗎？

三

李敖始終拿魯迅與胡適相比，企圖證明魯迅是小人、胡適有大仁。我們再來談談「魯迅不但不能像胡適這樣子去救陳獨秀」的問題。

胡適是營救過陳獨秀的，這說明胡適有仁厚之心。胡適和陳獨秀是安徽老鄉，陳獨秀無恩於魯迅，但倒真有「恩」於胡適。是陳獨秀向蔡元培力薦，胡適才進了北京大學。在新文化運動初期，他們或激進，或溫和，一唱一和，一時造成風氣與局面。胡適營救陳獨秀，是不是也應看作情理中事？

但是，具體到李敖所言及的一九三二年十月十五日陳獨秀一生中最後一次的被捕，卻沒有

胡適出面營救的事實。據唐寶林《陳獨秀傳》記載，陳獨秀「過去被捕，每次都經過營救，很快獲釋，這次卻被判刑坐牢了」。這次胡適做的事是，和蔡元培等人「紛紛向他推薦辯護律師」，但陳獨秀自己選擇了「五四」以前的摯友章士釗。

一九三三年，陳獨秀被「焦大」們要修補和完善的國民黨一黨獨裁政府最高法院以「以文字為叛國之宣傳」，處有期徒刑八年。陳獨秀當然不服判決，他當場起立大聲抗議：「我是叛國民黨，不是叛國。」可是，「焦大」們要維護的黨國一體的政體，黨是國的爹，黨生了國，叛黨就是叛國。

此前，胡適和蔡元培等出面救陳獨秀，這也是題中應有之義。我已經提到了胡適與陳獨秀的特殊關係。此外，還要考慮這樣幾個因素：第一，他們是社會名流；第二，也是最重要的，他們是體制內的人物，換言之，他們是和當權者說得上話的人。魯迅固然也是社會名流，用今天的話說，他是體制外的人，是公然的反對派，甚至他自己還負案在身，如何營救？

魯迅痛恨上層社會的墮落，與場面上的大官小官向無往來。他長期在教育部行走，查他日記及相關時期的回憶錄，不見他與教育部高官什麼走動，倒是有與教育部長章士釗打官司的紀錄。當一些人只是平民知識份子的時候，魯迅與之多有往來，而同是這些人，一旦官運亨通，走了紅運，魯迅便敬而遠之。魯迅看不順身邊的人在仕途上的努力或鑽營。一九二四年，孫中山北上，擬開善後會議，共商南北政府議和大事，魯迅的好友楊莘耜任善後會議祕書，為此常與代祕書長許世英及安福系政客混在一起。有一天，魯迅遇見楊氏，半含譏諷地笑說：「你現在奔走權門了！」從此，兩人關係疏遠下來。此時，魯迅對積極仕進者不說有惡感，也絕無好感可言，他在一九二六年六月二十六日所做的《馬上日記》記道：

> 午後，織芳從河南來，談了幾句，匆匆忙忙地就走了，放下兩個包，說這是「方糖」，送你吃的，怕不見得好。織芳這一回有一點發胖，又這麼忙，又穿著方馬褂，我恐怕他將要做官了。

文中所說的「織芳」，就是魯迅的學生荊有麟。魯迅猜得不錯，不到一年，荊有麟為國民軍總司令馮玉祥辦起了報紙。此後又兩次央魯迅寫舉薦信，尋求進身之路。魯迅能央求誰呢？荊有麟找錯了人，他最好去找胡適，胡適是樂此不疲的。魯迅既然無法為他人進身盡力，更難在營救之事上有大做為。這正是魯迅的「魏晉風度」的表現。讓魯迅怎麼營救？讓他像胡適一樣去找蔣介石？蔣介石只有胡適和胡適們才能找的，並不是魯迅和魯迅們所能找。

當然，魯迅也不是都不營救人，在中山大學時，魯迅就營救過學生。蔣介石發動「四·一二政變」以後，四月十五日，廣東行營主任李濟深也在廣州回應蔣介石，開始反共，解除

了黃埔軍校和省港罷工委員會糾察隊的武裝，搜查工會、農會，捕去中山大學學生四十多人（一說兩百多人）。這天下午，做為文學系主任兼教務主任的魯迅，主持召集了中山大學各科系主任緊急會議，提出營救被捕學生。第二天，他捐款十元慰問被捕學生。許壽裳在《亡友魯迅印象記》中回憶說：「清黨事起，學生被捕者不少，魯迅出席各主任緊急會議，歸來一語不發，我料想他快要辭職了，一問，知道營救無效。不久，他果然辭職，我也跟著辭職。」四月二十九日，魯迅將聘書寄還中山大學委員會，辭一切職務。學校當局做了幾次挽留之後，同意他辭職了。在《三閒集．序言》中，魯迅說：「我是在二七年被血嚇得目瞪口呆，離開廣東的。」此外，魯迅還設法營救過學生孔另境，設法營救過知己瞿秋白等等。魯迅晚年，加入中國民權保障同盟，同盟宗旨之一就是營救政治犯。魯迅對民權保障同盟的工作是十分重視的，開會必到，而左聯的會議他可以不參加。民權保障同盟的祕書長楊杏佛被暗殺，魯迅自始至終都表示了他的憤怒，而且冒險參加了追悼會，名字甚至被列入暗殺名單。

胡適營救的是名人陳獨秀，營救名人是會有紅利的，名人因為名人效應，當局需要諸多考量，對名人抓抓放放，政府也可漁利，統治者配合胡適的營救，放了陳獨秀，或還可以坐收開明之利？就是說，營救名人成功的可能性要大一些。不是嗎？胡適營救不同政見者陳獨秀已經成了千古美談了，被當下的不少自由主義知識份子掛在嘴邊，不時談起。魯迅營救的是青年學生，學生無名，民國以來，殺無名的學生是歷屆政府的拿手好戲，要營救是不容易成功的，魯迅的營救之功也少有人談起。我們試想，假設我們處在民國，假設我們親歷了聲勢浩大的「一二．九學生運動」，假設我們被通緝，倘若有魯迅這樣的人營救我們，這個勇於在白色恐怖中營救我們的人，是不是一個大無畏的人？營救學生，很容易成為共犯，一不小心，也會把自己折騰進監獄。一般說來，如果流血了，死人了，也營救不了的，統治者在處置學生的時候，絕對不會像處置陳獨秀那樣費躊躇。

四

陳獨秀和魯迅，他們彼此尊重，是互相欣賞的兩個文化巨人。

陳獨秀是以編輯《新青年》與魯迅認識的。一九一八年一月四日，在致許壽裳的信中，魯迅提到陳獨秀：「《新青年》以不能廣行，書肆擬中止；獨秀輩與之交涉，已允續刊，定於本月十五出版云。」寫於一九一八年七月的《我之節烈觀》一文，魯迅也提到了陳獨秀：「世風人心這件事，不但鼓吹壞事，可以『日下』；即使未曾鼓吹，只是旁觀，只是玩賞，只是嘆息，也可以叫他『日下』。所以近一年來，居然也有幾個不肯徒託空言的人，嘆息一番之後，還要想法子來挽救。第一個是康有為，指手畫腳的說『虛君共和』才好，陳獨秀便斥他

不興；……」（《墳》）這些文字說明，魯迅對陳獨秀的工作、境遇和思想是關注的，魯迅不主張「君主立憲」，這裡客觀上肯定了陳獨秀。寫於一九二七年九月四日的《答有恆先生》一文，魯迅再次提到陳獨秀：「不過我這回最僥倖的是終於沒有被做成為共產黨。曾經有一位青年，想以獨秀辦《新青年》，而我在那裡做過文章這一件事，來證成我是共產黨。但即被別一位青年推翻了，他知道那時連獨秀也還未講共產。」（《而已集》）一九三三年三月五日，當陳獨秀即將受國民黨審判之時，魯迅在《我怎麼做起小說來》一文中魯迅懷著深情寫道：「但是《新青年》的編輯者，卻一回一回的來催，催幾回，我就做一篇，這裡我必得紀念陳獨秀先生，他是催促我做小說最著力的一個。」（《南腔北調集》）在《吶喊》自序中，魯迅表達了自己願意聽陳獨秀的指揮：「……但既然是吶喊，則當然須聽將令了……」當時的「將」，自然是指陳獨秀。一九三四年八月一日魯迅在《憶劉半農君》一文中，又提到了陳獨秀：「《新青年》每出一期，就開一次編輯會，商定下一期的稿件。其時最惹我注意的是陳獨秀和胡適之。假如將韜略比作一間倉庫吧，獨秀先生的是外面豎一面大旗，大書道：『內皆武器，來者小心！』但那門卻開著的，裡面有幾枝槍，幾把刀，一目了然，用不著提防。適之先生的是緊緊的關著門，門上粘一條小紙條道：『內無武器，請勿疑慮。』這自然可以是真的，但有些人——至少是我這樣的人——有時總不免要側著頭想一想。半農卻是令人不覺其有『武庫』的一個人，所以我佩服陳胡，卻親近半農。」（《且介亭雜文》）魯迅透過自己的觀察、比較，為我們勾勒了陳、胡、劉的形象，近於白描。我認為，魯迅對陳獨秀是有好感的，他沒有胡適那樣讓人捉摸不透，雖然有點言過其實。

魯迅所言，很多可以在陳獨秀那裡得到印證。一九二〇年三月十一日，陳獨秀在致周作人的信中說：「我們很盼望豫才先生為《新青年》創作小說，請先生告訴他。」所以，魯迅認為陳獨秀也是他的小說的助產婆之一。七月九日陳獨秀為《新青年》八卷一號約稿事致信周作人：「我現在盼望你的文章甚急，務必請你早點動手，望必在二十號以前寄到上海才好；因為下月一號出版，最後的稿子至遲二十號必須交付印局才可排出。豫才先生有文章沒有，也請你問他一聲。」八月十三日陳獨秀致信魯迅、周作人：「兩先生的文章今天收到了。《風波》在這號報上印出……倘兩位先生高興要再做一篇在二號報上發表，不用說更是好極了。」八月二十二日陳獨秀致信周作人，告：「《風波》在一號報上登出，九月一號準能出版。兄譯的一篇長的小說，請即寄下，以便同前稿都在二號報上登出。」「魯迅兄做的小說，我實在五體投地的佩服。」陳獨秀向周氏兄弟約稿之殷、之急，這些信件可見一斑。九月二十八日陳獨秀致信周作人，告：「……不曉得豫才兄怎麼樣？隨感錄本是一個很有生氣的東西，現在我一個人獨佔了，不好不好，我希望你和豫才、玄同二位有工夫都寫點來。豫才兄做的

小說實在有集攏來重印的價值，請你問他倘若以為然，可就《新潮》《新青年》剪下處自加訂正，寄來付印。」從這些信可以看出，陳獨秀極為欣賞魯迅的隨感錄、小說，他不僅是周氏兄弟的約稿者、作品愛好者，而且是說明他們出版作品的策劃者，陳獨秀與周氏兄弟之情誼非同尋常，魯迅對陳獨秀的感念由此可見大半。

要順便提一下的是，主要因為馮雪峰的原因，馮代魯迅寫的抨擊陳仲山的文章《答托洛斯基派的信》，客觀上傷害過陳獨秀，但陳獨秀對魯迅還是正面的評價。陳獨秀畢竟是魯迅的老友。魯迅去世後，他於一九三七年十一月二十一日寫的那篇向不被重視的文章《我對於魯迅之認識》(3)一文中，對魯迅有著十分公正客觀的評價，文章不長，照錄於下：

> 世之毀譽過當者，莫如對於魯迅先生。
>
> 魯迅先生和他的弟弟啟明先生，都是《新青年》作者之一人，雖然不是最主要的作者，發表的文字也很不少，尤其是啟明先生；然而他們兩位，都有他們自己獨立的思想，不是因為附和《新青年》作者中哪一個人而參加的，所以他們的作品在《新青年》中特別有價值，這是我個人的私見。
>
> 魯迅先生的短篇幽默文章，在中國有空前的天才，思想也是前進的。在民國十六、七年，他還沒有接近政黨以前，黨中一班無知妄人把他罵得一文不值，那時我曾為他大抱不

平。後來他接近了政黨，同是那一班無知妄人，忽然把他抬到三十三天以上，彷彿魯迅先生從前是個狗，後來是個神。我卻以為真實的魯迅並不是神，也不是狗，而是個人，是有文學天才的人。

最後，有幾個誠實的人，告訴我一點關於魯迅先生大約可信的消息：魯迅對於他所接近的政黨之聯合戰線政策，並不根本反對，他所反對的乃是對於土豪劣紳、政客、奸商都一概聯合，以此懷恨而終。在現時全國軍人血戰中，竟有了上海的商人接濟敵人以食糧和祕密推銷大批日貨來認購救國公債的怪現象，由此看來，魯迅先生的意見，未必全無理由吧！在這一點，這位老文學家終於還保持著一點獨立思想的精神，不肯輕於隨聲附和，是值得我們欽佩的。

陳獨秀指出，因為「毀譽過當」，魯迅是最富爭議的人；是有獨立思想的人；還是有堅守、有特操的人。同時，他抨擊了那些「無知妄人」。就是在李敖引用的濮清泉的文章中，濮也轉述了陳獨秀的話，「我對魯迅是相當欽佩的，我認他為畏友，他的文字之鋒利、深刻，我是自愧不及的。人們說他的短文似匕首，我說他的文章勝大刀」。我認為，就像瞿秋白知道魯迅一樣，陳獨秀也是一個深知魯迅的人。

應該說，魯迅與陳獨秀是沒有什麼私交的，一個辦刊，一個寫稿，僅此而已。也許是孤陋

寡聞，我不曾看到他們有過面對面的長談，也不曾看到他們有比較深入的具體的交往。他們保持一定距離地互相關注並欣賞著。儘管如此，他們充份認識對方存在的意義和價值，他們珍惜友誼，也是相互信任的，哪怕在流言面前，也不輕易否認對方。

從以上史跡看，魯迅可曾對陳獨秀「落井下石」？

※※

(1)

(2) 陳木辛編：《陳獨秀印象》，學林出版社一九九七年十二月版。

(3) 《陳獨秀文章選編（下）》，生活・讀書・新知三聯書店一九八四年六月版。

壓稿風波．權威問題及太陽、月亮和夜

——魯迅與高長虹

一

我不知道應該說高長虹是有幸還是不幸。若說有幸，他因為與魯迅的種種瓜葛，足以使他活在魯迅的巨大存在之中，他的作品也因此受到了讀者的注目，抑或也可以因此而「不朽」。坦白地說，在我看來，若以創作而言，高長虹的雜感與詩的合集《心的探險》，主要是雜文的集子《走到出版界》，在文學史上是沒有佔到一席之地的。我也看了不少詩和雜文的選本，即便在十分開放的連周作人、梁實秋的作品都不斷地被選來選去的今天，似乎各位選家也不曾選到高長虹的作品。我敢說，若不是與魯迅的恩恩怨怨，高長虹可能真的就銷聲匿跡了。說是不幸，那是因為與魯迅的衝突，他不得不走出了文學界，嚐到了咀嚼不盡的苦果。

高長虹（一八九八—一九四九），詩人、小說家。又名高仰愈，山西盂縣人。一九二四年在北京創辦《狂飆》週刊。一九二五年三月在《京報》副刊上發表《狂飆宣言》，並參加魯迅領導的莽原社，編輯《莽原》週刊，與向培良等編輯《狂飆》、《弦上》、《每日評論》

等刊物。在創作上曾得到魯迅的幫助，寫有許多揭露軍閥統治的詩文。

對高長虹的評價也在悄悄地發生著變化。舊版的《魯迅全集》中《故事新編．奔月》注八是這麼寫的：「高長虹……是當時一個非常狂妄的青年作家，一個思想上帶有虛無主義和無政府色彩的極端個人主義者。」顯而易見，這裡有著過份鮮明的感情傾向，而缺少客觀的理性。一九八二年新版的《魯迅全集》那條注就改為：「高長虹……是當時一個思想上帶有虛無主義和無政府主義色彩的青年作者。」雖然留有尾巴，但應該說調子是比較溫和的。

二

一九八二年版的《奔月》注八對魯迅、高長虹關係始終的交代，為我們提供了一些線索。高長虹「在一九二四年十二月認識魯迅後，曾得到魯迅很多指導和幫助；他的第一本創作散文和詩的合集《心的探險》，即由魯迅選輯並編入《烏合叢書》。魯迅在一九二五年編輯《莽原》週刊時，他是該刊的經常撰稿者之一」。這說明，交往之初，魯迅對於高長虹是愛護並給予支持的。

魯迅在談到創辦《莽原》的目的時說：「我早就很希望中國的青年站出來，對於中國的社會、文明，都毫無忌憚地加以批評，因此曾編印《莽原週刊》，做為發言之地。」(1) 他在給許廣平的信中，常常談起有關這刊物的事情：

這種漆黑的染缸不打破，中國即無希望，但正在準備毀壞者，目下也彷彿有人，只可惜數目太少。然而既然已有，即可望多起來……(2)

我總還想對於根深蒂固的所謂舊文明，施行襲擊，令其動搖，冀於將來有萬一之希望。而且留心看看，居然也有幾個不問成敗而要戰鬥的人，雖然意見和我並不盡同，但這是前幾年所沒有遇到的。(3)

信中說的「目下也彷彿有人」，「居然也有幾個不問成敗而要戰鬥的人」，是指高長虹、向培良等人。

這裡，魯迅把高長虹等看成是「漆黑的染缸」的「毀壞者」，看作「不問成敗而要戰鬥的人」，雖然意見「並不盡同」，但魯迅對高長虹是愛護備至的，評價也曾經是高的。

李霽野在《憶魯迅先生》(4)一文中，曾回憶起這樣一件小事：「有一次我去訪他時，見他的神色不好，問起來，他並不介意的答道：昨夜校長虹的稿子，吐了血。」這個細節可以證明，魯迅為了青年吃的是草，擠出來的卻是奶，是血。當然，魯迅吐了血，是本來已有的病兆，是長期積勞成疾的結果，但這又怎麼能否認魯迅對高長虹曾是滿腔熱忱，花費了許多

心血呢？

高長虹在回憶他和魯迅的最初關係時，充滿感情地寫道：「在一個大風的晚上，我帶了幾份《狂飆》，初次去訪魯迅。這次魯迅的精神特別奮發，態度特別誠懇，言談特別坦率，雖思想不同，然使我想像到亞拉吉夫與綏惠略夫會面時情形之彷彿。我走時，魯迅謂我可常來談談，我問以每日何時在家而去。此後大概有三四次會面，魯迅都還是同樣好的態度，我那時以為已走入一新的世界，即向來所沒有看見過的實際世界了。我與魯迅，會面不只百次，然他所給與我的印象，實以此一短促的時期為最清新，彼此時實在為真正的藝術家的面目。」(5) 由此可見，高長虹的心情是興奮的，魯迅在他心目中的形象是崇高的，他認為自己走入了「新的世界」——這當然是魯迅的世界。

三

魯迅、高長虹衝突的起因，是發生在一九二六年十月的「壓稿事件」。《奔月》注八這樣敘述道：高長虹「藉口《莽原》半月刊的編者韋素園（當時魯迅已離開北京到廈門大學任教，《莽原》自一九二六年起改為半月刊）壓下了向培良的一篇稿子，即對韋素園進行人身攻擊，並對魯迅表示不滿」。

所謂「壓稿」，是指韋素園剛接手，就壓了向培良的劇本《冬天》，退了高歌（高長虹之弟）的小說《剃刀》。壓稿退稿，編輯之常事，無非牽涉了《莽原》內部的派別問題，不值得多提。高長虹的不滿，在我看來，也多是年輕氣盛（當年他二十四歲），遇事不夠冷靜，如此而已。一九二六年十月十七日出版的《狂飆》週刊第二期上發表了高長虹的《給魯迅先生》(6)和《給韋素園先生》(7)的公開信（高若稍能冷靜，念魯迅之情誼，似乎也不宜以公開信的形式，而以私人通信商討為好）。信中，對韋素園的攻擊是很不理智的：「《莽原》須不是你家的！林沖對王倫說過：『你也無量大材，做不得山寨之主。』謹學先生及先生等誦之。」對於魯迅先生，除發一通牢騷之外，是請先生出來說句公道話：「如你願意說話時，我也想聽一聽你的意見。」

遠在廈門的魯迅，管得了那麼多嗎？魯迅並沒有像高長虹那樣「發燒」，而是採取了「冷處理」的辦法。魯迅在信中說：「這真是吃得閒空，然而我卻不願意奉陪了，這幾年來，生命耗去不少，也陪得夠了，所以決計置之不理。」(8)魯迅還認為，「素園在北京壓下了培良的稿子，卻由上海的高長虹來抱不平，要在廈門的我去下判斷，我頗覺得是出色的滑稽。」(9)因此，魯迅不予表態，不予理睬。於是，高長虹便認為魯迅偏袒韋素園，把矛頭指向魯迅。

四

「壓稿事件」只是一個導火線，魯、高衝突的比較重要的原因，是那則把魯迅說成「思想界之權威者」的廣告。

在我看來，像魯迅這樣的一代名人，有人稱之為「思想界之權威」，根本不值得大驚小怪；倘若魯迅真是思想界權威之一，先生自己也默認了，這也只是默認了一個事實而已，高長虹是不應該這麼大動肝火的。

從以上介紹高長虹對韋素園的攻擊，我們不難看出高長虹當年的年輕氣盛。這裡有一個插曲，即高對郁達夫態度的驟熱驟冷，這至少說明了高長虹當年的不成熟，從中也可以幫助我們理解他對魯迅的態度。高長虹說過，他剛創辦《狂飆》時，賞識者有四位：魯迅、郁達夫、欲擒和日本人伊東干夫。一九二四年下半年高長虹到北京後，曾將《狂飆》贈送郁達夫。郁即回信致謝，鼓勵他繼續努力，並擔心他因同時編輯《狂飆》週刊和《世界語週刊》而過於勞累。高長虹為郁達夫真摯的情誼而感動，幾乎要哭了出來——因為這種情誼出自於一個跟他未謀一面的人。一九二五年一月，高長虹在《狂飆》週刊第十期發表《我的悲哀》一文，文中寫道：「達夫是人類中最純潔最多情的一個。假使他是個女子時，我便立刻會愛上了他。」然而，他們晤面之後，情況就發生了變化。一個冬天的下午，郁達夫拜訪了高長虹。高長虹感到，郁達夫雖然態度率真，但談話滔滔不絕，隱含傲意，使他幾無插嘴的餘地。當晚，高長虹給郁達夫寫了一封率直而傲慢的信，並邀他次日下午來喝酒。結果郁達夫未赴宴，亦未覆信。再過一日，高長虹與高歌以及另兩個朋友一起拜訪郁達夫。郁達夫說：「信收到了，因為斷酒，故未回覆。」這次見面，雙方只說了一些應酬話，此後便無聯繫。高長虹對魯迅說：「達夫外恭而內倨，僅一次往來，遂成路人。」評價一個人沒有穩定的看法，因一些雞毛蒜皮的細節，便不再往來，視若路人，這便是青年高長虹的幼稚處。我們跳出歷史，倘若以平常心看他，現實生活中，若是像他這樣情緒化地為人處世，怕是只會四面楚歌，成為孤家寡人的。

我以為，高長虹與魯迅的所謂「權威」問題的衝突，也和郁達夫的「外恭內倨」一樣，都是由一些莫名其妙的細節引起，本來不值得大動干戈的，然而，高長虹還是因一些小事而影響了自己的情緒，又一次犯了驟熱驟冷的毛病。和對郁達夫的評價一樣，高長虹在《革革革命及其他》[10]一文中說：「魯迅是一個深刻的思想家，同時代的人沒有能及得上他的。」（這算不算「思想權威」呢——引者問）但不久，在《一九二六，北京出版界形勢指掌圖》《走到出版界》，上海書店一九八五年三月影印版）一文中，攻擊魯迅已「遞降而至一不很高明而卻奮勇的戰士的面目，再遞降而為一世故老人的面目」了。文中還以康有為、梁啟超、章太

炎等人為例，以見「老人」之難免「倒下」，說：「有當年的康梁，也有今日的康梁；有當年的章太炎，也有今日的章太炎……所謂周氏兄弟者，今日如何，當有以善自處了！」

當高長虹看到一九二五年八月五日《民報》的廣告後，就非常反感，反應也異乎尋常的激烈。他在《一九二六，北京出版界形勢指掌圖》一文中說：「於是『思想界權威者』的大廣告便在民報上登出來了。我看了真覺『瘟臭』，痛惋而且嘔吐。」——倘若我們不看高長虹諸如此類「罵人」的話，而只看魯迅的，當然會說魯迅是尖刻的，而實際上，許多人罵起魯迅來，是很不理性的，只不過我們一時看不到他們的文章，只看到他們的尾巴被夾在魯迅的大作中，因此，才彷彿顯得格外老實。當然，這是題外話了。

高長虹攻擊魯迅的文章有十五篇之多，其中絕大多數都是針對「思想權威」的。歸納起來，主要有以下的論點：

一、他認為「思想權威」是不存在的，也是無用的。他說：「魯迅想做權威者，然而世間沒有這件東西，一個思想者，除了幾本著作外，其實沒有其他，此幾本著作，有何權威可說。」(11)因此，他把「思想權威」稱之為「空名」、「紙糊的假冠」。

二、「思想權威」，對整個社會是遺害無窮的。他認為「中國所需要的，正是自由思想的發展」。他說：「思想呢，則個人只是個人的思想，用之於反抗，則都有餘，用之於壓迫，則都不足！如大家都不拿人當人，則一批倒下，一批起來；一批起來，一批也仍然要倒下，猴子耍把戲，沒有了局。」在他看來，有了「思想權威」，青年就成了奴僕。他說：「……於是，思想界說：青年是奴僕！自此，『權威』見於文字；於是青年自己來宣告說：我們是奴僕！」(12)

三、他認為魯迅默認了「思想權威」這一提法，這對魯迅不但無益，而且有害。他說：「我又見了魯迅，問及民副投稿事……魯迅默然。停了一歇，他又說道：『有人——就說權威者一語，在外國其實是很平常的！』要是當年的魯迅，我不等他說，便要提出問題來了。即不然，要是當年的魯迅，我這時便要說，『外國也不盡然，再則外國也不足為例』了。」高長虹還說：「為魯迅計，則擁此空名，無裨實際，反增自己怠慢，引他人的反感，利害又如何者？」(13)

高長虹的論點有矛盾之處。「思想權威」既然是不存在的，又怎麼貽害社會呢？有了思想權威，青年為什麼就必然成為奴僕呢？青年或服膺馬克思的思想，或服膺尼采的思想，他未必就成了馬克思、尼采的奴僕吧！「思想權威」的廣告是別人做的，高長虹為什麼還怒魯迅，而且抓住不放，喋喋不休呢？廣告也無非是廣告。一九二六年，高長虹他們不也在《新女性》上登「狂飆社」的廣告，說什麼「去年春天本社同人與思想界先驅者魯迅及少數最進步的青

年文學家合辦《莽原》」，把魯迅編輯的《莽原》、《烏合叢書》、《未名叢刊》都算作他們「狂飆運動」的成績，藉魯迅之名，以壯自己的聲勢。「思想界先驅者」，不也是「紙糊的假冠」嗎？此外，到底有沒有「思想權威」呢？什麼叫做權威呢？我以為，權威是一種客觀存在，是指使人信服的力量或威望，是在某一範圍內最有影響的人和事物。因此，我還以為，稱魯迅為「思想權威」並無大錯。小錯在於，要補上「之一」二字，即「思想權威之一」。

恩格斯在《論權威》一文中說：「他們只要宣佈這種或那種行為是權威的，就足以給它定罪了。」並認為這是一種「簡單化的方法」。高長虹正是採用這種「簡單化的方法」來抨擊魯迅的。其實，當年的高長虹畢竟太年輕了，也太性急了，他甚至來不及搞清權威的概念。從他的激進的思想看，他反對的並不是「思想權威」，而是「思想專制」。

魯迅，當然不是「思想專制」的代表。

五

魯迅與高長虹的衝突，似乎有個人恩怨的色彩，因為它牽涉了一個敏感的問題，即他們與許廣平的關係。

實際上這是一場誤會。

事情緣於高長虹發表在一九二六年十一月二十一日《狂飆》週刊第七期上的愛情詩《給──

一》，詩中有這樣的句子：「我在天涯行走，太陽是我的朋友，月兒我交給他了，帶她向夜歸去。夜是陰冷黑暗，他嫉妒那太陽，太陽丟開他走了，從此再未相見。」

此外，高長虹在《時代的命運》(14)一文中說：「我對於魯迅先生曾獻過最大的讓步，不只是思想上，而且是生活上……」所謂「生活上」的「讓步」指什麼呢？是不是指「太陽」把「月亮」讓給了「黑暗」呢？高長虹公開這麼表示，至少讓人容易產生誤解。

當時，社會上對魯迅的一舉一動都是十分關注的。尤其是「女師大事件」後，關於魯迅，以及魯迅與許廣平之間的關係，有過不少流言。因此，有好事者將這首詩杜撰為高、魯、許之間的「愛情糾紛」。是誰選中這首詩製造「流言」的，不得而知，而把這「流言」告訴魯迅的，是韋素園。一九二七年一月十一日，魯迅在給許廣平的信中說：「那流言，是直到去年十一月，從韋素園信裡才知道的。他說，由沉鍾社裡聽來，長虹的拼命攻擊我是為了一個女性，《狂飆》上有一首詩，太陽是自比，我是夜，月是她，他還問我這事可是真的，要知道一點詳細。我這才明白長虹原來在害『單相思病』，以及川流不息的到我這裡來的原因，他並不是為《莽原》，卻在等月亮。」

我們暫且不管「流言」是不是道出了高長虹的真心，卻深深地傷害了魯迅，也激怒了魯迅。魯迅一九二六年十二月二十九日覆信韋素園說：「關於《給——》的傳說，我先前倒沒有料想

到。《狂飆》也沒有細看，今天才將那詩看了一回。我想原因不外三種：一，是別人神經過敏的推測，因為長虹的痛哭流涕的做《給——》的詩，似乎已很久了；二，是『狂飆社』中人故意附會宣傳，做為攻擊我的別一法；三，是他真疑心我破壞了他的夢……」魯迅雖然分析了三種可能，然而，他對第三種可能特別的「憤怒」。他接著寫道：「果真屬於末一說，則太可惡，使我憤怒。我竟一向在悶葫蘆中，以為罵我只是因為《莽原》事，我從此倒要細心研究他究竟是怎樣的夢，或者簡直動手撕碎它，給他更其痛哭流涕。」

在給韋素園寫信的同一天，魯迅也給許廣平寫了一封信，信中說：「北京似乎也有流言，和在上海所聞者相似，且雲長虹之拼命攻擊我，乃為此。」「用這樣的手段，想來征服我，是不行的。我先前的不甚競爭，乃是退讓，何嘗是無力戰鬥。現既逼迫不完，我就偏又出來做些事，而且偏在廣州（按：當時許廣平在廣州供職），住得更近點，看他們躲在黑暗裡的諸公其奈我何？然而這也許是適逢其會的藉口，其實是即使並無他們的閒話，我也還是要到廣州的。」一九二七年一月十八日，魯迅抵達廣州。不久，魯迅和許廣平由廣州去上海，他們在上海有了家。

這裡，魯迅明確道出了高長虹若真是如流言所說，那是害了「單相思病」，這表明魯迅對自己愛許廣平以及許廣平也愛自己的確信。同時，若是高長虹真的以為魯迅破壞了他的夢，那麼魯迅便要「動手撕碎它，給他更其痛哭流涕」。有人說，從這段話看到了魯迅的兇狠。那麼，我要問，魯迅要把自己之所愛斯文地拱手相讓，才不兇狠嗎？我倒覺得，從這段話看，魯迅雖然已年近半百，但為了愛其所愛，依然雄風不減。

一個敢愛的老人比一個敢愛的青年，需要更多的更大的勇氣。

至於所謂「生活上」的「最大讓步」，魯迅在《新時代的放債法》[15]一文中做了答覆：

> 你如有愛一個人，也是他賞賜你的。為什麼呢？因為他是天才而且革命家，許多女性都渴仰到五體投地。他只要說一聲「來！」便都飛奔過去了，你的當然也在內。但他不說「來！」所以你得有現在的愛人。那自然也是他賞賜你的。

高長虹的話沒有點明，魯迅也沒有言破，你知我知，彼此彼此。不過，一有對比，讀者自然就可以意會了。

當然，應該說魯迅這裡有過多的激憤，假如他知道了高長虹後來說的本無此事之類的話時，大約也會感到自己是與風車作戰吧！儘管這樣，我還是理解魯迅的激憤的。倘若我們考慮到有流言說他勾引了女學生，有人指責他拋棄了原配夫人朱安等等，這些背景，我對魯迅的激憤，只能理解為他對許廣平的愛是深厚的，因為深厚，所以是珍惜的。

這裡，似乎有必要提一下許廣平對魯迅的愛的過程，否則，不足以說明是「月兒」跟著「黑夜」走呢，還是「太陽」把「月兒」交給了「黑夜」。一九二五年十二月十二日，許廣平以「平林」為筆名，在魯迅主編的《國民新報》副刊上發表了《同行者》(16)一文。許廣平在文章中熱情稱讚魯迅用「熱烈的愛，偉大的工作，要給人類以光、力、血，使將來的世界璀璨而輝煌」，並表示她不畏懼「人世間的冷漠，壓迫」，不畏懼「戴著『道德』的面具專唱高調的人們」給予的「猛烈地襲擊」，「一心一意的向著愛的方向奔馳」。許廣平在另一篇散文《風子是我的愛》(17)中，也用含蓄的方式表達了她對魯迅的愛情，並向舊傳統、舊禮教發出了挑戰：「不自然也吧，不相當也吧，合法也吧，不合法也吧，這都與我們不相干。」後來，許廣平在一封致友人信中，還曾回顧了她跟魯迅建立愛情的經過。

魯迅是愛許廣平的，許廣平也是愛魯迅的。一部《兩地書》，是他們相愛的千古確證。在魯、許、高的關係中，高只能遺憾地成為多餘者。事實本來就是這樣。一九三八年高長虹從歐洲回國後，在重慶《國民公報》星期增刊上發表的《一點回憶——關於魯迅和我》(18)一文中說：「我那時候有一本詩集，是同《狂飆》週刊一時出版的。一天接到一封信，附了郵票，是買這本詩集的，這人正是景宋。因此我們就通起信來。前後通了有八九次信，可是並沒有見面，那時彷彿覺得魯迅同景宋的感情是很好的。因為女師大的風潮，常有女學生到魯迅那裡。後來我在魯迅那裡同景宋見過一次面，可是並沒有談話，此後連通信也間斷了。以後人們所傳說的什麼什麼，事實的經過卻只有這麼簡單。景宋所留給我的唯一的印象就是一副長大的身材。她的信保留在我的記憶中的，是她說她的性格很矛盾，彷彿中山先生是那樣的性格。青年時代的狂想，人是必須加以原諒的，可是這種樸素的通信也許就造成魯迅同我傷感情的……原因為。」景宋即許廣平。在後幾句中，最主要的是「青年時代的狂想，人是必須加以原諒的」這一句，而且高長虹也承認正是這種「狂想」，成了他和魯迅「傷感情」的一個原因。他們的信沒有留下來，我們無法知道高、許是否有過戀愛。退一步說，即使「太陽」和「月亮」在八、九封信中曾經相愛，而後「月亮」又愛上了「黑夜」，這也絕不是「太陽」「讓步」的結果，而只能說是一種命運。

六

高長虹的結局怎樣？

一九三〇年初，高長虹離開故國，東渡日本，開始了他長達八年的異國漂泊生活。高長虹去日本，主要是研究經濟學和行為主義心理學。他整天鑽在上野圖書館啃書本，生活十分清苦，有時兩天吃不上一口飯。在日本兩年後，他前往德國，上了柏林大學。以後又到法國。

據說，曾一度參加法國共產黨。抗戰開始後，他經義大利、英國，回到香港，經友人介紹，奔赴武漢，武漢淪陷後又到重慶。一九四〇年冬（又一說是大約一九四三年夏），他徒步進入延安。到延安後，他不找朋友投奔，而是在街頭睡了兩天，潘漢年看到，才把他帶到有關機關，安排了住處。高長虹到延安後，不認為自己是文藝家，把自己看作是研究經濟的。當時他所寫文章也是偏重歷史、哲學和經濟學方面的。高長虹到延安不久，延安舉行了文藝座談會，請他參加，他以研究經濟學為由，婉言拒絕。他是沒有參加延安文藝座談會的唯一的文藝家。

舒群曾在延安和東北擔任過文藝部門的領導工作，自稱「對於高長虹在延安和東北的情況，比我更瞭解的人大約不多了」。他對採訪者陳漱渝談了這樣一段話：

高長虹徒步進入延安之後，經有關方面醞釀，責成延安魯藝代為照管，並給了他一個陝甘寧邊區文協副主任的名義……高當時經常給延安《解放日報》第四版投稿，文、史、哲無不涉及，但由於缺乏馬列主義基本理論的武裝，思路不清。據我回憶，他的文章大約一篇也沒有採用。我當時曾接替丁玲擔任《解放日報》第四版的主編，出於對高的尊重，退稿時往往由我親自出面，因此跟高接觸的機會比較多。一九四三年底至一九四四年八月，我改任魯藝文學系系主任。高長虹住在魯藝北面山頭的一個窯洞裡，我也住在魯藝校

外的窯洞，與高的住處相距不遠。因為高由魯藝照管，所以我常去看他。在我的印象中，

高長虹個子很矮，頭髮半白，身體瘦弱，有點歇斯底里，不過還保持著一點童心。他待人比較真誠，對延安「搶救運動」中出現的擴大化現象十分不滿，但運動並沒有波及過他。一九四五年九月，我率領東北文藝工作團離開延安，十一月二日抵達瀋陽，後轉到東北局擔任宣傳部文委副主任。一九四六年末，東北局遷到哈爾濱，高長虹也到了哈爾濱。我便安排他在東北局宣傳部後院的一間房裡住下，重新給他添置了衣服被褥，並且還多發給他幾塊錢津貼費。這時高長虹神智更加不清，到幹部的小食堂吃飯時常目不斜視，一聲不吭。帶到津貼費，他就到舊書攤上去購買各種字典。他懂得好幾種外文，表示從此放棄文學，要編一本中國最好的字典。但這時他實際上已失去了從事腦力勞動的能力……瀋陽一解放，我第一批進駐瀋陽。一九四九年初的一天，高長虹忽然瘋瘋癲癲地走進我的辦公室。這時他已由組織上安排到臨時設在瀋陽東北旅社樓上的一處精神病療養院。高要我給他安排工作，並說他經濟上有些困難。我勸他養好病再工作，送給他一百塊錢，又請他吃飯喝酒。喝酒時，他掉了眼淚。飯後我送他回東北旅社，這就是我跟高長虹的最後一次會面。此後聽到他病逝的消息。有一種說法，說他病逝於撫順的精神病院。[19]

此外，閻繼經在他的新著《歷史的沉重》中，就高長虹晚年的情況，引述了知情人侯唯動

的回憶：「大約是一九五三年至一九五四年秋，我從鞍鋼體驗生活回瀋陽寫作，就住在東北旅社五樓，住了大約一年多。一天我到食堂吃飯，看到一位白髮老人，頭髮很長，躬腰低頭走路，很像個老太太。我覺得很面熟，便走上前去看，看後大吃一驚，原來竟是高長虹先生。我喊：『高長虹先生！』這時忽然圍上來幾個服務人員，對高長虹先生大聲呵斥：『躲開這裡，躲開這裡。』同時連推帶搡地要拖他走。我非常生氣，忙斥責那些服務人員：『你們這是幹什麼，你們知道這是誰嗎？這是高長虹先生，我的老師，延安的老革命同志，老作家，連中央領導同志都很尊重他，你們怎麼這種態度！』那些服務人員走開了。我拉住長虹先生的手說：『長虹老師，您還認識我嗎？』長虹先生說：『認知，你是侯唯動。你也到東北來了，你好！』我注視了一下，這樣一位大文人，穿著卻很狼狽，身上還是延安時期發的灰棉衣去了棉花的夾衣，一雙破布鞋，形同乞丐。我不禁流下了眼淚。我問：『您住幾樓，吃完飯我去看望您。』長虹先生說：『住二樓。』飯後我找了旅社的保衛科，保衛科的人說：『那人是瘋子，不讓人們接近他。』我問：『我能去看看他嗎？』保衛科人說：『你可以，你可以。』我那時已是有名氣的詩人了。下午我到了長虹老師屋裡，屋子很寬敞，條件不錯。長虹先生說：『你的詩我都看了，寫得好。你的風格變化，終於走到民族傳統上來了。』我問：『您為什麼不到北京去？』長虹先生說：『我給郭沫若、何其芳寫過信，沒有回音。』聽他談話，一點不像瘋，我給東北局寫信問情況，沒有回信。我又託當時任遼南地委書記的魯藝同學趙自評去東北局打聽，趙回來說：『東北局說了，千真萬確，是瘋了。』我說『有什麼跡象嗎？』趙自評說：『人家說他常常無故大喊大叫，也聽不懂他喊叫什麼。』以後我見到高長虹先生時就問他這事，他哈哈大笑說：『我那是用外語朗誦詩呢！用德語郎誦歌德的詩，用英語朗誦拜倫的詩，用……』我恍然大悟了，用外語朗誦外國詩人的詩，不用說那些服務員聽不懂，就是我這個號稱詩人的人也聽不懂。長虹先生人很瘦，但精神很好，生活能自理，從我和他接觸一年當中，他沒有任何瘋的跡象。」(20)

高長虹到東北後，實際上被當作一個閒人，長期住在旅館、招待所，不分配工作。覺得苦悶時，他就用日語、英語、法語或德語朗誦外國詩人的作品。服務員聽到「哇啦哇啦」，以為他發瘋，於是傳說他得了精神病，又因此被送進了精神病院。舒群和侯唯動的回憶，基本上可以證實一條，高長虹沒有瘋，卻被人當成了瘋子。一個狂人，就這樣成了「瘋子」，不知所終，令人唏噓。

要補充的是，舒群說的高長虹對「搶救運動」擴大化十分不滿一事，據說，高長虹還曾寫信向史達林告狀，又直言不諱地向中央領導同志提出了自己的意見。此外，他所以要去東北，原因之一，是去開發金礦，以振興解放區的經濟。他的想法過於天真，當然難以實現。

高長虹是個不顧家的人。赴東北途中路過山西，故鄉就在根據地，他也不回去看看。老婆和孩子如何生活，他根本不管。老子不管兒子，然卻禍及兒輩。新中國成立後，把高長虹當作「反對魯迅」的一員，在反右中，他兒子被打成右派，其主要原因是因為老子反對過魯迅。魯迅不能對他「罵」過的人的一生負責，更不能對他們的兒輩負責，魯迅的「罵」，也只是魯迅個人的見解，而不是判決書。魯迅是沒有責任的。那麼，這是誰之罪呢？

＊＊＊

(1)《魯迅全集．華蓋集．題記》。

(2)《魯迅全集．兩地書．六》。

(3)《魯迅全集．兩地書．八》。

(4)原載一九三六年十二月一日上海《文學月刊》第二卷第一期，《魯迅回憶錄》有轉載，北京出版社一九九九年一月版。

(5)(12)(13)《走到出版界．一九二六，北京出版界形勢指掌圖》，上海書店一九八五年三月影印版。

(6)(7)(10)(14)《走到出版界》，上海書店一九八五年三月影印版。

(8)《魯迅全集．兩地書．六〇》。

(9)《魯迅全集・且介亭雜文・憶韋素園君》。

(11)《走到出版界・思想上的新青年時期》，上海書店一九八五年三月影印版。

(15)《魯迅全集・而已集》。

(16)《許廣平文集》第一卷，江蘇文藝出版社一九九八年一月版。

(17)原載《魯迅研究動態》一九八五年第一期，署名平林，原刊據手稿發表，《許廣平文集》第一卷，江蘇文藝出版社一九九八年一月版。

(18)原載一九四〇年八月二十五日、九月一日重慶《國民公報・星期增刊》，《魯迅回憶錄》有轉載，北京出版社一九九九年一月版。

(19)陳漱渝：《「狂飆文人」高長虹的下落如何》，湖南人民出版社《魯迅研究百題》一九八一年十一月版。

(20)《高長虹晚年是否瘋了》，《魯迅研究月刊》一九九六年第十一期。

庸俗、趣味、三閒及最前進

——魯迅與成仿吾

成仿吾（一八九七—一九八四）原名成灝，筆名石厚生、澄實等。湖南新化人。文學批評家、教育家。一九一〇年留學日本。一九一九年在《時事新報·學燈》開始發表新詩，次年發表短篇小說《流浪人的新年》。一九二一年與郭沫若、郁達夫等組織創造社，參與創辦《創造季刊》、《創造週報》、《創造日》、《洪水》、《創造月刊》、《文化批判》等文學刊物。一九二五年任廣東大學教授和黃埔軍校教官。大革命失敗後赴日本，並發表重要論文《從文學革命到革命文學》，引起了後期創造社與魯迅的爭論。一九二八年赴歐洲，在巴黎參加中國共產黨，後又去柏林，主編中共柏林、巴黎支部機關刊物《赤光》。一九三一年回國，後進入革命根據地，參加紅軍長征。一九三七年在延安任陝北公學校長，與徐冰合譯了《共產黨宣言》，此後一直從事教育工作，新中國成立後歷任中國人民大學、東北師範大學、山東大學校長。有《成仿吾文集》行世。

成仿吾係創造社元老之一，是僅次於郭沫若的二號人物。他一生與魯迅糾葛甚深，是在不同時期不斷地向魯迅攻擊的急先鋒。成仿吾是一個多變的人，可以說是「生命不息，變化不止」。他對魯迅的態度也經常變化，也可以說是不斷「前進」吧！

一

成仿吾的第一次罵魯迅，是在一九二四年一月，他以「純文藝」為標準，幾乎全盤否認了魯迅的小說《吶喊》。

一九二三年八月，《吶喊》出版後，立即受到廣泛的好評。然而，成仿吾卻獨樹一幟，對魯迅的小說基本上持否定的態度。他在《創造》季刊一九二四年第二卷第二期發表的《〈吶喊〉的評論》⑴一文中說：「《吶喊》出版之後，各種出版物差不多一齊為它吶喊，人人談的總是它，然而我真費盡莫大的力才得到了一部。裡面有許多篇是我在報紙雜誌上見過的，然而大都是作者的門人手編的，所以糟得很，這回由令弟周作人先生編了出來，真是好看多了。」蘿蔔白菜，各有所好。說《吶喊》不好，也不是不可以。問題是，成仿吾一開始，採用的就是無聊的戰法，用挖苦的語言，牽扯上了周作人，這有什麼意思呢？魯迅的作品是一個客觀的存在，難道會因為不同的人「手編」，便會有實質的變化？魯迅對這樣的戰法，是不以為然的。也正是因為不以為然，到了一九二八年四月二十日，過了四年多，他才在《我的態度

氣量和年紀》(2)一文中寫道:「我有兄弟,自以為算不得就是我『不可理喻』,而這位批評家於《吶喊》出版時,即加以諷刺道:『這回由令弟編了出來,真是好看得多了。』……莫非一有『弟弟』,就必須反對,一個講革命,一個即該講保皇,一個學地理,一個就得學天文嗎?」誰編的,這無關緊要,關鍵是要看作品本身。

在《〈吶喊〉的評論》中,成仿吾認為《吶喊》中的《狂人日記》、《孔乙己》、《藥》等都是「庸俗」的「自然主義」作品,「《阿Q正傳》為淺薄的紀實的傳記」,「描寫雖佳,而結構極壞」,只有《不周山》一篇,「雖然也還有不能令人滿足的地方」,卻是表示作者「要進而入純文藝的宮庭」的「傑作」。對此,魯迅當時並未給予批駁,只是在翌年五月撰寫的《俄文譯本〈阿Q正傳〉序及著者自敘傳略》中說,「我的小說出版之後,首先收到的是一個青年批評家(按:指成仿吾)的『譴責』」,未予點名,並且將此語置於其他人的多種看法之中,可見魯迅對別人批評所持的態度是冷靜的。一九二六年十一月二十日在與許廣平的私人通信中,魯迅曾談及「創造社量狹而多疑,一定要以為我在和他們搗亂,結果是成仿吾借別的事來罵一通。」這是指魯迅主編的《烏合叢書》收入了創造社成員馮沅君的《卷葹》而引起成仿吾等人的不滿:在他們看來,魯迅此舉不啻破壞了創造社組織的純潔性。

《吶喊》出版的當時,李大釗、茅盾就認為是中國最好的小說。現在時間過去了八十餘年,

《吶喊》的價值已經被歷史所確認。所以，要反駁成仿吾的觀點，就顯得多餘了。不過，我們回顧一下魯迅當時的態度，對瞭解魯迅這個人是頗有意義的。對於成仿吾對《吶喊》的肆意歪曲與攻擊，魯迅直至十年之後方給予正式反擊。你說好，我就偏說不好——魯迅性格中有如此較勁的特點。他在編輯《故事新編》時把《不周山》易名為《補天》，認為它不是那麼好，「陷入」了「油滑」，而「油滑是創作的大敵，我對於自己很不滿」。一九三五年十二月二十六日所撰《故事新編．序言》中，在談及《不周山》的創作時，魯迅對成仿吾的批評回敬道：

> 這時我們的批評家成仿吾先生正在創造社門口的「靈魂的冒險」的旗子底下掄板斧。他以「庸俗」的罪名，幾斧砍殺了《吶喊》，只推《不周山》為佳作，——自然也仍有不好的地方。坦白的說吧，這就是使我不但不能心服，而且還輕視了這位勇士的原因。我是不薄「庸俗」，也自甘「庸俗」的；對於歷史小說，則以為博考文獻，言必有據者，縱使有人譏為「教授小說」，其實是很難組織之作，至於只取一點因由，隨意點染，鋪成一篇，倒無需怎樣的手腕；況且「如魚飲水，冷暖自知」，用庸俗的話來說，就是「自家有病自家知」吧；《不周山》的後半是很草率的，絕不能稱為佳作。倘使讀者相信了這冒險家的話，一定自誤，而我也成了誤人，於是當《吶喊》印行第二版時，即將這篇刪除；向這位

「魂靈」回敬了當頭一棒——我的集子裡，只剩著「庸俗」在跋扈了。

我們現在所見到的《吶喊》已沒有《不周山》。魯迅把這「庸俗」的東西編進《故事新編》時，又更改了篇名。成仿吾偏愛的東西就被剔除乾淨了——這就是文人的習氣，文人之所以成為文人，就應該具備這種「習氣」。

魯迅在《「題未定」草》（五）中也描寫過「黑旋風」成仿吾的形象：「批評家成仿吾先生手掄板斧，從《創造》的大旗下，一躍而出」。而魯迅對這種不問青紅皂白「掄板斧」排頭砍去的李逵作風，一直是「憎惡」的。

二

成仿吾在根本不懂魯迅作品價值的情況下，否認魯迅的小說；接著，成仿吾又在根本不懂魯迅「趣味」的情況下，信口開河，抨擊魯迅的人生態度。這次，成仿吾的標準是討伐「趣味主義」。他於一九二七年一月十六日在《洪水》（半月刊）第三卷第二十五期發表《完成我們的文學革命》(3)一文，把「五四」新文學老將魯迅、周作人等一網打盡，甚至還把魯迅與陳西瀅一鍋煮了，說什麼「我們的魯迅先生坐在華蓋之下正在抄他的小說舊聞，而我們的西瀅先生卻在說他那閒話……」要是不知道魯迅與陳西瀅的論戰，我們還以為魯老夫子與西瀅先生將要在一起品茶哩。成仿吾責問：「我們對這種荒淫後的荒淫究竟能不能予以肯定？」抄小說舊聞，就是荒淫，做為隔了將近一個世紀的我，只覺得成仿吾頭腦有病。成仿吾對魯迅這樣的「趣味家」的態度「感著不滿」，他認為，「第一，他們的態度是遊玩的，不誠實的；這是由趣味那東西的本性可以明白的。第二，他們常把自己沒入於瑣碎的現象之中而以感著所謂趣味為目的，他們不能把一個個的現象就整個的全體觀察，所以他們的態度是非藝術的。」那怎麼辦呢？為了「藝術」，他開始高喊革命口號了：「現在已經是我們應該起來革命的時候！」「我們現在是應當努力，努力本身便是有價值的，不努力便是墮落，便是死。」「真誠的同志們！永遠的同道者！我們起來，打倒一切不誠實的，非藝術的態度！我們要看清楚時代的要求，要不忘記文藝的本質！我們要完成我們的文學革命！」在我看來，這樣文理不通的文章根本沒有什麼學理可言，基本上是喝多了革命牌的老酒，一派胡言亂語。

成仿吾寫《完成我們的文學革命》時，正在效忠於廣東革命政府，但是幾個月以後，國民黨發動清黨，成仿吾改換門庭，從日本搬來了一批日共的理論，開始鼓吹「革命文學」，他再次把魯迅當作了一塊「資產階級」的老石頭，要用「十萬兩無煙火藥」去轟炸。一九二八年二月，成仿吾在《創造月刊》第一卷第九期發表名文《從文學革命到革命文學》(4) 一文，說是「我從前說過他們所矜持的是『閒暇，閒暇，第三個閒暇』；他們是代表著有閒的資產

階級，或者睡在鼓裡的小資產階級……如果北京的烏煙瘴氣不用十萬兩無煙火藥炸開的時候，他們也許永遠這樣過活的吧」。同時，成仿吾以石厚生的筆名在《創造月刊》第一卷第十一期發表《畢竟是「醉眼陶然」罷了》(5)：「傳聞他（按：指魯迅）近來頗購讀社會科學書籍，『但即刻又有一點不小問題』：他真是要做一個社會科學的忠實的學徒嗎？還是只塗抹彩色，粉飾自己的沒落呢？這後一條路是掩耳盜鈴式的行為，是更深更不可救藥的沒落。」成仿吾認為魯迅是有閒的，有閒就是有錢，搞的是趣味文學，是資產階級的，因而是沒落的。如果魯迅想像成仿吾要求的那樣「前進」，讀一點社會科學的書，那只是為了粉飾自己的沒落，是「更深更不可救藥的沒落」，總之，這樣也是沒落，那樣也是沒落，魯迅是無論如何逃脫不了沒落的命運的。這是成仿吾們的「天」註定的。

我覺得成仿吾的論調是很奇怪的，五四時期的鬥士、新文化運動的啟蒙者的魯迅，怎麼會和趣味、閒暇沾上邊呢？如果聽過魯迅「救救孩子」的呼聲，如果看過夏瑜墳頭的花圈，如果瞭解了他關於改造國民性問題的一系列論述……我們首先感受到的是魯迅的戰鬥精神。他是學者，他是作家，但他首先是一個戰士。魯迅是傳統文化的掘墓人，又是新文化的奠基者。這樣的一個人，怎麼會是「沒落」的呢？因此，我只能認為成仿吾之類的革命家，被革命沖昏了頭腦，他只會衝啊殺啊，使用無煙的炸彈之類。他甚至沒有閒暇讀一讀魯迅的作品，確定一下魯迅究竟是一個什麼樣的人。革命的激情在澎湃，他來不及做這一切了，劈嘰裡咕嚕地冒出來的，都是不著邊際的虛妄之詞。

創造社瘋狂圍攻魯迅開始於一九二八年初，而早在一九二七年一月，成仿吾已經把惡劣的進攻矛頭指向魯迅了。而且，直到一九二八年二月，還在《創造月刊》第一卷第十期《全部的批判之必要》一文中聲稱：「《語絲》等早已固結而反動」。當時的《語絲》已經移到上海出版，主編是魯迅。成仿吾的矛頭指向，不很清楚嗎！還必須著重指出，也是在一九二八年二月，亦即郭沫若離滬去日的後一兩天，成仿吾與馮乃超兩人在一次宴席上，大肆宣傳魯迅「討姨太太，棄北京之正妻而與女學生發生關係，實為思想落伍者」。不但侮辱了魯迅，而且把許廣平也侮辱了。

魯迅是不虛幻的，他對成仿吾的虛妄之詞都有實在的答覆。關於「華蓋之下」，魯迅說：「我合印一年的雜感的《華蓋集》，另印先前所鈔的小說史料為《小說舊聞鈔》，是並不相干的。這位成仿吾先生卻加以編排道：『我們的魯迅先生坐在華蓋之下正抄他的「小說舊聞」。』」魯迅指出了這種「編排」的主觀隨意。關於「閒暇」，魯迅指出成仿吾「……似乎要將我擠進『資產階級』去（因為『有閒就是有錢』云），我倒也覺得危險了」。魯迅對之投以蔑視，說「那成仿吾的『閒暇，閒暇，第三個閒暇』的切齒之聲，在我是覺得有趣的」。

(6)魯迅認為，成仿吾的戰法，不是無產階級的，「我以為無產階級是不會有這樣鍛練周納法的，他們沒有學過『刀筆』」。魯迅在編輯自己的雜感時，「編成而名之曰《三閒集》，尚以射仿吾也」。(7)在《文壇的掌故》(8)一文中，魯迅對成仿吾們充滿了蔑視：「我在『革命文學』戰場上，是『落伍者』，所以中心和前面的情況，不得而知。但向他們屁股那面望去，則有成仿吾司令的《創造月刊》，《文化批判》，《流沙》……」「向他們屁股那面望去」，看到的是司令辦的那幾本刊物，揶揄有之，挖苦有之，但仍保持著「沒落」者固有的幽默，也還矜持。

革命的文學家有一個特點，即善於鼓動別人參加革命。他們經常要求參加革命的革命者要這樣而不要那樣。然而，自己怎麼樣呢？自己做了些什麼呢？這是無關緊要的。成仿吾在《從文學革命到革命文學》一文中的第六節「革命的『印貼利更追亞』團結起來」中說：「克服自己的小資產階級的根性，把你的背對向那將被『奧伏赫變』的階級，開步走，向那齷齪的農工大眾！以明瞭的意識努力你的工作，驅逐資產階級的『意德沃羅基』在大眾中的流毒與影響獲得大眾，不斷地給他們以勇氣，維持他們的自信。」成仿吾的意思無非是說，革命的知識份子，應該到工農大眾中去，提高群眾覺悟，影響群眾，爭取群眾，提高他們鬥爭的勇氣。讀了這段話，我感想有二：一是成仿吾高高在上，他既高於被他發動的「小資產階級」之上，又高於「齷齪的工農大眾」之上，他彷彿是救世主派到文壇來的總幹事；二是他洋裡洋氣的表述，除了表明略通外文外，只能證明他自己首先是脫離大眾的小資產階級，靠他這樣的人是不能「獲得大眾」的。對於成仿吾的宏論，魯迅挖苦道：「成仿吾剛大叫到勞動大眾間去安慰指導他們（見本年《創造月刊》）……但過了半年，居然已經悟出，修善寺溫泉浴場和半租界洋房中並無『勞動大眾』，這是萬分可『喜』的。」(9)在《文壇的掌故》一文中，魯迅也有類似的諷刺，只是加了一句「可不知洗了澡沒有」。某些人自己泡溫泉，躲在租界裡高喊革命，讓別人去「獲得群眾」，魯迅自然是深惡之——這一點，與後來周揚躲在租界裡「深居簡出」，指揮左翼革命文藝運動一樣，讓魯迅反感。

三

魯迅與成仿吾的關係，是魯迅與創造社的關係的一個組成部分，魯迅「罵」成仿吾等人，與後來的「罵」「四條漢子」一樣，是罵某些人所代表的某種思想和藝術的傾向。這一點，因為郭沫若是主要代表人物，我將在郭沫若一節裡，加以相對詳盡的闡述。不過，《二心集》裡魯迅名文《上海文藝之一瞥》中有一個著名論斷，即：「才子＋流氓」，郭沫若一直以為魯迅是罵他的，魯迅研究界有的人也一直認為是罵郭沫若的。實際上，這是郭沫若替成仿吾

受過。我以為，雖然總體而言，魯迅事實上認為創造社的不少人有「才子+流氓」的習氣，但具體所指，卻只有成仿吾可以對號入座。

我們先看看魯迅在原文中的論述：

> 創造社的這一戰，從表面看來，是勝利的。許多作品，既和當時的自命才子們的心情相合，加以出版者的幫助，勢力雄厚起來了。勢力一雄厚，就看見大商店如商務印書館，也有創造社員的譯著的出版，——這是說，郭沫若和張資平兩位先生的稿件。這以來，據我所記得，是創造社也不再審查商務印書館出版物的誤譯之處，來做專論了。這些地方，我想，是也有些才子+流氓式的。

魯迅的意思是，本來，創造社有人「做專論」，批評了商務的出版物；而後來商務印行了創造社成員的作品，那麼創造社中人就不去批評商務出版物的「誤譯之處」了。這是一種勢利的實用哲學，所以頗有一點「才子+流氓」的習氣。文中，魯迅點了印行的是郭沫若和張資平的作品，所以人們容易聯想到郭沫若等人，這也是可以理解的。郭沫若讀了這段文字後，認為魯迅「這一段文章做得真是煞費苦心，直言之，便是『郭沫若輩乃下等之流氓痞棍也』」。既然郭沫若自己都招認了，這又不是審理案件，別人也就不再細究了，從此，「才子+流氓=

郭沫若」，似乎成了定論了。

據馬蹄疾考證，這是一種誤解，「冤枉了魯迅五十多年」。在這段文字裡，魯迅雖然提到郭沫若的名字，但魯迅只是說，郭沫若的書後來在商務印書館出版過。魯迅原文的意思很清楚，說創造社中「有些才子＋流氓式的」做法，是指「不再審查商務印書館出版物的誤譯之處，來做專論了」的人。那麼，在這以前，是誰做過專論呢？不是郭沫若。如果一定要指誰的話，與成仿吾倒是沾一點邊的。一九二二年十二月《小說月報》第十三卷第十三期發表研究會成員佩韋（王統照）的《今年紀念的幾個文學家》一文，文中將無神論（Atheism）誤譯為「雅典主義」了，成仿吾於一九二三年五月《創造季刊》第二卷第一期上發表《「雅典主義」》一文，專門對王統照的誤譯加以批評。魯迅文中批評創造社中人的「有些才子＋流氓式」的做法，指的就是這件事。因為郭沫若認了帳，成仿吾倒討了個自在。郭沫若又否認了有些做為，證明了自己不是「才子＋流氓」，所以魯迅就有一段不好聽的「罵名」。現在，我們搞清楚了，成仿吾實有其事，這樣看來，扣在魯迅頭上的罵名也應該雪洗了。

不過，如果結合魯迅對「才子＋流氓」下的定義，無論針對任何具體的人，當事人聽了，也一定不會認帳的。在《上海文藝之一瞥》中，魯迅寫道：

> 才子原是多愁多病，要聞雞生氣，見月傷心的。一到上海，又遇見了婊子。去嫖的時

候，可以叫十個二十個年輕姑娘聚集在一處，樣子很有些像《紅樓夢》，於是他就覺得自己好像賈寶玉；自己是才子，那麼婊子當然是佳人……

……

……佳人並非因為「愛才若渴」而做婊子的，佳人只為的是錢。然而佳人要才子的錢，是不應該的，才子於是想了種種制伏婊子的妙法，不但不上當，還佔她們的便宜……而是在婊子那裡得到勝利的英雄豪傑，是才子＋流氓。

這是一種象徵，與此同類性質的習氣，都可以稱為「才子＋流氓」。但若深究誰是「才子＋流氓」，誰是「婊子」，彷彿顯得過於具體了。成仿吾絕不是「才子＋流氓」一類的人物，他參加了兩萬五千里長征，是「革命＋作家」，若說有什麼習氣，就是有一點「左」的習氣而已。不過，關於「流氓」，魯迅還有另外一層的意義表述。魯迅說：「倘在文人，他總有一番辯護自己的變化的理由，引經據典。譬如說，要人幫忙時候用克魯巴金的互助論，要和人爭鬧的時候就用達爾文的生存競爭說。無論古今，凡是沒有一定的理論，或主張的變化並無線索可尋，而隨時拿了各種各派的理論來做武器的人，都可以稱之為流氓。例如上海的流氓，看見一男一女的鄉下人在走路，他就說，『喂，你們這樣子，有傷風化，你們犯了法了！』他用的是中國法。倘看見一個鄉下人在路旁小便呢，他就說，『喂，這是不准的，你犯了法，該抓到捕房去！』這時所用的又是外國法。但結果是無所謂法不法，只要被他敲去了幾個錢就都完事。」(10)在魯迅的眼裡，凡事無標準，多變化，這就是流氓。創造社中人都是才子，這是沒有疑義的，但誰是「無特操」的多變的「流氓」呢？這實在不好說。不好說，不說也罷。

四

魯迅去世後，成仿吾又變了。這回倒真是「進步」了。一九三六年十月，成仿吾曾撰寫《紀念魯迅》(11)一文，高度評價魯迅的創作和思想。文章首先對魯迅表示了景仰：「他對於中華民族的解放事業和中國共產黨的貢獻，特別他在最後一個時期中的奮鬥，已經在中國的知識界，特別是在中國青年中引起了不可磨滅的印象。」接著對魯迅作品的價值和意義這樣評價道：「一、『五四』以前，新時代的曙光出現時，魯迅是勇敢地迎接了這一光明的第一作家，他的作品反映了當時的黑暗，民眾的怨哀，沒有希望。二、一九二五—一九二七年大革命時期，他因為反抗北方軍閥，而被迫回到南方，開始與中國的革命潮流接觸，在失望與壓迫中間畢竟認識了革命的真理，創造一種新的小品文，用了最尖銳的筆鋒，打擊了當時的背叛、虛偽與黑暗，始終站在最前線，反對一切民族敵人，鼓勵著中國人民前進。三、在他痛罵托派漢奸的著作中，表現了他是中國文化界最前進的一個，他達到了這一時代的政治認識的最

高水準。……他在這裡超過了中國的國界，超過了無數的好作家，進入了世界極少數的前進作家的地位。總之，這幾點已經可以證明魯迅的劃時代的功績。」成仿吾的語言向來是半通不通的，「進入」了「地位」，這通嗎？也許他連才子都稱不上。從「落伍者」到「最前進」的，到底哪一個魯迅是真實的呢？我被他搞糊塗了。

一九三七年十月十九日，成仿吾主持召開了陝北公學紀念魯迅逝世一週年大會，邀毛澤東到會發表了《論魯迅》的重要講話。這是中國新文藝史上僅有的一次邀請毛澤東專論魯迅的講話。開會那天，毛澤東是一個人走來的，警衛員在後面牽著牲口，成仿吾在學校門口迎接，還一同到成仿吾的窯洞裡坐了一會兒，報告結束後，成仿吾送毛澤東到門口。毛澤東在講話中讚揚魯迅說：「他在黑暗與暴力的進襲中，是一株獨立支持的大樹，不是向兩旁偏倒的小草。」「他往往是站在戰士的血痕中，堅韌地反抗著、呼嘯著前進。」「用他那一支又潑辣，又幽默，又有力的筆，畫出了黑暗勢力的鬼臉，畫出了醜惡的帝國主義的鬼臉，他簡直是一個高等的畫家。」這是成仿吾親自聽到的毛澤東對魯迅的評價。

隨後，同在一九三七年，有一天，毛澤東約成仿吾和另幾位同志吃飯，地點是黨中央的一個招待所。這一天議定了成立魯迅藝術文學院的事，同席的七人：毛澤東、周恩來、林伯渠、成仿吾、徐特立、艾思奇、周揚，就是它的創始人。一九三八年二月，聯合發表了《魯迅藝術學院創立緣起》，《緣起》指出：「培養抗戰的藝術工作幹部，在目前是刻不容緩的工作」，「因此，我們決定創立這個藝術學院，並且以已故的中國偉大的文豪魯迅先生之名為名，這不僅是為了紀念我們這位偉大的導師，而且表示我們要向著他所開闢的道路大踏步前進」。

成仿吾對魯迅的評價是不穩定的，雖然有魯迅幫他與黨接上關係的歷史，雖然在《紀念魯迅》中無限拔高魯迅，但對與魯迅的恩怨，也還是耿耿於懷。據周海嬰《魯迅與我七十年》一書記載，一九五九年蘇聯漢學家彼德羅夫訪問山東大學時，有一份成仿吾校長的講話紀錄稿。當時彼德羅夫問他：「革命文學爭論時期，杜荃（即郭沫若）等人為什麼要猛烈批評魯迅？」成仿吾回答說：「魯迅是老一輩，創造社是後一輩，彼此有些矛盾。我們對魯迅不滿意是一九二七年大革命失敗後，我們皆拋離廣東，而魯迅卻前往廣東，他是被朱家驊利用，做了廣東大學的教務長，這是他落後處。直到他後來發覺，才回上海。……郭沫若批評魯迅針對的僅是魯迅留在廣州這件事。」又說：「當時與魯迅進行理論鬥爭是有的，但與魯迅對立的是太陽社，魯迅把我們和太陽社混為一起了。一九三二年魯迅說我們是流氓（我們皆已入黨），這是錯誤的。但從那以後，魯迅轉變了，對我們很好了，一九三一年底，我從蘇區（湖北打游擊）到上海找黨中央，魯迅幫助我們找到黨中央，見面很高興。去年我見許廣平，向她感謝魯迅的幫助，許廣平說：『魯迅的錯誤很多』。」如果這段話記載無誤的話，我覺得成

仿吾談話的可信度很低。這裡，他出賣了「太陽社」的革命同仁。魯迅怎麼只是與太陽社對立呢？這根本不符合史實。太陽社的領軍人物蔣光慈死了，是不是便可以往他們頭上扣屎呢？我以為，「革命文學論戰」主要是與創造社的論戰，而不是太陽社。關於其他方面，「對於這種事關歷史真實和父親名譽的大事，」周海嬰說，「母親理所當然有權予以說明」。許廣平是這樣回答成仿吾的：「一九二六年十一月七日魯迅從廈門寫信給我（當時我在廣州）說：其實，我還有一點野心，也想到廣州後，對於『紳士』們仍然加以打擊，至多無非不能回北京去；第二是與創造社聯合起來，造成一條聯合戰線，更向舊的社會進攻……一九二七年一月，魯迅從廈門到廣州，任中山大學文學系主任兼教務長。但到四月十五日，國民黨反動派在廣州開始大屠殺。魯迅當日不避危險，參加緊急校務會議，營救被捕學生，無效。他就堅決辭職，表示抗議。成仿吾說魯迅在一九二七年大革命之後才就任中山大學文學系主任兼教務長，是篡改歷史，有意誣衊魯迅。我在北京見到成仿吾時，的確提到這件往事，那是我向他打聽：他是否祕密地到過上海？他證實了這件事情，並且說明他是透過魯迅才和黨接上關係的。當時我並沒有說過什麼『魯迅也有錯誤』這一類的話。」成仿吾革命革昏了頭，似乎認為只有自己才是革命的。這是不是與他潛意識中魯迅是「三閒」份子有關？也未可知。其實，魯迅在廣州時，還和成仿吾一起革過命哩，一九二七年二月二十日，他和魯迅一起在《中國文學家對於英國知識階級及一般民眾宣言》上簽過字。也許成仿吾年紀大了，健忘。

＊＊＊

(1)(3)(4)(5)《恩怨錄·魯迅與他的論敵文選》，今日中國出版社一九九六年十一月版。

(2)《魯迅全集·三閒集》。

(6)《魯迅全集·三閒集·「醉眼」中的朦朧》。

(7)《魯迅全集·三閒集·序言》。

(8)《魯迅全集·三閒集》。

(9)《魯迅全集·集外集·〈奔流〉編校後記》。

(10)《魯迅全集·二心集·上海文藝之一瞥》。

(11)余飄、李洪程：《成仿吾與解放區的文藝活動》，《新文學史料》一九九七年第四期。

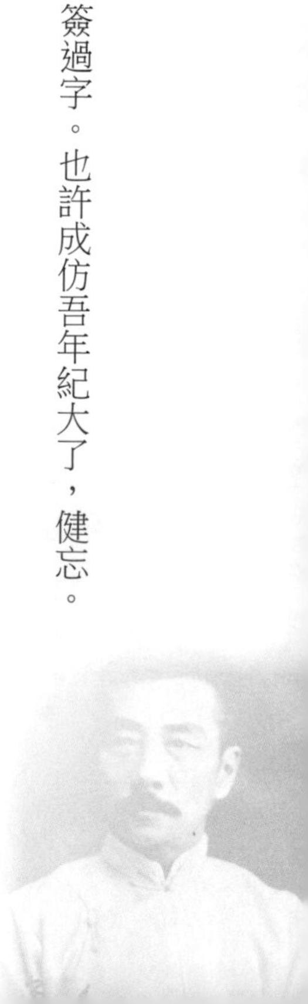

「大戰鬥卻都為著同一的目標」

——魯迅與郭沫若

一

郭沫若（一八九二—一九七八）原名郭開貞，號尚武，筆名麥克昂、杜荃、龍子等。四川樂山人。詩人、劇作家、歷史學家、古文字學家和社會活動家。著有詩集《女神》、歷史劇《屈原》、歷史論文集《奴隸制時代》等，有《郭沫若全集》文學編、歷史編數十卷行世。

魯迅和郭沫若都是新文化運動的風雲人物。魯迅年長於郭沫若，又相對早逝，所以並世的時間不長。他們生前，皆有相見的願望，但幾次都失之交臂，最終未謀一面。後來，因為思想、氣質等等原因，也因為文人的敏感所造成的誤會，彼此交惡，筆墨相譏。

魯迅對郭沫若的創作情況是關注的。一九二六年九月創造社出版了郭沫若的小說散文集《橄欖》，魯迅在《而已集》的《通信》中就提到了：「回想起我這一年的境遇來，有時實在覺得有味。在廈門，是到時靜悄悄，後來大熱鬧；在廣東，是到時大熱鬧，後來靜悄悄。肚大兩頭尖，像一個橄欖。我如有作品，題這名目是最好的，可惜被郭沫若先生佔先用去了。

但好在我也沒有作品。」魯迅對郭沫若的成就也不是視而不見。一九三三年八月十四日寫的《為翻譯辯護》一文中，對郭沫若所譯《戰爭與和平》就給予肯定，認為是當時充滿「惰氣」的出版界的幸事。

不過，應該說魯迅在重視郭沫若的同時，又一定程度上輕視郭沫若。魯迅對郭沫若的態度是矛盾的。早在一九二一年八月，在致周作人的信中，魯迅就說：「我近來大看不起沫若田漢之流。」一九二六年十一月二十日，魯迅在致許廣平的信中說：「創造社量狹而多疑，一定要以為我在和他們搗亂，結果是成仿吾借別的事來罵一通。」這裡的「量狹而多疑」，當然也包括了郭沫若，因為郭沫若是早期創造社的最主要成員。

郭沫若對魯迅的認知，是從魯迅的小說開始的。一九二〇年，當時還在日本的他，從上海《時事新報》的「學燈」副刊（雙十節增刊）上，首次讀到了魯迅的小說《頭髮的故事》。郭沫若後來在《「眼中釘」》一文中回憶道：「當時很佩服他，覺得他的觀察深刻，筆調很簡練，大有自然主義派的風味。但同時也覺得他的感觸太枯燥，色彩太暗淡，總有點和自己的趣味相反駁。」(1) 顯然，這時的郭沫若對魯迅的瞭解是很單一的，他談的也只是對一篇小說的感覺。

倘若我們對歷史人物——尤其魯迅、郭沫若這樣的賢者——也採用「宜粗不宜細」的原則，

我們就不難看到，他們之間的衝突，主要是圍繞「革命文學」論戰和「兩個口號」論戰這兩次，雖然這之前魯迅、郭沫若也並不是一無糾葛。

二

在魯迅和郭沫若的早期關係中，有一個關於「翻譯和創作」的關係問題的討論——我不認為這是一場爭論——你說你的理由，我講我的觀點。

郭沫若是從推崇魯迅的小說出發，鑑於報刊編輯在編排魯迅小說時，將其置於周作人的譯文之後，他即致函編輯李石岑說：這樣的編排處理，反映了「國內人士只注重媒婆，而不注重處子；只注重編譯，而不注重產生」，「只誇示些鄰家的桃李來逞逞口上的風光，總不想從自家的庭園中開些花果來使人玩味」的心理，並指出「處女應當尊重，媒婆應當稍加遏抑」。(2) 郭沫若是以他推崇的魯迅小說為例，告訴人們：創作比翻譯更重要。我以為，郭沫若是對的。如果說有一點用詞不夠謹慎的話，那就是「媒婆應當稍加遏抑」，這似大可不必。你搞你的創作，他搞他的翻譯，井水不犯河水。具體到刊物的排版，倘不是專門的翻譯刊物，似乎不宜把翻譯排到創作之上的。

一是魯迅特別注重翻譯，一是文人情緒作怪——你郭沫若這樣說，我偏要那樣說——魯迅對郭沫若的見解也從雞蛋裡挑骨頭。他後來追述說（請注意，魯迅不是在當時，而是在後來與創造社「交惡」後，才發表了這些見解），郭沫若的主張，「我是見過的，但意見不能相同，總以為處女並不妨去做媒婆」，「我終於並不藐視翻譯」。(3) 到了三〇年代初，魯迅在《上海文藝之一瞥》的演講中，舊事重提，說「創造社尊重天才，是藝術至上派，尊重自我，崇創作恨翻譯」。魯迅的「恨翻譯」三字，乃信口開河，言重了。郭沫若並不恨翻譯，還翻譯了諸如《浮士德》、《戰爭與和平》等名著，這是為大家所熟知的。

「處女媒婆」說無關宏旨。我以為，就像警犬總在尋找獵物一樣，文人總在尋找可做文章的東西。他們當時不過覺得有文章可做，如此而已。

三

一九二六年秋，魯迅到廈門後，因為他在政治上反對北洋軍閥、支持北伐戰爭，又聞知創造社的主要成員郭沫若等人已去當時的革命中心廣州，因而對創造社表示了一定的好感。他在致許廣平的信中說：「其實我也還有一點野心，也想到廣州後，對於『紳士』們仍然加以打擊……第二是與創造社聯合起來，造一條戰線，更向舊社會進攻，我再勉力寫些文字。」(4)（《兩地書·六九》）不過，由於種種原因，魯迅也只是說說罷了，並沒有立即離廈赴穗，

還是各自為戰，這條「戰線」也終於沒有造成。

不過，魯迅想「造一條戰線」的想法，也並不是沒有客觀根據的。一九二七年一月，魯迅抵達廣州。當時，成仿吾為支持北伐戰爭起草了《中國文學家對於英國智識階級及一般民眾宣言》，簽名者有成仿吾、魯迅、郭沫若、王獨清、何畏等。這件事表明，當時在雙方基本的政治立場一致的時候，魯迅與創造社的成員之間已經有可能有聯合行動了。魯迅在致李霽野的信中也說：「創造社和我們，現在感情似乎很好。他們在南方頗受壓迫，可嘆。看現在文藝方面用力的，仍只有創造、未名、沉鍾三社，別的沒有，這三社若沉默，中國全國真成了沙漠了。」

一九四一年，為慶祝郭沫若五十誕辰暨創作生活二十五週年，周恩來在十一月十六日《新華日報》上撰寫《我要說的話》一文，高度評價了郭沫若對革命文化的卓越貢獻，也提起了成仿吾起草的對英宣言這件事。周恩來在文章中寫道：魯迅和郭沫若，「他們在北伐期中，誰都沒有『文人相輕』的意思，而且還有『同聲相應，同氣相求』的事實。在廣州發表的文學家宣言，周郭兩先生均列了名的」。

一九二七年十月，魯迅和許廣平抵上海定居。同月，郭沫若也從香港轉回了上海。有趣的是，他們都結識了開書店的日本人內山完造。在此後的近半年時間裡，兩人同在上海，又經常與內山完造聯繫，本有會晤的可能，然而，還是失之交臂！例如一九二八年二月一日，魯迅去了內山書店，次日晚，郭沫若拜訪了內山完造，二月五日，魯迅再到內山書店小坐。按常理，在這樣的情況下，內山完造是會介紹他們相識的。我們只能說，也許他們心存芥蒂，不願見面。內山完造後來對魯迅和郭沫若有過評論，對於我們理解他們兩人的關係不無啟迪：「魯迅和郭沫若的性格稍有不同。我和郭沫若交往甚厚，然而，郭只從事政治，具有政治家的氣質。」「魯迅先生是純粹的地道的文學家，一旦表明自己的意見，就永不動搖，至今不渝。」

儘管如此，郭沫若和魯迅不僅懷有聯合作戰的願望，也各自採取了一些相應的行動。郭沫若到上海後，根據鄭伯奇的提議，欲聯合魯迅來寫文章，並「透過鄭伯奇和蔣光慈的活動，請求過魯迅來合作」。(5) 對此，魯迅也表示了合作的態度。據鄭伯奇回憶：「我們取得沫若同志的同意和支持，去訪問魯迅先生，談出聯合的意見，魯迅先生立即欣然同意。他主張不必另辦刊物，可以恢復《創造週刊》，做為共同園地，他將積極參加。」(6)

這樣，在一九二七年十二月三日出版的上海《時事新報》上刊登了《創造週刊》的復刊廣告。廣告上署的「編輯委員」有成仿吾、鄭伯奇等人。「特約撰述員」有魯迅、麥克昂、蔣光慈等30餘人。麥克昂即郭沫若。

正當此時，成仿吾去了日本。成仿吾此次赴日之前，已經開始接受了日本的「左」傾「無

產階級文學」的影響，他的日本之行，更是堅定了自己搞「無產階級文學」的信心。他還取得了留日學生李初梨、馮乃超等人支持。當時，成仿吾有一個看法，認為《創造週刊》已經不夠革命了，為了宣導中國的無產階級的「革命文學」，應當另外創辦一本刊物。言下之意，創造社根本沒有必要聯合魯迅。當成仿吾自日本寫信向上海的創造社諸人闡述了以上意見後，引起了郭沫若等人共鳴。他們對魯迅的作品和思想的看法，也起了根本的變化，剛剛醞釀的聯合計畫無形作罷了。他們把《創造週刊》改為《文化批判》，單方面中斷了和魯迅的聯合。不僅如此，他們開始用「無產階級革命文學」的觀點批判魯迅等人，郭沫若在《離滬之前》一文中，對由魯迅為主要撰稿人的《語絲》雜誌表示強烈反感，認為它「反動空氣瀰漫」，從此，魯迅與郭沫若等創造社諸君子關於「革命文學」的論戰，拉開了序幕。

四

一九二八年一月十五日《文化批判》創刊號上刊登了馮乃超的文章《藝術與社會生活》(7)。文中列舉了葉聖陶、魯迅、郁達夫、郭沫若、張資平五位作家，說他們「代表五種類的有教養的知識階級人士」。在談到魯迅時，他說：「魯迅這位老生——若許我用文學的表現——是常從幽暗的酒家的樓頭，醉眼陶然地眺望窗外的人生。世人稱許他的好處，只是圓熟的手法一點，然而，他不常追懷過去的昔日，追悼沒落的封建情緒，結局他反映的只是社會變革期中的落伍者的悲哀，無聊賴地跟他弟弟說幾句人道主義的美麗的說話。隱遁主義！好在他不效 L.TOISTOY 變作卑污的說教人。」文中，馮乃超還貶了葉聖陶和郁達夫。但對創造社同人的郭沫若卻多有溢美之詞，認為他是「實有反抗精神的作家」，他的「《王昭君》、《聶嫈》、《卓文君》裡面的叛道的熱情就是作者對於社會的反抗的翻譯。創造社的 Romanticism 運動在當時確不失為進步的行為。」文章的結論是：現代中國作家因「時代忙快地流換，地球不絕地回轉，他們沒落的沒落，革命的革命去」。言外之意，魯迅等已經沒落，而郭沫若一直是革命的。

馮乃超的文章發表後，成仿吾在《創造月刊》第一卷第九期（一九二八年二月一日）發表了《從文學革命到革命文學》(8)一文；李初梨在《文化批判》第二號（一九二八年二月十五日）發表了《怎樣地建設革命文學》一文，支援馮乃超的意見。成仿吾指責魯迅為「代表著有閒的資產階級，或者睡在鼓裡的小資產階級」。李初梨則發問：「坐在華蓋之下還在抄他的《小說舊聞》」的魯迅，「究竟是第幾階級的人；他寫的又是第幾階級的文學？他所誠實地發表過的，又是第幾階級的人民的痛苦」？魯迅作品所反映的，「又是第幾階級的時代」？

我在魯迅與成仿吾一文中已有這樣的看法，魯迅對成仿吾的意見，在很大程度上就是對創

造社諸君子的意見。因而，魯迅對於成仿吾的不滿，實際上也不只限於他一個人。魯迅是把成仿吾的態度看作了創造社同人對他的共同態度。所以，當成仿吾在大喊大叫，掄板斧砍殺了《吶喊》的同時，也加深了魯迅對創造社諸君子、當然也包括對郭沫若的不滿——成仿吾的文藝觀與郭沫若的文藝觀，在當時基本上是一致的，郭沫若推崇「自然主義」，成仿吾在批評魯迅的文章中，也是以「自然主義」為尺子。此後，魯迅戴上了創造社諸君子送給他的有色眼鏡看創造社諸君子了——只有郁達夫例外。

面對創造社諸人咄咄逼人的所謂批判，魯迅於一九二八年二月二十三日作《「醉眼」中的朦朧》(9)一文，堅決予以駁斥。本文揭示了「革命文學」宣導者的侷限，他們的理論中有許多含糊不清的問題。魯迅說：「然而各種刊物，無論措辭怎樣不同，都有一個共通之點，就是：有些朦朧。這朦朧的發祥地，由我看來——……所謂『醉眼陶然』——，也還在那有人愛，也有人憎的官僚和軍閥……和他們瓜葛已斷，或則並無瓜葛，走向大眾去的，本可以毫無顧忌地說話了，但筆下即使雄糾糾，對大家顯英雄，會忘卻了他們的指揮刀的傻子是究竟不多的，這裡也就留著一點朦朧。」顯然，魯迅的措辭是尖刻的。

此後，創造社對魯迅的批評羼雜了不少人身攻擊的內容。對此，魯迅於一九二八年四月二十日作《我的態度氣量和年紀》(10)一文，批評了他們搞宗派主義的不正之風。魯迅指出，他們因為不能在理論上進行鬥爭，只好用「籍貫、家族、年紀，來做奚落的資料」，施行人身攻擊，「於是『論戰』便變成『態度戰』、『量氣戰』、『年齡戰』了」。這倒真像當年林紓輩「因為反對白話，不能論戰，便從橫道兒來做一篇影射小說」一樣。魯迅說：「但我以為『老頭子』如此，是不足慮的，他總比青年先死。林琴南先生就早已死去了。可怕的是將為將來柱石的青年，還像他的東拉西扯。」

到了一九二八年八月間，已流亡在日本的郭沫若終於直接加入了和魯迅的論戰，他以杜荃的筆名在《創造月刊》第二卷第一期上發表了《文藝戰線上的封建餘孽》(11)一文，集中批駁了魯迅的《我的態度氣量和年紀》。郭沫若認為魯迅如此尊重籍貫、家族、年紀，甚至自己的身體髮膚，「這完全是封建時代的觀念」，這表明「魯迅的時代在資本主義以前」，「更簡切地說，他還是一個封建餘孽」，因為魯迅「連資產階級的意識型態都還不曾確實的把握」。郭沫若設問道：「他自己的立場呢？是資產階級？是為藝術的藝術家？是人道主義者？」郭沫若以滑稽的句式回答說：「否！否！否！不是，不是，不是！」那麼魯迅是什麼呢？在郭沫若眼裡，魯迅是「殺喲！殺喲！殺喲！殺盡一切可怕的青年！而且趕快！」郭沫若的最後結論是：

> 魯迅先生的時代性和階級性，就此完全決定了。

他是資本主義以前的一個封建餘孽。

資本主義對於社會主義是反革命，封建餘孽對於社會主義是二重的反革命。

魯迅是二重性的反革命的人物。

以前說魯迅是新舊過渡期的游移份子，說他是人道主義者，這是完全錯了。

他是一位不得志的Fascist（法西斯蒂）！

一口氣扣了三頂帽子：「封建餘孽」、「二重反革命」、「法西斯蒂」，如此，魯迅近乎魔鬼了。郭沫若的文章不擺事實，不講道理，亂扣帽子，亂打棍子，甚至讓人產生錯覺，彷彿這是「文革」言論。

平心而論，郭沫若的「反革命」，與一九四九年以後的「反革命」，似乎概念不同。郭的「反革命」是一個思想概念；一九四九年以後的「反革命」是一個政治概念。況且，當時，左派並不握有實權，否則，魯迅也要被戴高帽遊街了。

關於「杜荃」的文章，有一個小插曲。「杜荃」是誰呢？一九四九年以前沒有人承認自己是「杜荃」；一九四九年以後相當長一個時期內，也是一個懸案。後來，陳早春發表了《杜荃是誰》這篇文章，他經過悉心考證和邏輯分析，一舉得出杜荃即郭沫若的結論。結論一出，舉座皆驚。因為當時郭沫若還健在，還因為郭沫若自己從沒承認他就是杜荃。人民文學出版社為了慎重起見，讓陳早春寫了一份報告呈給當時主管這方面工作的林默涵，林又分轉給一批創造社元老。最後不僅創造社元老，廣大學術界，都對這個結論予以肯定，認為是了結了「現代文學史上的一個公案」。胡喬木還做了批示，將杜荃文章收入《郭沫若全集》。《魯迅全集》的注釋條目，也把「杜荃」注為郭沫若。(12)

一九四九年前，郭沫若不承認自己是「杜荃」，若是推論起來，我以為，無非認為自己罵得過於空洞，這樣的文章端不上檯面，屬於雜感之類，只能讓其速朽。關於隱姓埋名，魯迅在《三閒集·序言》中倒有一段妙言，郭沫若不幸而被魯迅言中。魯迅說：「恐怕這『雜感』兩個字，就使志趣高超的作者厭惡，避之唯恐不遠了。有些人們，每當意在奚落我的時候，就往往稱為『雜感家』，以顯出在高等文人的眼中的鄙視，便是一個證據。還有，我想，有名的作家雖然未必不改換姓名，寫過這一類文字，但或者不過圖報私怨，再提恐或玷其令名，或者別有深心，揭穿反有妨於戰鬥，因此就大抵任其消滅了。」可不是嗎，這段話彷彿就是針對杜荃即郭沫若說的！一九四九年後，郭沫若仍不承認自己是杜荃，這與當時的政治環境不無關係。毛澤東尊魯迅為革命家等，魯迅被捧為神，在這樣的背景下，若招認自己是杜荃，沒事便沒事，一有事，就麻煩了，把毛澤東尊為革命家的魯迅罵為雙重反革命，其問題的性質是可想而知的。

言歸正傳。對於郭沫若的亂扣帽子的文章，也許魯迅認為不值一提吧，並沒有專門作文反駁。不過，散見於若干文章的零星挖苦是有的。比如，在《〈北歐文學的原理〉譯者附記二》⒀一文中，魯迅諷刺郭沫若「一面幾裡古魯的講『普羅列塔里亞特意德沃羅基』，一面源源的賣《少年維特的煩惱》和《魯拜集》，將『反映支配階級底意識為支配階級做他底統治的工作』的東西，灌進那些嚇得忙來革命的『革命底印貼利更追亞』裡面去，弄得他們『落伍』，於是『打發他們去』，這才算是不矛盾，在革命了」。在《現今的新文學的概觀》⒁中，魯迅對郭沫若的某些革命文學的創作——比如《一隻手》——也持否定態度，譏之為「也還是窮秀才落難，後來終於中狀元諧花燭的老調」。另外，魯迅還舊事重提，多次譏諷郭沫若的「處女媒婆」說。

「革命文學」論戰始於郭沫若等人自覺的革命行動，止於中共的組織干預。據阿英等人回憶，到了一九二九年十一月前後，中共江蘇省委由李富春出面，代表黨組織找了創造社和太陽社中十來個黨員談話，傳達了中央指示，要求解散社團，認為他們與魯迅衝突是不對的，要與魯迅合作，以醞釀成立一個新的文學團體。從此，他們停止了對魯迅的攻擊。到了「左聯」時期，有的人甚至要讓魯迅當「左聯」的「委員長」，但遭魯迅拒絕。不過，「左聯」成立以後，魯迅客觀上成了革命文學家手上揮舞過來揮舞過去的一面旗幟，就像當年孔夫子成了敲門磚一樣。

五

二十世紀三〇年代，左翼文壇圍繞著「兩個口號」的論戰，郭沫若和魯迅又一次站在了問題的兩端，各持己見。不過，他們在尚未形成正面衝突的時候，便已經消除了隔閡。

關於「兩個口號」問題，我在魯迅與「四條漢子」等文中將做相對詳盡的介紹，此不贅述。

郭沫若當年很快也加入了「兩個口號」的爭論。雖然，一九三六年春他剛剛聽到「國防文學」的口號時，對其有所疑惑，認為「用『國防』二字來概括文藝創作，恐怕不妥」，因為「國是蔣介石在統治著」。但不久，當他讀了中共的「八一宣言」，「經過幾天的思考，體會到宣言的中心思想，民族矛盾超過了階級矛盾，『國』是被帝國主義欺侮、侵略的『國』，這才接受了『國防文學』這一口號」。(15)此後，郭沫若發表了《對於國防文學的意見》、《在國防的旗幟下》、《國防·污池·煉獄》和《我的自述》等文，明確支持「國防文學」的口號，還暗指魯迅等人「標新立異」地提出「民族革命戰爭的大眾文學」的口號，很明白的「是錯誤了的理論和舉動」。(16)郭沫若再一次與魯迅發生了意見分歧。

在整個「兩個口號」論戰的過程中，魯迅等人，主要是針對周揚、徐懋庸等人，並未顧及

他們，所以魯迅沒有和郭沫若發生直接衝突。不僅沒有衝突，在《答徐懋庸並關於抗日統一戰線問題》(17)一文中，魯迅認為郭沫若的見解是可以接受的。他說：「我很同意郭沫若先生的『國防文藝是廣義的愛國主義的文學』和『國防文藝是作家關係間的標幟，不是作品原則上的標幟』的意見。」此外，魯迅還談了他與郭沫若之間的關係：「我和茅盾、郭沫若兩位，或相識，或未嘗一面，或未衝突，或曾用筆墨相識，但大戰鬥卻都為著同一的目標，絕不日夜記著個人的恩怨。」魯迅的意思是明白的，他和郭沫若，雖然小有糾紛，但絕不計個人恩怨，在大是大非問題上，都是取一致的步調。魯迅的話，使郭沫若頗為感動，為之動容，態度也隨即發生了重大的變化，很快寫了《蒐苗的檢閱》(18)。他說：儘管自己本來對魯迅等人提出的「民族革命戰爭的大眾文學」的口號，「始終覺得……不太妥當，而且沒有必要」，在讀了魯迅這篇文章之後，「覺得問題是明朗化了」，並對魯迅在該文中那些「態度很鮮明，見解也很正確」的闡述表示「徹底欽佩」。此外，郭沫若還接過魯迅談及他們之間關係的話頭，發表了帶有自我檢討色彩的感想：「尤使我抱歉的是我們『未嘗一面』而時每『用筆墨相識』，我們的這樣態度的確生了不少惡影響，我臨著『大戰鬥』當前有時都難免要感覺著『為著同一的目標』而『不日夜記著個人的恩怨』的困難。這困難在我是切實也感覺著的，雖然時常都在努力著想克服它。我自己究竟要比魯迅先生年青些，加以素不相識，而又相隔很遠，對於先生便每每妄生揣測，就如這次的糾紛吧，我在未讀到那篇萬言書之前，實在沒有摩觸到先生的真意。讀了之後才明白先生實在是一位寬懷大量的人，是『絕不日夜記著個人恩怨』的。因此我便感覺著問題解決的曙光，我才覺悟到我們這次的爭論不外是檢閱軍實的搜苗式的模擬戰。」

不久，魯迅去世，郭沫若和魯迅再無紛爭了。

文人講面子，愛惜羽毛。魯迅若沒有不計個人恩怨的表態，郭沫若難說不繼續罵魯迅。而魯迅有了姿態，郭沫若感到開心，態度則更謙恭了。你硬我也硬，你軟我更軟；你罵我也罵，你讓我再讓——這也是文人的習氣之一吧！

六

魯迅逝世時，郭沫若正在日本。一九三六年十月十九日他聞耗後，連夜寫了《民族的傑作——紀念魯迅先生》這篇悼文，指出魯迅的死，是「不可測算的重大損失」，「魯迅是我們中國民族近代的一個傑作」。二十二日他又用日文寫了《墜落了一個巨星》的悼文，發表於日本《帝大新聞》上。兩文都給魯迅以高度的評價，表示了對魯迅的崇敬之情。郭沫若說：「假如我早一點覺悟，或是魯迅能再長生一些時間，我是會負荊請罪的，如今呢，只有深深地自

責而已。」郭沫若還寫了輓魯迅的哀聯，投寄給當時上海《立報》副刊《言林》主編謝六逸，囑其發表。郭沫若在致謝六逸的信中說：「魯迅先生逝世，聞耗不勝驚嘆……」這些話也體現了郭沫若對魯迅的哀悼之情。輓聯如下：

方懸四月，迭墜雙星，
東亞西歐同殞淚；
欽誦二心，憾無一面，
南北天地遍招魂。

除此之外，郭沫若還做過不少悼念魯迅的輓聯，大都是正面的哀悼。唯一九四二年十月應楊亞寧之請所做聯語，頗有懺悔之意。其聯云：

返國空餘掛墓劍，
斫泥難覓運風斤。(19)

郭沫若在聯語下有一自注云：「余與魯迅素未蒙面而時受其斥責，雖當時受之，每有難忍之處，但今求之而不可得矣。」這聯語的涵義大致是追悔以前不重友情，感嘆今後再也聽不到魯迅那精闢的批評意見了，頗有謝罪之意，磊落胸懷。

魯迅逝世後，郭沫若多次痛悔，未能在魯迅生前，與其謀面。他感慨道：「我個人和魯迅雖然同在文藝界上工作了將近二十年，但因人事的契闊，地域的暌違，竟不曾相見過一次……雖然時常想著最好能見一面，親聆教益，洞辟胸襟，但終因客觀的限制，沒有得到這樣的機會。最近傳聞魯迅的親近者說，魯迅也有和我相見一面的意思。但到現在，這願望是無由實現了。這在我個人真是一件不能彌補的憾事。」[20]

後來，郭沫若在《魯迅與王國維》[21]一文中又感嘆：「這兩位大師，魯迅和王國維，在生前都有可能見面的機會，而我沒有見到，而在死後卻同樣以他們的遺著吸引了我的幾乎全部的注意。」

一九四五年十月十九日郭沫若就在重慶《新華日報》發表了一篇叫《我建議》的文章，他建議在「北平、上海、廣州、杭州、廈門」這些魯迅工作、生活過的地方，「應該多多塑造魯迅像」，而且，「……自然以銅像為最好」。不僅如此，郭沫若還建議設立魯迅博物館。凡是關於魯迅的資料，他的生活歷史，日常生活狀態，讀的書，著的書，原稿，譯稿，筆記，日記，書簡，照片等等；還有關於他的研究，無論本國的或外國的，都專門彙集起來，分門別類地陳列。讓研究魯迅者，讓景仰魯迅的人民大眾得以瞻仰。郭沫若認為這博物館可建立於上海、北平、廣州。資料可以分別陳列，不能分割的可用照片。館長應由許廣平擔任。郭

沫若還舉例說：「蘇聯的大作家，大抵都有在他的名義下的博物館，例如托爾斯泰的博物館，館長是他的孫女；瑪雅可夫斯基博物館，館長是他的母親；奧斯特羅夫斯基博物館，館長是他的夫人。」此外，郭沫若還建議把杭州的西湖改名為「魯迅湖」，把北平的西山稱為「魯迅山」，他的根據是莫斯科有高爾基路、普希金廣場。郭沫若的以上建議，有的已經實行，有的當然也只是表達了郭沫若的感情。

***

⑴ 發表在一九三〇年五月上海《拓荒者》（月刊）第四、五期合刊，《恩怨錄·魯迅和他的論敵文選》有轉載，今日中國出版社一九九六年十一月版。

⑵ 《時事新報·學燈》一九二一年一月十五日。

⑶ 《魯迅全集·集外集拾遺補編·致〈近代美術史潮論〉的讀者諸君》。

⑷ 《魯迅全集·兩地書·六九》。

⑸ 郭沫若：《跨著東海》，《郭沫若全集》文學編十三卷。

⑹ 鄭伯奇：《創造社後期的革命文學活動》，《中國現代文藝資料叢刊》第二輯，上海文藝出版社出版。

(7)(8)(11)《恩怨錄·魯迅和他的論敵文選》有轉載，今日中國出版社一九九六年十一月版。

(9)(10)(14)《魯迅全集·三閒集》。

(12) 陳早春：《杜荃是誰》，《出版廣場》一九九五年第一期。

(13)《魯迅全集·譯文序跋集》。

(14) 臧雲遠：《東京初訪郭老》。

(15) 郭沫若：《對於國防文學的意見》，《東方文藝》一九三六年七月第一卷第四號。

(16)《魯迅全集·且介亭雜文末編》。

(17) 一九三六年九月十日上海《文學界》（月刊）第一卷第四號，《恩怨錄·魯迅和他的論敵文選》有轉載，今日中國出版社一九九六年十一月版。

(18)《郭沫若全集》文學編第七卷第 301 頁。

(19)《民族的傑作》，《沫若文集》第八卷第 184 頁。

(21) 原載一九四六年十月一日《文藝復興》第二卷第三期，《六十年來魯迅研究論文選》有轉載，中國社會科學出版社一九八二年九月版。

「陰陽臉」與「流氓畫家」

——魯迅與葉靈鳳

葉靈鳳（一九〇四—一九七五），小說家、散文家、美術家。原名葉韞璞，筆名葉林豐、霜崖、佐木華、亞靈，江蘇南京人。早年就學於上海藝術大學，一九二五年參加創造社，曾主編創造社刊物《洪水》半月刊。一九二六年與潘漢年合編《幻洲》半月刊。一九二八年後曾任《現代小說》月刊和《戈壁》半月刊主編。三〇年代初，一度參加左翼作家聯盟的文學活動，後因參加民族主義文學運動，於一九三七年五月被左聯執委會通報除名。

是葉靈鳳先向魯迅發難的。一九二八年五月，正值「革命文學論戰」期間，葉靈鳳在他創辦的《戈壁》雜誌第一卷第二期上發表一幅模仿西歐立體派的諷刺魯迅的漫畫，並附有說明：「魯迅先生，陰陽臉的老人，掛著他已往的戰績，躲在酒缸的後面，揮著他『藝術的武器』，在抵禦著紛然而來的外侮。」

明眼人一下就能看出，葉靈鳳這段話，既是對他的圖畫的說明，也是對同是創造社成員的馮乃超在一九二八年一月發表的《藝術與社會生活》的客觀上的聲援，雖然那畫的技法是另有來路的。馮乃超在他的文章中說：「魯迅這位老生——若許我用文學的表現——是常從幽暗的酒家的樓頭，醉眼陶然地眺望窗外的人生。」馮乃超「用文學的表現」形容魯迅「醉眼陶然」，葉靈鳳就用圖文描繪魯迅「躲在酒缸的後面」。馮乃超是純文字，葉靈鳳是圖文本。葉靈鳳罵起魯迅來，可謂「圖文並謬」了。

這裡的「陰陽臉」是什麼意思呢？似乎不太明確。但憑直覺，用今天的話說，就是在描摹魯迅人格的二重性吧？當然，這也只是我的猜測。

這幅畫對魯迅是頗有刺激的。魯迅寫文章對葉靈鳳的圖文進行評說，是在過了兩個多月以後。一九二八年八月十日，他在《文壇的掌故》(1)中提到了它：「向『革命的智識階級』叫打倒舊東西，又拉舊東西來保護自己，要有革命的名聲，卻不肯吃一點革命者往往難免的辛苦，於是不但笑啼俱偽，並且左右不同，連葉靈鳳所抄襲來的『陰陽臉』，也還不足以淋漓盡致地為他們自己寫照，我以為這是很可惜的，也覺得頗寂寞的。」在同一天寫的《革命咖啡店》(2)裡，魯迅還指出：「葉靈鳳革命藝術家曾經畫過我的像，說是躲在酒罈的後面。這事的然否我不談。」對此，強英良先生評論說：「魯迅說『不談』葉靈鳳所畫的是否事實，不屑談，因為葉靈鳳的這份畫與文都過於輕佻，不值得去辯。毫無疑問的是，葉靈鳳對魯迅的攻擊，深深地烙在了人們的心裡，對於魯迅本人來說則更甚了。」(3)

葉靈鳳還有一件事「開罪」了魯迅。他於一九二九年十一月，在《現代小說》第三卷第二期發表小說《窮愁的自傳》，小說中的人物魏日青說：「照著老例，起身後我便將十二枚銅元從舊貨攤上買來一冊《吶喊》，撕下三頁到露臺上去大便。」這個細節深深地刺痛了魯迅，他至少有兩處提到了它。一是《上海文藝之一瞥》(4)，魯迅說：「……還有最徹底的革命文學家葉靈鳳先生，他描寫革命家，徹底到每次上茅廁時候都用我的《吶喊》去揩屁股，現在卻竟會莫名其妙的跟在所謂民族主義文學家屁股後面了。」一是《答〈戲〉週刊編者信》(5)，魯迅說：「這一回，我的這一封信，大約也要發表的吧，但我記得《戲》週刊上已曾發表過曾今可葉靈鳳兩位先生的文章；葉先生還畫了一幅阿Q像，好像我那一本《吶喊》還沒有在上茅廁時候用盡，倘不是多年便祕，那一定是又買了一本新的了。」葉靈鳳藉小說人物之口，把《吶喊》撕去擦大便，這當然下意識裡是對魯迅的不敬。什麼書不好撕，偏要撕魯迅的書？況且，葉靈鳳又與魯迅有過筆墨恩怨。就魯迅而言，我以為似乎也過於認真了，從嚴格意義上講，小說人物的所做所為，只代表人物的性格，而不完全代表作者，阿Q要和吳媽困覺，絕不是魯迅要和吳媽困覺。我在魯迅與梁實秋一文中提到「吐半口血看秋海棠」，梁實秋就是把魯迅作品中的人物當作魯迅來挖苦了，但這傷不了魯迅，因為魯迅作品中的人物不是魯迅。

葉靈鳳成了「最徹底的革命文學家」，在魯迅眼裡，和創造社其他人一樣，這些好鬥的小公雞，不是「才子＋流氓」，便是「革命＋流氓」。魯迅後來稱葉靈鳳是「流氓畫家」，雖然這裡的「流氓」或許與所謂「新流氓主義」畫風有一定的聯繫，但我以為這是雙關語，落實了，就是「模仿」和「剽竊」問題。

魯迅的回「罵」葉靈鳳，較早的一篇文章是《三閒集》中的《革命咖啡店》。此文緣於一九二八年八月八日《申報》所載署名「慎之」的文章：《「上海咖啡」》。它寫道：

> ……但是讀者們，我卻發現了這樣一家我們所理想的樂園，我一共去了兩次，我在那裡遇見了我們今日文藝界上的名人，龔冰廬，魯迅，郁達夫等。並且認識了孟超，潘漢年，葉靈鳳等，他們有的在那裡高談著他們的主張，有的在那裡默默沉思，我在那裡領會到不少教益呢。

對此，魯迅挖苦道：「遙想洋樓高聳，前臨闊街，門口是晶光閃灼的玻璃招牌，樓上是『我們今日文藝界上的名人』，或則高談，或則沉思，面前是一大杯熱氣騰騰的無產階級咖啡，遠處是許許多『齷齪的農工大眾』，他們喝著，想著，談著，指導著，獲得著，那是，倒也實在是『理想的樂園』。」魯迅還說：「至於咖啡店，先前只聽說不過可以兼看舞女，使女，『以

飽眼福』罷了。誰料這回竟是『名人』，給人『教益』，還演『高談』『沉思』種種好玩的把戲，那簡直是現實的樂園了。」接著，魯迅發表了「幾句聲明」，聲明自己沒有去也不想去這樣的樂園，這是「年青貌美、齒白唇紅」的「革命文學家」如葉靈鳳輩去的地方。魯迅刻薄道：「如我者，在《戰線》上就宣佈過一條『滿嘴黃牙』的罪狀，到那裡去高談，豈不褻瀆了『無產階級文學』嗎？」

應該說，魯迅在這裡挖苦葉靈鳳，因為葉靈鳳當年是屬於「革命文學家」一夥的，但是，他的鋒芒不只是針對葉靈鳳，而是針對「葉靈鳳輩」的，只不過隨手抓出了葉靈鳳而已，就像一籠好鬥的小公雞，魯迅隨手從籠中抓出一隻唇紅齒白的，展示給大家看看。

這裡的「滿嘴黃牙」也不是葉靈鳳聽說，但卻是屬於「葉靈鳳輩」的。事情是這樣的：一九二八年四月十五日《流沙》刊有署名心光的《魯迅在上海》一文，其中攻擊魯迅說：「你看他近來在『華蓋』之下哼出一聲『醉眼中的朦朧』來了。但他在這篇文章裡消極的沒有指摘出成仿吾等的錯誤，積極的他自己又不屑替我們青年指出路來，他看見旁人的努力他就妒忌，他只是露出滿口黃牙在那裡冷笑。」有人說，魯迅說「唇紅齒白」，有點人身攻擊的味道，可是，我讀了「滿口黃牙」，便不感覺問題有那麼嚴重了。三〇年代就是那麼回事，攻擊來攻擊去，彼此彼此，雖有不愉快，然卻多了生氣，不像當今某些編輯，都要把文章改得特別像文章，他才稱心，讀起來都是死的文字，而沒有活的性靈。當然，這是「捎帶一槍」的題外話了。

魯迅在《〈奔流〉編校後記（二）》(6)中，比較概括地談了他對葉靈鳳的看法：「可惜有些『藝術家』，先前生吞『琵亞詞侶』，活剝蕗谷虹兒，今年突變為『革命藝術家』……」在魯迅看來，像葉靈鳳這樣的人，一下子成了「革命藝術家」，是不可思議的事，就像「假洋鬼子」一夜之間成了「革命黨」一樣，讓人感到滑稽。

至於「生吞『琵亞詞侶』，活剝蕗谷虹兒」，那也活該葉靈鳳倒楣，被魯迅咬住不放了。一九二九年一月，魯迅作《〈蕗谷虹兒畫選〉小引》一文，指出蕗谷虹兒的畫，「現在又做為中國幾個作家的祕密寶庫的一部分，陳在讀者的眼前」。所謂「幾個作家」，就是指葉靈鳳等人。《魯迅全集》的注者說得就更直露了。說葉靈鳳「所畫的刊物封面和書籍插圖常模仿甚至剽竊英國畫家畢亞茲萊和日本畫家蕗谷虹兒的作品」。一九三一年七月，魯迅乾脆稱葉靈鳳為「流氓畫家」了。他寫道：「在現在，新的流氓畫家又出了葉靈鳳先生，葉先生的畫是從英國的畢亞茲萊（Aubrey Beardsley）剝來的，畢亞茲萊是『為藝術的藝術』派，他的畫極受日本的『浮世繪』（Ukiyoe）的影響。浮世繪雖是民間藝術，但所畫的多是妓女和戲子，胖胖的身體，斜視的眼睛——Erotic（色情的）眼睛……我們的葉先生的新斜眼畫，正和吳友

如的老斜眼畫合流，那自然應該流行好幾年。但他也並不只畫流氓的，有一個時期也畫過普羅列塔利亞，不過所畫的工人也還是斜視眼，伸著特別大的拳頭。」(7)到了一九三四年四月，魯迅在致魏猛克的信中，還說到葉靈鳳「自以為中國的Beardsley」，「在上海混」，所以「染上流氓氣」。此外，發表於一九三四年十月的《奇怪（三）》(8)一文，魯迅還在挖苦「中國第一流作家」葉靈鳳的畫是照搬或模仿外國畫家的作品。如前所述，我以為，魯迅之所以說葉靈鳳是「流氓畫家」，有兩層含意，一是針對他的模仿和剽竊；一是葉靈鳳曾在《幻洲》中鼓吹自己的畫是「新流氓主義」。

一九三六年秋，葉靈鳳讀了《花邊文學》裡的《奇怪（三）》一文之後，對魯迅在這篇文章中批評他，很不以為然，於當年九月十五日在上海《論語》半月刊第九十六期上發表了《獻給魯迅先生》(9)，葉靈鳳在文中除了進行自我辯解之外，還對魯迅進行了一番淺陋的調侃。葉靈鳳在文中說，他是在讀了魯迅的《答懋庸並關於抗日統一戰線問題》的長文後寫的這篇《獻給魯迅先生》，也就是說，他知道此時的魯迅正在病中。魯迅對葉靈鳳的這篇文章未加理睬，而且不久就與世長辭了。不過，葉靈鳳也指出，「我和魯迅之間，說來古怪，這是他人所不易看出的，好像有一點衝突，同時又有一點契合。」什麼「契合」呢？他們都「喜歡買一點有插圖的書和畫集放在家裡看看。」他還說：「在魯迅先生提倡木刻的時候，我也在『熱衷木刻』」。這些倒都是實話，也是實情。所以，葉靈鳳在文末表達了他的一個「願望」：

> 這是我多年的願望，我當年做《東方琵亞詞侶》的時候，誠如魯迅先生所說，只有一本近代叢書本的畫集，但近年陸續搜買，卻也買齊了英國出版的比氏早期作品集，晚期作品集，未收遺作集，都是八開本的巨冊，此外更買了好幾部傳記，我希望率性讓我生一場小病，（魯迅先生不是在病中又編好珂勒微支的版畫集嗎？）閉門兩月，給比亞茲萊寫一部評傳，選他百十幅巨葉大畫（三間書屋肯代印當然更好），印幾十部，印得漂漂亮亮，在扉頁上，我要用三號長體仿宋字印著：
>
> 獻給魯迅先生
>
> 雖然在這「國防文學」時代印這畫集，連上海雜誌公司的老朋友張靜廬先生怕也要說我「落伍」，不肯寄售，但這是我的願望，這願望魯迅先生是能瞭解的，這樣一來，二人之間或許能「化干戈為玉帛」吧？

無論如何，應該說葉靈鳳的願望是好的。後來這個願望有沒有實現呢？我手頭沒有這方面的資料，不得而知。

新中國成立以後，我們對葉靈鳳的評價，有不盡公允的地方，在這裡應該有所澄清。

在一九五七年版的《魯迅全集·三閒集》中，《文壇的掌故》的注文曾有這樣的字句：「葉靈鳳，當時雖投機加入創造社，不久即轉向國民黨方面去，抗日時期成為漢奸文人。」但一九八一年新版《魯迅全集》卻把注文提前到《革命咖啡店》的後面，刪去了「投機」、「轉向」和「漢奸」等內容，而改為「葉靈鳳，江蘇南京人，作家、畫家，曾參加創造社」。他被摘去了「漢奸」等帽子。

雖然葉靈鳳漢奸不漢奸，與魯迅並沒有什麼直接的關係，然而，因為舊版《魯迅全集》注文及其他某些原因的影響，似乎魯迅當年就有先見之明，罵葉靈鳳就是罵漢奸了。事實是，葉靈鳳不是漢奸，反而是為抗日做過有益工作的人。

說葉靈鳳是漢奸，主要是指他在日本文化部所屬大岡公司工作過。我想，在大岡公司工作，如果僅僅是為了謀生，似乎也不宜有什麼大的非議。我又想，在大岡公司工作的也不會只有葉靈鳳一個中國人，倘若葉靈鳳只是一個普通的中國人，不曾被魯迅「罵」過，那大約也不會硬往他頭上扣一頂「漢奸」的帽子的。在香港有「金王」之稱的金融界大亨胡漢輝，一九八四年初寫過一篇憶舊的文章，提到一個叫陳在韶的人，當時由香港「走難」去重慶，被國民黨中宣部派回廣州灣（今天的湛江），負責收集日軍的情報。他說：「陳要求我配合文藝作家葉靈鳳先生做點敵後工作。靈鳳先生利用他在日本文化部所屬大岡公司工作的方便，暗中挑選來自東京的各種書報雜誌，交我負責轉運。」他又說：他日間「往星島日報收購萬金油，在市場售給水客，以為掩護；暗地裡卻與葉靈鳳聯繫。如是者營運了差不多有一年之久」。這裡說到他是被要求「配合」葉靈鳳的，這說明，葉靈鳳雖然是在日本文化部屬下工作，實際上是暗中在做胡漢輝所說的抗日的「情報工作」，只不過做的是國民政府方面的「情報工作」。(10)

魯迅去世後，葉靈鳳在不少隨筆小品中談到魯迅及其作品，字裡行間，充滿仰慕、敬重之情，再無年輕時候的輕佻文字。據宗蘭說，當六、七〇年代有時朋友們和葉靈鳳談起這些往事時，他總是微笑，不多做解釋，只是說，我已經去過魯迅先生墓前，默默地表示過我的心意了。葉靈鳳到上海拜謁魯迅墓，是在一九五七年，那時魯迅墓剛遷葬到虹口公園不久，他到大陸訪問時去到上海，同時參觀了魯迅故居和魯迅紀念館，還順路踏訪了內山書店的舊址。葉靈鳳在《關於內山完造》的文章中回憶到魯迅，他說：「坐在內山書店籐椅上的魯迅先生，見到相識的朋友，自然就趁便打招呼，但他隨時是警惕著的，若是見到什麼面生的人對他一看再看，他便會悄悄起身，從後門溜之大吉了。」葉靈鳳早在《獻給魯迅先生》中也說過，他與魯迅生前在內山書店裡見過好多次面，因為不是「相識的朋友」，彼此之間沒有交談過。葉靈鳳晚年在《霜紅室隨筆》中還寫過這樣一段話，來說明他和魯迅之間的關係，他說：

我一向就喜歡比亞斯萊的畫。當我還是美術學校學生的時候，我就愛上他的畫。不僅愛好，而且還動手模仿起來，畫過許多比亞斯萊風的裝飾畫和插畫。為了這事，我曾一再挨過魯迅先生的罵，至今翻開《三閒集》、《二心集》等書，還不免使我臉紅。但是三十年來，我對於比亞斯萊的愛好，仍未改變，不過我自己卻早已擱筆不畫了。⑾

小有自我辯白，模仿與剽竊還是有區別的，這樣的辯白應該合乎實際。他對魯迅的態度也是誠懇的。

※※※

(1)
(2)《魯迅全集·三閒集》。
(3) 強英良：《魯迅與葉靈鳳之間》，《魯迅研究月刊》一九九二年第六期。
(4)《魯迅全集·二心集》。
(5)《魯迅全集·且介亭雜文》。
(6)《魯迅全集·集外集》。
(7)《魯迅全集·二心集·上海文藝之一瞥》。

(8)《魯迅全集·花邊文學》。

(9)《恩怨錄·魯迅和他的論敵文選》有轉載，今日中國出版社一九九六年十一月版。

(10)史實見宗蘭的《葉靈鳳的後半生》，文載葉靈鳳的《讀書隨筆》（一集），生活·讀書·新知三聯書店一九八八年一月版。

(11)《讀書隨筆》（三集），生活·讀書·新知三聯書店一九八八年一月版。

「假魯迅」．真革命

——魯迅與潘漢年

潘漢年（一九〇六—一九七七），文學理論家、小說家。江蘇宜興人。筆名天長、愛仙、潑皮、潑皮男士、小開等。一九二三年起參加進步文藝運動。一九二四年參加創造社。曾主編《洪水》半月刊。發表《曼瑛姑娘》、《離婚》、《犧牲者》等小說。一九二五年參加中國共產黨。大革命時期在南昌、武漢等地任《革命軍日報》總編輯以及北伐軍政治部宣傳科科長。一九二七年回上海，主編《幻洲》雜誌。一九二九年任中共中央宣傳部文委書記，期間曾代表中國共產黨與魯迅聯繫，並與魯迅等共同籌建中國左翼作家聯盟，任左聯和左翼文化總同盟第一任中共黨組書記。一九三一—一九三三年是中共中央保衛部門領導人之一。一九三三年去江西中央蘇區，先後任江西蘇區黨的中央局宣傳部部長、紅軍總政治部宣傳部長兼地方工作部部長和贛南省委宣傳部長。一九三四年底隨紅軍長征。一九三六年西安事變後做為中共中央代表之一，參加和國民黨就停止內戰、共同抗日的談判。抗戰初期任八路軍駐上海辦事處主任。新中國成立後，歷任中共中央華東局和中共上海市委社會部部長、統戰部長、中共上海市委副書記、第三書記、上海市副市長等職。在長期革命鬥爭中，對黨的文化工作、統戰工作，特別是在開展對敵隱蔽鬥爭方面，做出了重要貢獻。一九五五年以後受到錯誤處理。一九八二年八月中共中央為他平反昭雪，恢復名譽。

中共早期的革命者，與新文學有著或多或少的聯繫。他們有的參加革命文藝活動，有的寫文章，有的搞創作。陳獨秀、瞿秋白是這樣的，張聞天、馮雪峰、潘漢年也是如此。

在魯迅著作中，最早提到潘漢年是在一九二七年十二月十三日的《魯迅日記》：「下午潘漢年、鮑文蔚、衣萍、小峰來，晚同至中有天飯。」潘漢年與葉靈鳳等人一樣，是以「革命文學家」的身分進入魯迅的視野的。魯迅《三閒集》中的《革命咖啡店》一文，表達了對「革命文學家」成仿吾、葉靈鳳、潘漢年諸人的集體不滿，文中，魯迅對他們挖苦自己的言論進行反唇相譏：「這樣的樂園，我是不敢上去的，革命文學家，要年輕貌美，齒白唇紅，如潘漢年葉靈鳳輩，這才是天生的文豪，樂園的資料；如我者，在《戰線》上就宣佈過一條『滿口黃牙』的罪狀，到那裡去高談，豈不褻瀆了『無產階級文學』嗎？」所謂「滿口黃牙」，是指《流沙》第三期（一九二八年四月十五日）刊有署名心光的《魯迅在上海》一文，其中攻擊魯迅說：「你看他近來在『華蓋』之下哼出了一聲『醉眼中的朦朧』來了。但他在這篇文章裡消極的沒有指摘出成仿吾等的錯誤，積極的他自己又不屑替我們青年指出一條出路來，

他看見旁人的努力他就妒忌，他只是露出滿口黃牙在那裡冷笑。」「心光」是誰？無從知道，但他為成仿吾輩辯護，自稱「我們青年」，大約也是「革命文學家」群中的一員。所以，魯迅把「滿口黃牙」對應到也是「革命文學家」的「齒白唇紅」「如潘漢年葉靈鳳輩」的頭上。這裡，魯迅不滿的不只是某個具體的個人，而是做為一個群體的人們。我體會，這段話中，魯迅對他們還談不上有惡感，語氣中只有挖苦，抑或還有一些調侃。

潘漢年與早期的「革命文學家」成仿吾一樣，初時是不把魯迅當作革命的進步的文學家看的，倒是將其看作落伍者，不時加以嘲弄、挖苦。一九二八年潘漢年在《戰線》週刊第一卷第四期發表《假魯迅與真魯迅》一文，挖苦魯迅說：「那位少老先生，看中魯迅的名字有如此魔力，所以在曼殊和尚墳旁M女（士）面前，題下這個『魯迅遊杭吊老友』的玩意兒，現在上海的魯迅偏偏來一個啟事……這一來豈不是明明白白叫以後要乞教或見訪的女士們，認清本店老牌，只此一家，別無分店了嗎？雖然上海的魯迅啟事，沒有那個大舞臺對過天曉得所懸那玩意兒強硬，至少也使得我們那位『本姓周或不姓周，而要姓周』的另一個魯迅要顯著原形哆嗦而發抖！這才是假關公碰到真關公，假魯迅遇著真魯迅！」

所謂「假魯迅」，是這樣的：當時上海政法大學學生馬湘影（字萍痕）一九二八年一月十日在杭州孤山，遇到一個自稱「魯迅」的人，此公向她吹噓其小說集《彷徨》銷了八萬冊，但他並不滿意，揚言不久將創作驚世駭俗的小說讓人們耳目一新。而且，這位自稱「魯迅」的人還告訴馬湘影，他在杭州蘇曼殊大師的墳旁題了四句詩，並將此詩抄錄送給了她。詩文如下：

我來君寂居，喚醒誰氏魂？
飄萍山林跡，待到它年隨公去。
魯迅遊杭　吊老友
曼殊句一、一〇、十七年

臨別時，這位自稱「魯迅」的人還答應馬湘影今後可以寫信求教，他一定熱情回覆。天真單純的馬湘影因為年輕缺乏社會經驗，出於對魯迅先生的仰慕，竟不辨真假，信以為真。一個月後，她果然寫信給「魯迅先生」表達求教之誠。

魯迅接到由開明書店轉來的馬湘影的信後，感到十分蹊蹺。因為他根本不認識這位元女大學生，從未與她見過面，不知她信中所述從何說起。他當即覆信馬湘影，說明自己不到杭州，已將十年，絕不能在孤山和人作別，所以她所看見，是另外一人。

馬湘影接到魯迅覆信後，才恍然大悟。後來，她由北京師範大學學生朱國祥陪同訪問了魯

迅，將那位假魯迅抄錄送給她的詩拿給魯迅看。魯迅看了這首詩後啼笑皆非。為了弄清事情真相，魯迅先生託當時在杭州教書的章川島和許欽文去瞭解情況。章、許打聽到這個「魯迅」的住址後，決定去訪一訪。他們先是見到了「魯迅」的妹妹，一個十四五歲的小姑娘，她說哥哥周鼎夏，是杭州松樹場小學教師。走進設在祠堂的小學，見那假魯迅正在上課。這是一個中等身材，唇上留一撮髭子，穿著草鞋的四十多歲的人。他說「敝姓周，我是周作人，就是魯迅。」又說：「我寫的《彷徨》，已經印了八萬本。」「我不願和他們合作在一起。所以到這鄉下來教書。」看來這假魯迅連真魯迅的一般情況都不清楚，連魯迅與周作人的關係都不知道。章川島和許欽文寫信告訴魯迅調查的結果，並告訴松木場小學的管理機關，叫那假魯迅不要這樣做了。於是，魯迅寫了《在上海的魯迅啟事》(1)，指出「那首詩的不大高明，不必說了，而硬替人向曼殊說『待到它年隨公去』，也未免太專制。『去』呢，自然總有一天要『去』的，然而去『隨』曼殊，卻連我自己也夢裡都沒有想到過。」不過，魯迅認為這些「還是小事情」，讓魯迅感到「尤其不敢當」的，「倒是什麼對別人豫約『指導』之類」，所以，魯迅聲明：

> 我之外，今年至少另外還有一個叫「魯迅」的在，但那個「魯迅」的言動，和我也曾印過一本《彷徨》而沒有銷到八萬本的魯迅無干。

魯迅是仁厚的，只用一紙啟事就把此事了結了。

有人冒充自己，當事人發了一份聲明，這有什麼奇怪的嗎？反之，假設有人冒充自己，當事人一聲不吭，那是正常的嗎？潘漢年責怪「魯迅偏偏來一個啟事……」，言外之意似乎魯迅要透過這個啟事撈取什麼，撈取什麼呢？從字面上看，是「明明白白叫以後要乞教或見訪的女士們，認清本店老牌，只此一家，別無分店……」這給人的暗示是，「女士們」找魯迅「乞教」，不要走錯了門。此話真是從何說起！魯迅的文章講得明明白白，別的都是小事情，「尤其不敢當」的，「倒是什麼對別人豫約『指導』之類」。這話，潘漢年看不懂嗎？所以，對潘漢年的文章，魯迅是不滿的：「杭州另外有一個魯迅時，我登了一篇啟事，『革命文學家就挖苦了。」(2)

潘漢年與魯迅有關的還有一篇文章，就是那篇發表在一九二八年四月二十二日《戰線》第一卷第四期上《想到寫起》的第六節《朦朧又糊塗》(3)。太陽社攻擊魯迅，此文針對「魯迅所以不答覆的原因」介紹了一些傳言。第一種傳言是，魯迅實在沒有把《太陽》的批評放在眼裡；第二種是，魯迅對《太陽月刊》諸人本來沒有什麼惡感；第三種是，魯迅收到一封匿名信，上面說：「我們個人對於你的作品是佩服的，但為時代的關係，所以不得不有所批評。」第四種是魯迅對《太陽月刊》提倡革命文學是同情的。

雖是「傳言」，但應是不無道理。魯迅之所以還沒有回答，我以為，第一、第二、第四條的因素多少都有那麼一些。潘漢年主要針對的是第三條，「如果第三條果確有其事，我們倒覺得事情未免朦朧又糊塗」，為什麼呢？他認為，「假如自己一面批評人家，一面去匿名信道歉，確是卑鄙不堪的東西」。看得出來，做為青年作家的潘漢年，還是相當純粹的。文末，他寫道：「唉，如果這事屬實，我們對於這個寫匿名信的匿名者，非但要罵他是中國文壇上的卑污敗類，狗頭君子兩面光的小丑，並且也是使得魯迅朦朧又糊塗的小賊！但是我們希望魯迅不要被一個小賊的播弄而糊塗！」潘漢年擔心魯迅有可能會被「播弄」「糊塗」，所以對魯迅提出善意的勸告。應該說，這篇文章沒有挖苦或攻擊魯迅的成份。魯迅有沒有這封匿名信，我們現在無從查考。我以為，假設有這樣一封匿名信，其實也是符合「革命文學家」的邏輯的。他們抨擊魯迅，是革命整體事業的需要，是編輯部集體的策劃，甚而至於，是組織上的要求；而去信向魯迅解釋，則是個人意願和喜好的表現。在革命進程中，人是複雜的，他既是整體事業的一部分，要讓個人意志服從革命事業的需要；但同時，他又是活生生的具體的人。也許，「革命文學家」自己也看不起自己的文章，所以給魯迅寫了這樣一封信。我只能說，假設真有這封匿名信，寫信的這個人，靈魂深處還有私心雜念，還需要在革命熔爐中進一步冶煉。後來，當組織要求「革命文學家」集體將魯迅捧為左翼盟主的時候，他們一律說一不二，我們不也可以看出他們很容易地把個人喜好深藏到事業需要的背後嗎？

此外，在《三閒集．文壇的掌故》一文中，魯迅對「潘葉之流的『革命文學』」也多有不滿。魯迅是針對郭沫若、成仿吾之類「革命文學家」群體的，捎帶上了「創造社的小夥計」潘漢年、葉靈鳳，這裡就不多說了。

雖然有過文字相識的歷史，但並不影響他們共同籌建「左聯」。魯迅對「革命文學家」們的攻擊並沒有太當回事，只是覺得他們偏激，有時還有一點幼稚可笑。可以說，魯迅對潘漢年們有討厭之時，但並沒有厭惡之情。而且，當年他們都年輕，魯迅怎麼可能對他們太過計較呢？正是因為如此，才可能有後來的合作。

文學在潘漢年身上漸漸淡出，革命家的色彩愈益見濃。創造社、太陽社等「革命文學家」的攻擊魯迅，如果說多少還帶有個人色彩，各說各話的話，後來突然停止對魯迅的攻擊，並將其捧為左翼文壇的盟主，則是中共的一次有策劃的統一行動。落實中共這一決定的人，則是潘漢年、馮雪峰等人。

一九二八年秋，周恩來從莫斯科參加中共「六大」回國途經哈爾濱時，就明確表示：「圍攻和責怪魯迅是不對的，應該團結、爭取他。」(4)並說，回到上海後，對魯迅的工作是會有考慮和安排的。當時要團結各方面的力量，成立革命的文學團體，首先要制止創造社和太陽

社攻擊魯迅的行為。中共要求黨員作家和黨外革命作家停止攻擊魯迅，「共同對敵」，並指出魯迅的意義和價值。

黨中央希望創造社、太陽社和魯迅、和在魯迅影響下的人們聯合起來，以這三方面人為基礎，成立一個革命文學團體。直接貫徹這項任務的是潘漢年。他身為「文委」書記（「文委」是中共中央宣傳部直接主管文化工作的組織），立即向「文委」所屬各支部的成員傳達中央精神，要求停止論戰，共同對敵。

潘漢年是創造社最早的重要成員之一，為了堅決執行黨的決定，首先要轉變自己的文藝思想。他率先發表了《文藝通信——普羅文學題材問題》(5)，就文藝與政治、革命文藝家應該寫哪些題材等「革命文學」論戰中爭論不休的問題，公開批評了創造社的教條主義，指出：「是不是普羅文學，不應當狹隘地只認定是否以普羅生活為題材而決定，應當就各種題材的作品所表示的觀念型態是否屬於無產階級來決定。」接著，又發表《普羅文學運動與自我批判》，結合總結自己在文藝戰線鬥爭中的經驗教訓，進一步明確指出：「一個真正的馬克思主義者，最能夠接受正確的客觀批判，同時他一定又是自己陣營內檢討工作，堅決執行自我批判的人。」這一系列文章為建立「左聯」在思想上和理論上做了準備。

潘漢年一面公開發表文章，從理論上論述無產階級文學運動中自我批評的重要性，為左翼文學工作者的聯合掃清思想障礙；一面找創造社的馮乃超和太陽社的錢杏邨等人談話，做他們的思想工作，講團結魯迅的意義。

這時，關鍵的是要找適當的人去向魯迅商談建立「左聯」的事，他找到了馮雪峰，這的確是找對了人。馮雪峰不是創造社和太陽社的成員，沒有介入這一場論戰，而且當時馮雪峰在柔石的引薦下，已與魯迅建立了友誼，得到魯迅的信任。馮雪峰對這件事有明確的回憶，他記得潘漢年找他：「有兩點我是記得很清楚的：一，他說黨中央希望創造社、太陽社和魯迅及在魯迅影響下的人們聯合起來，以這三方面人為基礎，成立一個革命文學團體。二，團體名稱擬定為『中國左翼作家聯盟』，看魯迅有什麼意思，『左翼』兩個字用不用，也取決於魯迅，魯迅如不同意用這兩個字，那就不用。」(6) 馮雪峰果然不負所望，圓滿完成任務。魯迅完全同意成立這樣一個革命文學團體，同時他說「左翼」二字還是用好，旗幟可以鮮明一點。

做了多方面的思想工作後，在一九二九年底，潘漢年在北四川路上一家咖啡館樓上，主持召開了一個籌建「左聯」的座談會，有馮雪峰、夏衍、鄭伯奇、馮乃超等十一個黨員參加（魯迅沒有參加），潘漢年傳達了黨中央要求停止論戰的決定，他還在會上做了自我批評。這次會議，產生了構成「左聯」的基本成員：魯迅、馮雪峰、鄭伯奇、蔣光慈、馮乃超、彭康、夏衍、阿英（錢杏邨）、柔石、沈起予、洪靈菲、陽翰笙（華漢）共12人。鄭伯奇在會上問魯迅會

不會同意參加時，潘漢年回答說中央已有人與他談過，他同意參加並贊同用「左翼作家聯盟」這個名字。潘漢年所說「中央已有人」就是指同在一起開會的馮雪峰。潘漢年主持的最後一次「左聯」籌備會是在一九三〇年二月十六日召開的，這次會議魯迅也參加了，會上討論了「左聯」的綱領、章程和成立大會等事宜，還決定由馮雪峰協助馮乃超起草「左聯」綱領。

一九三〇年三月二日，「左聯」成立大會在中華藝術大學召開。為了確保安全，潘漢年在三月一日下午到中華藝術大學仔細觀察，對可以進出的門都做了檢查，會場內外安排了糾察隊，還事前安排馮雪峰和柔石，在會上如有緊急情況，就由他們兩人陪著魯迅從後門轉移。在三月二日的成立大會上，推出魯迅、阿英、夏衍為主席團成員，馮乃超報告籌備經過，潘漢年代表共產黨講話，魯迅、彭康、田漢等發言，選出了魯迅、夏衍、馮乃超等七人為執行委員。魯迅的講話當時沒有紀錄，馮雪峰認識到它的重要性，就根據記憶整理成《對於左翼作家聯盟的意見》，有些話魯迅在會上沒有說，是平日常談及的，馮雪峰整理後經魯迅校正，發表在《萌芽月刊》一卷四期（署名王黎民）上，使這篇講話得以保存並對無產階級文藝運動產生了重大影響。

這時正是李立三「左」傾路線抬頭之時，一九三〇年五月七日，李立三要約見魯迅，直接對魯迅做思想工作。這一天在西藏路爵祿飯店，李立三由潘漢年陪同，魯迅由馮雪峰陪同，李立三與魯迅談了四、五十分鐘，潘漢年和馮雪峰都在場，李立三要魯迅發表一個宣言，擁護「左」傾路線的各項政治主張。魯迅沒有同意，他認為中國革命是長期的、艱鉅的，不贊成赤膊打仗，要用持久戰、壕溝戰，兩人各談各的。

潘漢年與魯迅還共同參加了「中國自由運動大同盟」的發起、籌備工作。馮雪峰在《黨給魯迅以力量》一文中說：「在上海的黨中央希望魯迅先生也做『中國自由運動大同盟』發起人，派人來告訴我，要我先徵求魯迅先生的意見；我去和魯迅談了，記得他當時表示是不大同意這種方式，認為一成立就會馬上被解散了，可是他又依然立刻答應參加並為發起人之一。以後先由我介紹，黨又派人（我記得是潘漢年）和他直接談過幾次。『中國自由運動大同盟』的成立大會是祕密召開的，魯迅先生也出席了，我記得他沒有正式發言，可是精神很愉快，好像對於這種會他倒很感興趣，幾天以後他還談起那天開會的情形。」潘漢年還和魯迅一起，不顧個人安危，宣傳「中國自由運動大同盟」的意義，揭露中國社會的黑暗，反映人民大眾的不自由，一九三〇年三月十三日和十九日他們一同去大夏大學和中國公學分院演講。他們的演講，旗幟鮮明，鋒芒犀利，直接對準國民黨反動派的黑暗統治，於是激起了國民黨反動輿論的恐慌。三月十八日和二十一日上海《民國日報》登載了《嗚呼，「自由運動」竟是一群騙人勾當》、《中公學生反對自由大同盟，魯迅等無所施技》兩條消息，對魯迅與潘漢年

的演講大加攻擊。文中說：「潘某等鼓吹自由大同盟，勸學生加入活動，並對現在政府妄加批評，言詞荒謬，遂引起聽眾之反感，乃紛紛散去。」「魯迅先生最後來登臺，他的題目是《象牙塔和蝸牛盧》，新鮮得很！到底不愧是一個文學家，可是他卻用了做寓言小說的氣調，引出許多比喻，從旁面去說明人民是如何不自由，所以論其結果，還是犯了潘鄭王三位的老毛病……」由此看來，不管是潘漢年直率的真言還是魯迅辛辣的諷刺，都使他們坐立不安。這兩篇報導，正好從反面說明了魯迅和潘漢年是如何在中國自由運動大同盟中，共同為爭取人民的民主和自由而竭力鬥爭。

一九三六年十月十八日，魯迅病危。潘漢年聽到消息後，立即和馮雪峰商量，打算透過宋慶齡聘請更好的醫生來診治。但是，萬沒想到，第二天魯迅便溘然長逝。潘漢年聽到消息後極為悲哀，立即把這一消息報告了黨中央。一九三七年十月十九日，魯迅先生逝世一週年，上海地下黨組織，曾邀請文化界愛國人士，在基督教女青年會舉行紀念會。潘漢年以八路軍駐滬辦事處主任的公開身分，到會發表演說，盛讚魯迅先生的硬骨頭精神和魯迅雜文的戰鬥性。

潘漢年晚年從北京秦城監獄移到湖南省茶陵縣江茶場勞改，隨身只帶了牙刷、毛巾等日用品，再有就是《魯迅全集》了。據說，「那套《魯迅全集》箱子上的四個字，是蔡元培先生手寫後刻出來的，他視之如命，一直放在身邊」，這可以理解，他與魯迅有過交往，那個年代，也只有魯迅的書可讀。我相信，魯迅的書是他勞改生活的精神慰藉。

＊＊＊

說明：關於潘漢年與左聯及魯迅的關係，主要資料來源是吳長華的《馮雪峰與潘漢年》，見上海魯迅紀念館編的《上海魯迅研究》第14輯，上海辭書出版社二〇〇三年五月第一版）

(1) 《魯迅全集・三閒集》。

(2) 《魯迅全集・三閒集・革命咖啡店》。

(3) 《恩怨錄・魯迅和他的論敵文選》，今日中國出版社一九九六年十一月版。

(4) 楚圖南：《魯迅和黨的聯繫之片斷》，《魯迅研究》二〇〇〇年第十二期。

(5) 載《現代小說》第三卷第一期，一九二九年十月十五日出版。

(6) 《雪峰文集》第四卷第533頁，人民文學出版社一九八五年版。

雙腳踩著「革命」與「文學」這兩隻船

——魯迅與張資平

張資平（一八九三—一九五九），小說家、地質學家。原名張星儀，又名張聲，筆名秉聲、維祖、古梅等。廣東梅縣人。創造社發起者之一。一九二六年北伐軍到武漢後，任總政治部國際宣傳局少校翻譯。抗戰爆發後赴廣西大學礦冶系任教。一九四〇年出任南京汪精衛政府農礦部技正。他不僅參與創辦親日刊物《新科學》、《文學研究》，而且擔任漢奸組織「興亞建國運動本部」的文化委員會主席。更有甚者，他還著文鼓吹「東亞共榮」。一九四一年任《中日文化》主編。抗戰勝利後被國民政府司法當局關押、起訴，後交保釋放。新中國成立後從事編譯工作，修訂《實用礦物岩石學》、《化工大全》等自然科學著作。一九五五年被治以漢奸叛國罪，於一九五九年病故於安徽勞改農場。

張資平的小說創作，有相對優秀的作品。例如，一九二〇年起陸續發表的《約檀河之水》、《愛的焦點》、《沖積期化石》等，表現出寫實主義傾向和人道主義色彩。然而，他也寫有許多描寫三角與多角關係的戀愛小說，格調低下。

魯迅的批評張資平，為文壇所熟知的就是一個「△」的符號。他說：「現在我將《張資平全集》和『小說學』的精華，提煉在下面，遙獻這些崇拜家，算是『望梅止渴』云。」⑴這個「△」符號，帶有某種程度的嘲諷，也幽默。然而，我以為，只是以「三角戀愛」來論張資平，未必切中張氏小說的要害。張氏的小說也未必就如此單調。小說不是不可以寫「三角戀愛」的。《紅樓夢》中寶玉和黛玉，寶玉和寶釵，就是一個「△」；《家》的覺新和梅，和瑞玨，也是一個「△」。「三角戀愛」在古今中外的文學創作中是屢見不鮮的現象。客觀地說，張資平的小說之所以討魯迅的嫌，「△」只是一種外在的形象，根本在於他寫濫了，他的格調低下。魯迅說：「張資平氏先前是三角戀愛小說作家，並且看見女的性慾，比男人還要熬不住，她來找男人，賤人呀賤人，該吃苦。」⑵性慾強弱，因具體人而異，且這是生理學範疇的問題，把生理學的東西，搬進了藝術作品中，這就使藝術作品無聊了。這是一種低級趣味。

不過，應該說魯迅對張資平的批評，不是來自於張氏作品本身，魯迅也沒有具體地批評他的某一作品，而是來自間接資料——報刊的介紹之類——的感受。魯迅在《偽自由書·後記》中說：「……但以前的『腰斬張資平』，卻的確不是我的意見。這位作家的大作，我自己是不要看的，理由很簡單：我腦子裡不要三角四角的這許多角，倘有青年來問我可看與否，我是勸他不必看的，理由也很簡單：他腦子裡也不必三角四角的那許多角。」

所謂「腰斬張資平」，是指他的長篇小說《時代與愛的歧路》的事。這部小說自一九三二年十二月一日起在《申報．自由談》連載，次年四月二十二日，《自由談》刊出編輯部啟事說：「本刊登載張資平先生之長篇創作《時代與愛的歧路》業已數月，近來時接讀者來信，表示倦意。本刊為尊重讀者意見起見，自明日起將《時代與愛的歧路》停止刊載。」當時上海的小報對這件事多有傳播。《自由談》的編輯與讀者一樣，對張資平作品表現出了「倦意」，魯迅與他們不過是有了同感。當然，魯迅不只是「倦意」，而是表現了直露的厭惡。魯迅對三角之類厭惡，故而對張氏小說厭惡，這正是魯迅個性的表現。若以魯迅所不以為然的公允的眼光看，對沒有讀過的作品，加以抨擊，至少是不夠理性的。我以為，魯迅似乎性急了一點。

不過，倘若細細琢磨起來，魯迅的性急根本的倒不在於三角還是四角，不在於魯迅自己不曾讀過的那些小說。根本的在於像張資平這樣寫言情小說的作家，在革命文學的論戰中也自稱「轉換方向」，搖身一變，居然也成了「最進步」的「無產階級作家」。一九二九年十二月，張資平在他自己主編的《樂群》月刊第二卷第十二期的《編後》中，攻擊《拓荒者》、《萌芽月刊》等刊物，其中說：「有人還自謙『拓荒』『萌芽』，或許覺得那樣的探求嫌過早，但你們不要因為自己腳小便叫別人在路上停下來等你，我們要勉力跑快一點了，不要『收穫』回到『拓荒』，回到『萌芽』，甚而至於回到『下種』呀！不要自己跟不上，便厭人家太早太快，望著人家走去。」對此，魯迅反唇相譏道：「你們還在『萌芽』，還在『拓荒』，他卻已在收穫了。這就是進步，拔步飛跑，望塵莫及。」(3)此外，魯迅還在《流氓的變遷》(5)一文中嘲諷了張資平，送給他一頂「革命的文學家」的桂冠，等候著張氏寫出類似《九尾龜》一類的「近作」。

張資平與革命連在一起，看起來也不知是張資平有趣，還是這一類的「革命」滑稽。不過，魯迅對張資平之類的「革命文學家」，可謂是看透了五臟六腑。他說：

> 「革命」和「文學」，若斷若續，好像兩隻靠近的船，一隻是「革命」，一隻是「文學」，而作者的每一隻腳就站在每一隻船上面。當環境較好的時候，作者就在革命這一隻船上踏得重一點，分明是革命者，待到革命一被壓迫，則在文學的船上踏得重一點，他變了不過是文學家了。(4)

我以為，魯迅厭惡的是張資平的善變，而不只是三角四角之類，三角四角不過是可供攻擊的一個話題而已。

到了一九三三年，又有了張資平影射《自由談》編輯黎烈文「姊妹嫁作商人妾」的醜聞。張資平在一九三三年七月六日《時事新報》上刊登啟事，說黎烈文以資本家為後緩，又以姊

妹嫁作大商人為妾，以謀得一編輯以自豪。對此，魯迅在一九三三年七月八日致黎烈文的信中說：「吾鄉之下劣無賴，與人打架，好用糞帚，足令勇士卻步，張公資平之戰法，實亦此類也……」七月十四日，魯迅在致黎烈文的另一封信中，則結合了張資平的歷史——一九二八年創造社提倡革命文學時，他曾翻譯一些日本無產階級文學。三〇年代初，國民黨當局提倡所謂「三民主義」文學，他又宣傳「民主主義文學」和「民族主義文學」——再次指出了張的善變：「至於張公，則伎倆高出萬倍，即使加以猛烈之攻擊，也絕不會倒，他方法甚多，變化如意，近四年中，忽而普羅，忽而民主，忽而民族，尚在人記憶中，然此反覆，於彼何損。文章的戰鬥，大家用筆，始有勝負可分，倘一面另用陰謀，即不成為戰鬥，而況專持糞帚乎？然此公實已道盡途窮，此後非帶些叭兒與無賴氣息，殊不足以再有刊物上（刊物上耳，非文學上也）的生命。」如此善變之人，無定見，則無可信賴之根據，誰還願意與之往來？魯迅甚至預見到了張資平未來之境遇。

魯迅的眼光畢竟是銳利的，魯迅死後，張資平仍然變來變去，結果成了一個漢奸，殊為可嘆！

＊＊＊

(1)(2)(3)《魯迅全集·二心集·張資平氏的「小說學」》。

(4)《魯迅全集·二心集·上海文藝之一瞥》。

(5)《魯迅全集·三閒集》。

「革命小販」「無賴子」——魯迅與楊邨人

楊邨人（一九〇一—一九五五）筆名柳絲，小說家。廣東潮安人。一九二五年加入中國共產黨。一九二七年參與組織太陽社。一九三〇年參加左翼作家聯盟。一九三二年宣佈脫離共產黨。抗戰期間去四川，任成都西南大學教授。新中國成立後在西南師範學院中文系任教。

先來看兩則謝覺哉日記，也許有助於我們對楊邨人的認識。謝覺哉一九三一年秋天離開上海到湘鄂西革命根據地，在主編湘鄂西政府機關報《工農日報》時，得以和楊邨人相識。謝老在延安的日記中，有兩段是回憶辦《工農日報》情況的。一則是一九四三年三月九日，另一則是一九四一年六月十六日：

楊邨人是在敵人圍剿湘鄂西蘇區時逃跑，被魯迅先生批評為革命場中的一位小販。……楊邨人是一位小資產階級型而神經脆弱特甚的人，行動言語，常使人發笑。洪湖蚊子特別多，夏天晚上蚊聲如雷，伸手可抓到幾個，不能工作，順坐在蚊帳裡。洪湖又多瘧疾，衛生宣傳員說，瘧疾，是由蚊子傳染的。一天，楊邨人睡醒，發現帳內有一蚊子，

> 大驚：『我一定染瘧疾了』，吵著要打奎寧針。少頃又說：『身上發顫了，不得了』。結果，給他打了一針才完事。洪湖失敗時，崔琪同志在湖內組織游擊隊，派他去做政治委員，去一天，草帽鞋子都丟掉了。在湖中遇著我，借了一雙鞋，用魚劃子把他送走。
>
> 經不起刺激，受不了艱苦，不知為什麼要加入共產黨，且要求進到游擊戰的蘇區來？致出了不少的醜——逃跑直到「自白」。但他因為「脆弱」，正如魯迅先生說的：他「有些投機氣味是無疑的，但並沒有反過來做大批買賣，僅在竭力變化為第三種人，來過比革命黨更好的生活。

在革命根據地，環境異常艱苦，楊邨人怕苦怕死，後來逃跑到上海，作「自白」向當局表明心跡，被魯迅視為革命場中一小販。張致強評論說：「謝老的日記為楊邨人畫了一幅非常生動形象的畫像，傳神極了，很有助於理解魯迅先生對楊邨人的譏諷鄙斥。」⑴從某種意義上說，謝覺哉日記為魯迅的議論，做了形象的傍注。

魯迅對楊邨人的叫罵，多是採取由他罵去，暫不還口的態度；相形之下，楊邨人似乎像一隻好鬥的公雞，時不時咬魯迅幾口——雖然，在具體的文章內，他彷彿還表現出了對魯迅的崇敬，有時，他的語氣似乎也頗通人情。當然，魯迅不喜歡他，但並不把他看成是一個惡人，而稱之為「革命小販」。

一九三〇年，楊邨人在他自己辦的《白話小報》第一期上，以「文壇小卒」的筆名發表了《魯迅大開湯餅會》(2)一文，其中對魯迅造謠誣衊說：「這時恰巧魯迅大師帶到當今國民政府教育部大學院的獎賞；於是乎湯餅會便開成了……這日魯迅大師的湯餅會到會的來賓，都是海上聞人，鴻儒碩士，大小文學家呢。那位郁達夫先生本是安徽大學負有責任的，聽到這個喜訊，亦從安慶府連夜坐船東下呢。郁先生在去年就產下了一個虎兒，這日帶了郁夫人抱了小娃娃到會，會場空氣倍加熱鬧。酒飲三巡，郁先生首先站起來致祝辭，大家都對魯迅大師恭喜一杯，魯迅大師謙遜著致詞，說是小囝將來是龍是犬還未可知，各位今天不必怎樣的慶祝啦。座中楊騷大爺白薇女士同聲叫道，一定是一個龍兒呀！這一句倒引起郁先生的傷感，他前年不幸夭殤的兒子，名字就叫龍兒呢！」

有的人攻擊魯迅，起碼還有一點影子；有的是觀點上的不同；有的是抓住一點，不及其餘。而楊邨人此文，卻有出新，新就新在魯迅開「湯餅會」的內容，全係虛構。魯迅看了，對楊邨人當然不會有什麼好感，然而魯迅也並未表示什麼。直到一九三三年的十二月二十八日，在楊邨人寫了公開信並要求答覆時，魯迅在《答楊邨人先生公開信的公開信》(3)一文中，才把這個問題同時捎帶說了一下。魯迅說：

近五六年來，關於我的記載多極了，無論為毀為譽，是假是真，我都置之不理，因為我沒有聘定律師，常登廣告的鉅款，也沒有遍看各種刊物的工夫。況且新聞記者為要哄動讀者，會弄些誇張的手段，是大家知道的，甚至於還全盤捏造。例如先生還在做「革命文學家」的時候，用了「小記者」的筆名，在一種報上說我帶到了南京中央黨部的文學獎金，大開筵宴，祝孩子的週年，不料引起了郁達夫先生對於亡兒的記憶，悲哀了起來。這真說得栩栩如生，連出世不過一年的嬰兒，也和我一同被噴滿了血污。然而這事實的全出於創作，我知道，達夫先生知道，記者兼作者的您楊邨人先生當然也不會不知道的。

楊邨人當時是「革命文學家」，他把魯迅描述成了對立面，成了南京政府獎賞的人，成了革命的敵人。魯迅當時為什麼「一聲不響」呢？魯迅說：「革命者為達目的，可用任何手段的話，我是以為不錯的，所以即使因為我罪孽深重，革命文學的第一步，必須拿我來開刀，我也敢於咬著牙關忍受。殺不掉，我就退進野草裡，自己舐盡了傷口的血痕，絕不煩別人傅藥。」[4] 顯然，魯迅清醒地知道，自己成了「革命文學」「開刀」的對象了。既然是「革命」的需要，也吧，魯迅就「咬著牙關忍受」了。對於真心鬧革命的人，在革命的策略方法上出了一些毛病，以及以革命的名義而對他人施之以攻擊，魯迅似乎都將持寬容的態度。

楊邨人革命了一陣子，對革命的酸甜苦辣有了自己的體驗，於是，告別革命，中途變節，這就為魯迅所不齒了。革命也吧，不革命也吧，青年總應該有定見。魯迅最討厭的，就是唱

著高調，變化無常之徒。

一九三二年二月，楊邨人在《讀書雜誌》第三卷第一期，發表《離開政黨生活的戰壕》(5)一文，其中他「自白」道：

回過頭來，看我自己，父老家貧弟幼，漂泊半生，一事無成，革命何時才成功。我的家人現在在做餓殍不能過日，將來革命就是成功，以湘鄂西蘇區的情形來推測，我的家人也不免做餓殍做叫化了的。還是：留得青山在，且顧自家人吧了！病中，千思萬想，終於由理智來判定，我脫離中國共產黨了。

單純地看楊邨人的這段話，應該說還是頗有人情味的。他與林彪一樣，不知紅旗要打多久，即使革命成功，對他家鄉父老能否過上太平日子，也有懷疑。所以他念及親人，也不隱瞞「且顧自家人」的自私，退出中共——還算老實人吧！對此，魯迅在一九三三年十一月七日做的《青年與老子》(6)一文評論說：「……楊某的自白——卻告訴我們，他是一個有志之士，學說是很正確的，不但講空話，而且去實行，但待到看見有些地方的老頭子苦得不像樣，就想起自己的老子來，即使他的理想實現了，也不能使他的父親做老太爺，仍舊要吃苦。於是得到了更正確的學說，拋去原有的理想，改做孝子了。假使父母早死，學說哪有這麼圓滿而堂皇呢？這不也就是老子對於青年的益處嗎？」魯迅對楊邨人是真假孝子，心存疑問，說：「……如果單是做做自白之類，那是實在有無老子，倒並沒有什麼關係的……張宗昌很尊孔，恐怕他府上也未必有『四書』『五經』吧！」《青年與老子》署名「敬一尊」，據許廣平稱，「敬一尊，回敬一杯之意，亦即『回罵』也」。以牙還牙，這是魯迅一貫的態度。一九三三年十二月十八日，魯迅先生在《答楊邨人先生公開信的公開信》中又寫道：「對於先生，照我此刻的意見，寫起來恐怕也不會怎麼壞。我以為先生雖是革命場中的一位小販，卻並不是奸商。我所謂奸商者，一種是國共合作時代的闊人，那時頌蘇聯，讚共產，無所不至，一到『清黨』時候，就用共產青年，共產嫌疑青年的血來洗自己的手，依然是闊人，時勢變了，而不變其闊；一種是革命的驍將，殺土豪，倒劣紳，激烈得很，一有蹉跌，便稱為『棄邪歸正』，罵『土匪』，殺同人，也激烈得很，主義改了，而仍不失其驍。先生呢，據『自白』，革命與否以親之苦樂為轉移，有些投機氣味是無疑的，但並沒有反過來做大批的買賣，僅在竭力要化為『第三種人』，來過比革命黨較好的生活。既從革命陣線上退回來，為辯護自己，做穩『第三種人』起見，總得有一點零星的懺悔，對於統治者，其實是頗有些益處的……和闊人驍將比，那當然還差得很遠，這就因為先生並不是奸商的緣故。這是先生的苦處，也是先生的好處。」魯迅對楊邨人做了具體的分析，他是投機革命的，是變節的，但他是革命小販，

不是奸商，也還有這麼一點好處。

楊邨人在「離開政黨生活的戰壕」的同時，以自由人的身分、「第三種人」的姿態，獨樹一幟。一九三三年二月他在《現代》第二卷第四期發表了《揭起小資產階級革命文學之旗》(7)一文，他寫道：

> 無產階級已經樹起無產階級文學之旗，而且已經有了鞏固的營壘，我們為了這廣大的小市民和農民群眾的啟發工作，我們也揭起小資產階級革命文學之旗，號召同志，整齊陣伍，也來紮住我們的陣營……我們也承認著文藝是有階級性的，而且也承認著屬於某一階級的作家的作品任是無意地也是擁護著其自身所屬的階級利益。我們是小資產階級的作家，我們也就來做擁護著目前小資產階級的小市民和農民群眾的利益而鬥爭。

從楊邨人的表白看，他雖然已經與無產階級革命文學有了一定的距離，但與上層統治階級、與大資產者，還是保持了一定的距離。他決計為小資產階級、為農民代言，這也不能說錯。從中共的統一戰線政策看，他還是屬於團結、爭取和聯合的力量。楊邨人變節了，但他不是革命的敵人。《中國現代文學詞典》說楊邨人「宣佈脫離共產黨」，而不像有的書那樣，說他「叛變革命」，我以為，這是一種審慎的態度。

楊邨人主觀上也是把自己看作革命的外圍力量的。一九三三年六月十七日《大晚報》的《火炬》刊登了楊邨人化名為「柳絲」的《新儒林外史》，第一回的標題是「揭旗紮空營興師佈迷陣」，魯迅稱之為「妙文」，「倘使任其散失，是極為可惜的」。文章如下：

卻說卡爾和伊理基兩人這日正在天堂以上討論中國革命問題，忽見下界中國文壇的大戈壁上面，殺氣騰騰，塵沙瀰漫，左翼防區裡面，一位老將緊追一位小將，戰鼓震天，喊聲四起，忽然那位老將牙縫開處，吐出一道白霧，卡爾聞到氣味立刻暈倒，伊理基拍案大怒道：「毒瓦斯，毒瓦斯！」扶著卡爾趕快走開去了。原來下界中國文壇的大戈壁上面，左翼防區裡頭，近來新紮一座空營，揭起小資產階級革命文學之旗，無產階級文藝營壘受了奸人挑撥，大興問罪之師。這日大軍壓境，新紮空營的主將兼官佐又兼士兵楊邨人提起筆槍，躍馬相迎，只見得戰鼓震天，喊聲四起，為首先鋒揚刀躍馬而來，乃老將魯迅是也。那楊邨人打拱，叫聲「老將軍別來無恙」？老將魯迅並不答話，躍馬直衝揚刀便刺，那楊邨人筆槍擋住又道：「老將軍有話好講，何必動起干戈？小將別樹一幟，自紮空營，只因事起倉卒，未及呈請指揮，並非倒戈相向，實則獨當一面，此心此志，天人共鑑。老將軍試思左翼諸將，空言克服，驕盈自滿，戰術既不研究，武器又不製造。臨陣則軍容不整，出馬則拖槍而逃，如果長此以往，何以維持威信？老將軍整頓紀綱之暇，勞師遠征，竊以為大大對不起革命群眾呵！」老將魯

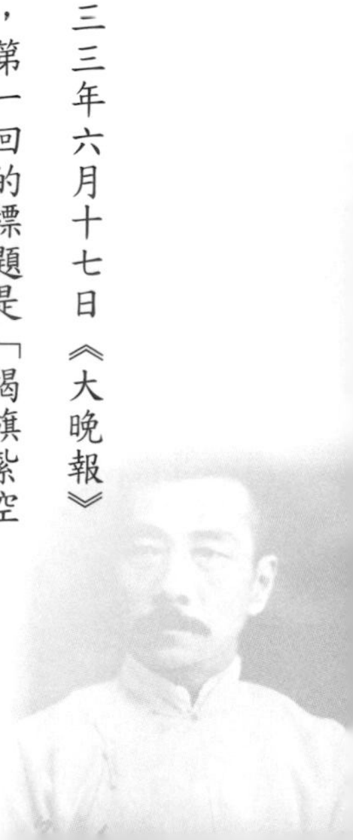

迅又不答話，圓睜環眼，倒豎虎鬚，只見得從他的牙縫裡頭噓出一道白霧，那小將楊邨人知道老將放出毒瓦斯，說的遲那時快，已經將防毒面具戴好了，正是，情感作用無理講，是非不明只天知！欲知老將究竟能不能將毒瓦斯悶死那小將，且待下回分解。

這裡，除攻擊魯迅噴出的是「毒瓦斯」外，主要是表白「小將別樹一幟，自紮空營……並非倒戈相向，實則獨當一面」的。所以，當年曾參加「左聯」，後轉向「第三種人」的韓侍桁說楊邨人是「一個忠實者，一個不欺騙自己，不欺騙團體的忠實者」；他的言論是「純粹求真理的智識者的文學上的講話」(8)。

對於《新儒林外史》一文，魯迅的回答是充滿幽默感的。他說：「……近來我更加『世故』，天氣又這麼熱，當然不會去流汗同翻筋斗的。況且『反駁』滑稽文章，也是一種少有的奇事，即使『傷及個人名譽事』，我也沒有辦法，除非我也做一部《舊儒林外史》，來辯明『卡爾和伊理基』的話的真假。」(9) 幽默的言詞中，也透出了不滿與憤慨。魯迅雖然稱自己的雜文是匕首和投槍，但說是「毒瓦斯」，用毒氣傷人，是為魯迅也不能接受的。

如果說，楊邨人曾致魯迅公開信，在自稱「出諸至誠」、「敬愛魯迅」的同時，想與魯迅達成某種諒解的話，當魯迅稱之為「革命小販」，明確了自己的態度以後，楊邨人對魯迅就不存幻想了。此後，魯迅、楊邨人你來我往，也有一回兩回。比如一九三五年八月，楊邨人以巴山的筆名在《星火》第一卷第四期上發表《文壇三家》[10]，就魯迅的《文壇三戶》含沙射影地攻擊魯迅：「這一種版稅作家，名利雙收，倚老賣老。」對此，魯迅在《六論「文人相輕」——二賣》[11]一文，以牙還牙，予以反唇相譏。魯迅說：「今年文壇上的戰術，有幾乎是恢復了五六年前的太陽社式，年紀大又成為一種罪狀了，叫做『倚老賣老』。」魯迅在擺了文壇「賣富」，「賣窮」，「賣病」，「賣俏」的同時，又提出了楊邨人的「賣孝」——「有的賣孝，說自己做這樣的文章，是因為怕父親將來吃苦的緣故，那可更了不得，價值簡直和李密的《陳情表》不相上下了。」投之以木桃，報之以瓊瑤，投之以屎，報之以糞，彼此彼此。

雖然楊邨人是「革命小販」，不是「奸商」，也還有一點「好處」，但魯迅對他是不調和的。《答〈戲〉週刊編者信》[12]一文，對於田漢攻擊魯迅已和楊邨人「調和」，我在魯迅與「四條漢子」中將做相對詳盡的介紹。這裡要強調的是，魯迅指出了田漢的奇怪的邏輯，指出了田漢的無中生有，事實上也就否認了所謂的「調和」論。魯迅可以敬佩堅定的敵人，但卻厭惡變來變去的文人，哪怕這種人最後又變回到「我們」的陣營中來。

魯迅在私下通信中，也曾提到楊邨人，很有參考價值。一九三三年一月九日魯迅在致王志之的信中指出：「文學家容易變化，信裡的話是不大可靠的，楊邨人先前怎麼激烈，現在他在漢口，看他發表的文章，竟是別一個人了。」一九三四年四月三十日致曹聚仁的信中說：「此

公實在是一無賴子，無真情，亦無真相也。」在魯迅眼裡，無論如何，楊邨人是一個變節份子，他的言論彷彿頗有人情味，但終於還是一個無真情無真相的無賴子。

＊＊＊

(1) 張致強：《謝覺哉談楊邨人》，《魯迅研究月刊》一九九八年第一期。
(2)(5)(7)(10)《恩怨錄．魯迅和他的論敵》一書有轉載，今日中國出版社一九九六年十一月版。
(3)(4)《魯迅全集．南腔北調集．答楊邨人先生公開信的公開信》。
(6)《魯迅全集．准風月談》。
(8)《讀書雜誌》第三卷第六期，一九三三年六月。
(9)《魯迅全集．偽自由書．後記》。
(11)《魯迅全集．且介亭雜文二集》。
(12)《魯迅全集．且介亭雜文》。

「第三種人」

——魯迅與杜衡

杜衡（一九〇七—一九六四）原名戴克崇，筆名蘇汶、蘇文、白冷、老頭兒等。浙江餘杭人。小說家，文藝理論家。畢業於上海震旦大學。一九二七年開始文學創作。一九三〇年應馮雪峰之邀參加左聯。一九三五年與韓侍桁、楊邨人合編「第三種人」同人雜誌《星火》。著有小說集《石榴花》、《懷鄉集》，長篇小說《再亮些》等。

魯迅與杜衡的矛盾，主要是關於「第三種人」的爭論。杜衡參加三〇年代文藝自由論戰的第一篇文章，是發表於一九三二年《現代》雜誌一卷三期的《關於「文新」與胡秋原的文藝論辯》(1)。杜衡在文章中認為，胡秋原的理論是一種自由主義的非功利的創作理論，而左翼文壇則持一種目前主義的功利主義的創作理論，兩者立場截然不同，各以其道非他人之道，距離不可以道里計，所以論戰不會有什麼結果。他指摘左翼文壇只要行動，不要理論；只要革命，不要文學；只要煽動，不要藝術。在這篇文章中，杜衡賦予「第三種人」這個名詞以特定含意：「在『智識階級的自由人』和『不自由的、有黨派的』階級爭著文壇霸權的時候，

最吃苦的，卻是這兩種人之外的第三種人。這第三種人便是所謂作者之群。」杜衡所說的「第三種人」是指那些在兩種截然不同而互不讓步的文藝觀面前一時無所適從的作家。那麼，「第三種人」為什麼「吃苦」呢？杜衡認為，當時許多作家（即他所說的「作家之群」）之所以「擱筆」，是因為「左聯」批評家的「兇暴」，和「左聯」「霸佔」了文壇的緣故。杜衡批評左翼作家「左而不作」：「不勇於欺騙的作家，既不敢拿出他們所有的東西，而別人所要的卻又拿不出，於是怎麼辦？——擱筆。這擱筆不是什麼『江郎才盡』，而是不敢動筆。因為做了忠實的左翼作家之後，他便會覺得與其作而不左，倒還不如左而不作。而在今日之下，左而不作的左翼作家，何其多也！」

杜衡的文章發表後，瞿秋白、周揚等都發表文章，予以批駁。接著，杜衡又寫了三篇文章應戰：《「第三種人」的出路》(2)、《答舒月先生》(3)，以及他自己最為得意的《論文學上的干涉主義》(4)。杜衡認為，文學作品可以有其政治目的，但不能因這政治目的而犧牲真實，違背藝術家的良心。「從政治立場來指導文學，是未必能幫助文學對真實的把握的，反之，如果這指導而帶干涉的意味，那麼往往會消滅文學的真實性，或甚至使它陷於『奉天承運，皇帝詔曰』式的文學的覆轍。」杜衡強烈批評左翼文藝「用狹窄的理論來限制作家的自由」，並且拒絕中立的作家和中立的作品，差不多是把所有非無產階級文學都認為是擁護資產階級的文學：「不很革命就是不革命，而不是革命就是反革命。」杜衡還針對「在階級社會裡做不成第三種人」的觀點，認為「未必一定做不成，而且確實已經存在了。只有從狹義的階級文學理論的立場看來，這『第三種人』才會必然地做不成」。他以馬克思對待海涅的態度為例，證明了馬克思都允許「第三種人」的存在。

在革命隊伍內部，也有對杜衡的觀點持同情態度的。馮雪峰認為「第三種人」中的有些人，雖然有可能成為我們的敵人，但「現在不是我們的敵人，不但如此，他們並且可能成為我們的朋友，有些甚至可能成為我們的同志」。馮雪峰指出：「……使『中立者』偏向我們，投入我們，使人偏向敵人的以及在敵人裡面的中立起來，是我們的任務！」(5)夏衍在《懶尋舊夢錄》一書中提到，茅盾當時對瞿秋白、周揚文章中批「第三種人」的調子不滿。他說：「排斥小資產階級作家，左聯就不能發展，批『第三種人』的調子，和過去批我的《從牯嶺到東京》差不多。」

在這場論戰的初期，魯迅並沒有公開表示意見，但幾乎每篇參加論戰的文章，他都在發表之前看過。一九三二年十月十日他寫了帶總結性的《論「第三種人」》(6)，發表於《現代》第二卷第一期。這篇文章先是給杜衡看過，而後由杜衡交施蟄存發表的。魯迅以探求真理、闡述學理的論辯，批判了杜衡超階級超政治、蔑視群眾文藝的觀點，同時分析了他的「苦境」

和「幻影」，指出他的「幻影」是想做超階級超政治的「第三種人」和「第三種文學」，而他的「苦境」是做不成「第三種人」和「第三種文學」。「生在有階級的社會裡而要做超階級的作家，生在戰鬥的時代而要離開戰鬥而獨立，生在現在而要做給予將來的作品，這樣的人，實在也是一個心造的幻影，在現實世界上是沒有的。要做這樣的人，恰如用自己的手拔著頭髮，要離開地球一樣，他離不開，焦躁著，然而並非因為有人搖了搖頭，使他不敢拔了的緣故。」魯迅由此指出，「這『第三種人』的『擱筆』，原因並不在左翼批評的嚴酷」，而在於實際上「做不成這樣的『第三種人』」，因而「也就沒有了第三種筆」。

文中，魯迅也批評了左翼文壇的「左」的關門主義的錯誤，指出左翼作家在向文藝這神聖之地進軍的過程中，應不斷「克服自己的壞處」——因為「左翼作家並不是從天上掉下來的神兵，或國外殺進來的仇敵，他不但要那同走幾步的『同路人』，還要招致那站在路旁看看的看客也一同前進」。

魯迅在《論「第三種人」》的末尾有這樣一句話：「怎麼辦呢！」這話原是杜衡在《「第三種人」的出路》一文中反覆說的，反映了他對左翼文藝運動的惶恐情緒和在敵我兩個陣營之前的動搖態度。魯迅在這裡把它引為自己文章的結尾，顯然是有深意的。這一反問，既道出了「第三種人」的無奈，又包含有某種等待和期望。怎麼辦呢？應該早有決斷，早有抉擇，走出「苦境」。

陳漱渝在《關於杜衡先生的一篇回憶》(7)一文中認為：「一九三二年左聯跟『第三種人』展開的論戰，是圍繞文藝與政治的關係問題和革命文藝家對小資產階級作家的態度問題展開的。論戰中雖然一度出現措辭尖刻和背離原意的偏向，但始終沒有當成政治上的敵我鬥爭，而是一場氣氛漸趨正常的文藝論戰。」我以為，這一論斷是符合事實的。論戰告一段落以後，杜衡撰寫了一篇《一九三二年的文藝論辯之清算》(8)承認魯迅是公允的，尤其讚賞魯迅聲明左聯並不拒絕「同路人」的態度，只是他覺得左翼文壇過去確實有「橫暴」的錯誤；魯迅說這是心造的幻影，杜衡覺得這是魯迅在「替別人文過」。我覺得，這有一定的道理，魯迅曾遭受創造社和太陽社的夾攻，此後，還將受到「奴隸總管」們的鞭打，後來，魯迅稱他們為「橫暴者」，其用語都與杜衡一致。杜衡指責左翼作家左而不作，魯迅也有同樣的感受。魯迅之所以說杜衡是「心造的幻影」，至少有「替別人文過」的成份在。直到一九三二年，魯迅跟杜衡之間仍保持著通訊聯繫。魯迅曾向杜衡推薦瞿秋白譯的《高爾基論文集》、《高爾基小說選集》，替杜衡代向馮雪峰約稿，杜衡也請魯迅代向瞿秋白組稿。詳情見孔另境編《現代作家書簡》。

「第三種人」並沒有固定的團體，也沒有嚴密的組織，而且他們彼此的思想認知也並不一

致。後來，隨著時代的發展，他們中間發生了深刻的變化。有的投向敵人一邊，有的走上了進步的道路。（其實，「左聯」這個組織不也如此嗎？不也有變節份子，不也有投敵份子嗎？）魯迅特別關注他們的動向，當他得知韓侍桁以及楊邨人也擠進了他們的行列，聽說穆時英、杜衡做了國民黨書報檢查官之後，他對「第三種人」的態度就逐漸改變了。一九三四年四月十一日，魯迅在致增田涉的信中指出，這些所謂「第三種人」「自稱超黨派，其實是右派。今年壓迫加緊以後，則頗像御用文人了」。同年十月十六日魯迅在《准風月談．後記》中說：「然而時光是不留情面的，所謂『第三種人』，尤其是施蟄存和杜衡即蘇汶，到今年就各自露出他本來的嘴臉了。」一九三五年二月七日，魯迅在致曹靖華的信中說：「從去年以來，所謂『第三種人』的，竟露出了本相，他們幫著它的主人來壓迫我們了，然而我們中的有幾個人，卻道是因為我攻擊他們太厲害了，以致逼得他們如此。」又在《「題未定」草（九）》(9) 中寫道：「數年前的文壇上所謂『第三種人』杜衡輩，標榜超然，實為群醜，不久即本相畢露，知恥者皆羞稱之。」一九三四年，當魯迅的文章凡涉及「第三種人」的地方都遭刪禁的時候，魯迅確實認為杜衡已「幫著它的主人來壓迫我們了」。（一九三五年二月七日致曹靖華信），而在《中國文壇的鬼魅》中，指斥他們中的有些人「坐上檢查官的椅子」，「握著塗抹的筆尖，生殺的權力」，因而把他們視同「民族主義文學」者一類的「鬼魅」。

我要提一筆的是，在《臉譜臆測》[10]中，魯迅由臉譜又聯繫上了「第三種人」：「在實際上，忠勇的人思想較為簡單，不會神經衰弱，面皮也容易發紅，倘使他要永遠中立，自稱『第三種人』，精神上就不免時時痛苦，臉上一塊青，一塊白，終於顯出白鼻子來了。」（著重號係魯迅所加）與在別處談「第三種人」稍有不同，這裡，似乎是在談論對人的認知問題了。「第三種人」在魯迅眼裡這時是一種秉性，而不完全是一種政治立場。可此可彼的騎牆，而不是非此即彼的堅守，魯迅向來是討厭的。魯迅之所以反對「第三種人」，是不是也包含了對這麼一類人的秉性的理解？甚或對這種人的厭惡？

魯迅與杜衡之間，除了「第三種人」問題以外，還有一些小糾紛。比如，魯迅在《批評家的批評家》[11]一文中，批評了杜衡所賞識的文藝批評應該沒有圈子說。魯迅說：「我們曾經在文藝批評史上見過沒有一定圈子的批評家嗎？都有的，或者是美的圈，或者是真實的圈，或者是前進的圈。沒有一定圈子的批評家，那才是怪漢子呢。辦雜誌可以號稱沒有一定的圈子，而其實這正是圈子，是便於遮眼的變戲法的手巾。」杜衡也曾在上海《星火》第二卷第二期（一九三五年十一月一日）發表《文壇的罵風》一文，含沙射影地攻擊魯迅，說：「雜文的流行」，是文壇上「一團糟的混戰」的「一個重要的原因」，「於是短論也，雜文也，差不多成為罵人文章的『雅稱』，於是，罵風四起，以致弄到今日這不可收拾的局勢」。諸

如此類，就略去不談了。

杜衡到臺灣後，曾應《今日大陸》約稿，於二十世紀五〇年代初寫了一篇《一個被迫害的紀錄》(12)，介紹了三〇年代關於「第三種人」問題爭論的經過，以及他對這場爭論的理解。文中，他否認他當過圖書雜誌的檢查官，他說：「民國二十三、四年間，上海實施圖書雜誌的檢查制度，我的一個朋友與檢查機關發生了關係。左翼團體就趁機散佈謠言，不說我那位朋友，而硬說我已當了檢查官。這是一件難以聲辯的事。本來，當檢查官也是一個職業，不是一個罪惡。但是，我曾提倡寫作自由，如果我竟當了檢查官，那是說不過去的。他們就利用這一點來中傷我，以證明我以前所發表的理論之全部破產。」關於杜衡當檢查官的事，論者一般都加上「據說」二字，並沒有說他已經當了檢查官。但是，也應該指出的是，以不確定的內容來做為批評的資料，是不嚴肅的。

「第三種人」的以後分化，這是另一個問題。就「第三種人」本身而言，現在治文學史的人，一般不將其當作革命文學的敵人，而是可以爭取和團結的力量。中共的統一戰線工作，主要的內容之一，也就是團結「第三種人」。《讀書》一九九三年第十期發表了蕭乾的《想當初，胡喬木》一文，談到了「理論權威」胡喬木對「第三種人」的看法，頗有意思。蕭乾說：「說來令人難以相信，但這是一位畫家親自告訴我的。一天，胡喬木忽然翩然來到他在三里河的寓所。談起三〇年代對第三種人的鬥爭，他忽然說：『國民黨是一小撮，共產黨就全國而言，也是少數。真正的大多數是第三種人哩。』」胡喬木對「第三種人」尚且有這樣開明的見解，今天我們似乎也不宜苛責「第三種人」了——變化了的「第三種人」，當然已不屬於「第三種人」了。

***

(1)《恩怨錄·魯迅與他的論敵文選》有選載，今日中國出版社一九九六年十一月版。

(2)發表在《現代》第一卷第六期，《恩怨錄·魯迅與他的論敵文選》有選載，今日中國出版社一九九六年十一月版。

(3)發表在《現代》第一卷第六期。

(4)發表在《現代》第二卷第一期。

(5)馮雪峰：《「第三種人」的問題》，一九三三年一月十五日出版的《世界文化》第二期。

(6)《魯迅全集·南腔北調集》。

(7)(11)《魯迅研究月刊》一九八九年第二期。

(8)發表在《現代》第二卷第三期，《恩怨錄·魯迅與他的論敵文選》有選載，今日中國出版

社一九九六年十一月版。

(9)

(10)《魯迅全集・且介亭雜文二集》。

(12)《魯迅全集・花邊文學》。

「左右開弓」的「自由人」

——魯迅與胡秋原

胡秋原（一九一〇—二〇〇四）原名胡曾佑，又名業崇，字石朋，筆名胡冬野、冰禪等。湖北黃陂人。文學理論家。曾任編輯、主編、中學校長、「立委」，是當代中國學術、思想界的重要人物。早在十七歲那年，胡秋原就翻譯了普列漢諾夫的作品。一九二九年赴日本，翌年入早稻田大學。一九三一年回上海，創辦《文化評論》，主張團結抗戰，提倡文藝自由。他在臺灣創辦的《中華雜誌》，曾經是臺灣政論界、思想界的重鎮。胡秋原一直強調中國人要團結。一九八八年他赴祖國大陸訪問，成為首位公開前往對岸的「民意代表」，返臺後遭國民黨開除黨籍，轟動一時。胡秋原生前曾表示，他估計自己「至少寫過兩千萬字」，著有《唯物史觀藝術論》、《民族文學論》、《一百年來中國思想史綱》等。

一九三一年十二月，胡秋原創辦《文化評論》，這刊物除了主張抗日外，提出「自由人」和「自由知識階級」理論，認為知識份子不是階級和政黨的工具，而應該站在自由獨立的立場。他在《文化評論》創刊號發表了《阿狗文藝論》(1)一文，左右開弓，一方面批評「民族主義

文學」，一方面則對當時「左聯」領導的革命文學運動進行攻擊，認為「藝術雖然不是『至上』，然而絕不是『至下』的東西。將藝術墮落到一種政治的留聲機，那是藝術的叛徒」。藝術家雖然不是神聖，然而也絕不是叭兒狗。以不三不四的理論，來強姦文學，是對藝術尊嚴不可恕的冒瀆」。其後，他又連續發表了《勿侵略文藝》(2) 等文章，誹謗當時的革命文學運動。在《勿侵略文藝》一文中，他說：「我並不主張只准某種藝術存在而排斥其他藝術，……無論中國新文學運動以來的自然主義文學，浪漫主義文學，革命文學，普羅文學，小資產階級文學，民族文學以及最近民主文學，我覺得都不妨讓它存在，但也不主張只准某種文學把持文壇。」胡秋原自己也承認，「民族主義文藝理論在此文中只是一個配腳」，實際上重點轉向了對「左聯」的攻擊。洛陽（馮學峰）在《文藝新聞》第五十八期（一九三二年六月六日）上發表了《致文藝新聞的信》，指出胡秋原的目的「是進攻整個普羅革命文學運動」，揭露了胡秋原在「自由人」假面具掩蓋下的「反動實質」。

馮雪峰、瞿秋白、周揚、胡風、魯迅等人都先後參加了這場被稱為是「文藝自由論辯」的論戰。左翼理論家嚴肅指出：胡秋原由於將創作自由與無產階級文學黨性原則置於根本對立的地位，因而使自己的理論陷入了「虛偽的客觀主義」、「變相的藝術至上論」、「資產階級的自由主義」的泥沼。在這場爭論中，某些左翼理論家也缺乏根據地給胡秋原扣上了一系列政治帽子，如「托洛斯基派」、「社會民主主義派」，乃至於「漢奸」，粗暴斷言他是比民族主義文藝鷹犬更其危險的敵人。

一九三二年十一月一日上海《現代》第二卷第一期發表了魯迅的《論「第三種人」》(3)。顯然，魯迅的主要筆鋒是指向「第三種人」杜衡，但在文章的開頭，對「自由人」胡秋原，採用了一戳透底的手法，揭露了他是「在指揮刀的保護之下，掛著『左翼』的招牌，在馬克思主義裡發見了文藝自由論，列寧主義裡找到了殺盡共匪說的論客的『理論』。」胡秋原曾經也是左翼文壇一員，主編過中共的刊物，魯迅指出了胡秋原「左翼」的本質，實際上他是以「左」攻左，以毒攻毒，在右派的另一個側面攻擊「左聯」。

即使這樣，魯迅仍然堅持文明的批評，反對用辱罵和恐嚇的辦法來批判胡秋原。我在魯迅與「四條漢子」一文中，提到了「左聯」機關雜誌《文學月報》第四期所載芸生《漢奸的供狀》一詩所表現出的錯誤。這首詩就是罵胡秋原的，政治上不能算錯，但魯迅認為它採用的是「辱罵」和「恐嚇」的方法，是在污穢自己，嚇跑旁觀者與「同路人」。然而魯迅的意見，在當時並未得到全體左翼作家的理解，以致首甲等為此聯名發表公開信，指責魯迅的文章具有「戴手套革命論的謬誤」，「是極危險的右傾的文化運動中和平主義的說法」。(4) 但這種指責卻恰好從反面證明了魯迅對革命、對革命隊伍的理解，比起一般人來要深刻而正確得多。

魯迅已經認清或判明了胡秋原的真實面目，因而對他攻擊「左聯」的各點，沒有一一理論——這還有兩種可能，一是魯迅不屑理睬胡秋原的理論，胡秋原的觀點是不值得一駁的；二是魯迅對胡秋原抨擊左翼文壇的觀點有某種程度的認同，過了一段時間，魯迅晚年甚至比胡秋原更加猛烈地抨擊了「奴隸總管」們——但是，無論怎樣，魯迅反對對胡秋原採取辱罵和恐嚇的手段。魯迅認清了胡秋原的本質，但仍要講文明的批評；講文明的批評，並不影響對胡秋原的本質的認識。兩者是不矛盾的。

魯迅是左翼文壇的盟主，但魯迅並不完全贊成他們的做法。我們應該摘掉那些左翼理論家給胡秋原扣的帽子。

胡秋原是「托派」嗎？歷史已經回答：不是。胡秋原說：「魯迅並沒有說我是托派，我也未曾單獨加入托派。當然，我認識許多托派的人，亦如我認識許多史達林派的人。我不僅與托派組織無關係，在思想上亦未受過其影響。」(5)

那麼，胡秋原是「漢奸」？歷史也已回答：不是。儘管他的有些主張與共產黨相左，但他堅持國家利益高於一切的原則是難能可貴的。他是這樣一個人：當中共主張全民抗日時，他為中共主編報刊；當中共實行蘇聯式的左傾路線時，他反對；當中共提出和平統一祖國主張時，他以實際行動推動……當蔣介石消極抗日，他毅然參加了反蔣的「福建事變」；當蔣介石同意抗日時，他立即歸國共赴國難；當有人主張「全盤西化」時，他旗幟鮮明地反對，並提出了「超越論」；當島內「臺獨」與「獨臺」甚囂塵上時，他左右開弓痛斥歪理邪說……鄧穎超生前曾稱讚他「是一位愛國主義者，具有民族自尊心的學者」。

※※※

(1) 發表在一九三一年十二月二十五日《文化評論》創刊號，一九九六年十一月由今日中國出版社出版的《恩怨錄·魯迅和他的論敵文選》有選載。

(2) 發表在一九三二年四月二十日《文化評論》第四期，署名H. C. Y.，一九九六年十一月由今日中國出版社出版的《恩怨錄·魯迅和他的論敵文選》有選載。

(3) 《魯迅全集·南腔北調集》。

(4) 首甲：《對魯迅先生的〈辱罵和恐嚇絕不是戰鬥〉有言》，發表在一九三三年二月《現代文化》第一卷第二期，一九九六年十一月由今日中國出版社出版的《恩怨錄·魯迅和他的論敵文選》有選載。

(5) 古遠清：《在臺灣訪胡秋原》，《書城》雜誌一九九六年第四期。

大學生「逃難」與「揭露」筆名

——魯迅與周木齋

周木齋（一九一〇—一九四一），散文家、雜文家、學者。名周樸，號樹瑜，筆名辨微、列禦、吉光、猶太、振聞等，江蘇常州人。一九三一年去上海，任大東書局編輯，同時為進步文藝報刊撰稿，經常發表觸及時弊的雜文。一九三四年後在《大晚報》任職，並為該報編文藝副刊《火炬》。一九三六年參加中國文藝家協會。抗日戰爭期間參加上海文藝界救亡協會。所做雜文內容堅實，文筆精練，說理性強。主要著作有：《鄭成功》（傳記）、《消長集》（雜文集）、《民主政治論》、《中國近代政治發展史》等。

魯迅「罵」周木齋有兩條，一條是大學生逃難問題，一條是「揭露」何家干即魯迅問題。

一

一九三三年一月二十一日，周木齋在《濤聲》第二卷第四期發表《罵人與自罵》一文，其中說：「最近日軍侵佔榆關，北平的大學生竟至要求提前放假，所願未遂，於是紛紛自動離校。敵人未到，聞風遠逸，這是絕頂離奇的了……論理日軍侵榆……即使不能赴難，最低最低的限度也不應逃難。」又說：「寫到這裡，陡然的想起五四運動時期北京學生的鋒芒，轉眼之間，學風民氣，兩俱丕變，我要疑心是『北京』改為『北平』的應驗了。」對此，魯迅在《逃的辯護》、《論「赴難」和「逃難」》、《乘涼：兩誤一不同》等多篇文章中予以批評。

魯迅說，他看了周木齋的文章，是「如骨鯁在喉，不能不說幾句話」，指出自己「和周先生的主張正相反，以為『倘不能赴難，就應該逃難』，屬於『逃難黨』的。」(1)接著，魯迅對周木齋要求大學生「赴難」問題進行了分析。

首先，魯迅認為，周木齋是言行不一的人。「木齋先生……身居上海，而責北平的學生應該赴難，至少是不逃難之類」(2)，是欠妥當的。中國徒作豪言壯語者多，身體力行者少。當年周木齋也是年輕人，他要求大學生不應該逃難，要去抗戰，這本意是好的，那周木齋自己是不是也應該奔赴抗戰前線呢？事實卻不是這樣，而是留在孤島。自己做不到，或者自己不去做，卻要求別人去做，而且，要求別人做的，近乎是送死的事，對這樣的人，魯迅是不以為然的。

第二，大學生「平日所學的又是債權論，土耳其文學史，最小公倍數之類。去打日本，一定打不過的。」(3)魯迅認為，如果「打不過」，不能硬打，更不能叫學生去硬拼。他接著說：「我們雖然也看見過許多慷慨激昂的詩，什麼用死屍堵住敵人的炮口呀，用熱血膠住倭奴的

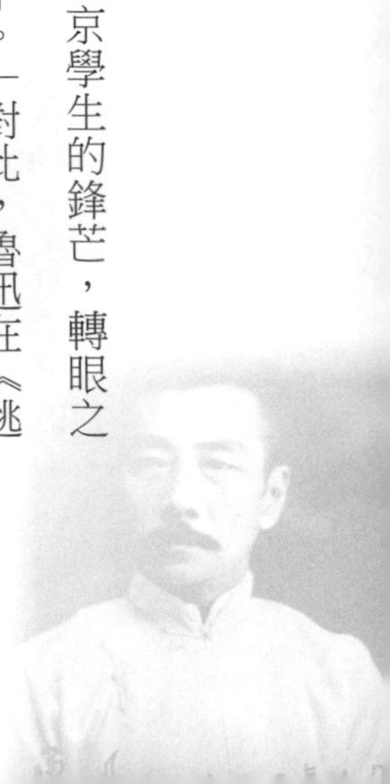

刀槍呀，但是，先生，這是『詩』呵！事實並不這樣的，死得比螞蟻還不如，炮口也堵不住，刀槍也膠不住。孔子曰：『以不教民戰，是謂棄之。』我並不全拜服孔老夫子，不過覺得這話是對的，我也正是反對大學生『赴難』的一個。」(4) 看來，從孔子到魯迅，都是反對以不教之民戰，反對無視生命地「用死屍堵住敵人的炮口」，「用熱血膠住倭奴的刀槍」，用血肉來築成所謂的長城的。

大學生如果不「逃難」，假使敵人到了，該怎麼辦呢？魯迅分析道：

> 大學生們將赤手空拳，罵賊而死呢，還是躲在屋裡，以圖倖免呢？我想，還是前一著堂皇些，將來也可以有一本烈士傳。不過於大局依然無補，無論是一個或十萬個，至多，也只能又向「國聯」報告一聲罷了。去年十九路軍的某某英雄怎樣殺敵，大家說得眉飛色舞，因此忘卻了全線退出一百里的大事情，可是中國其實還是輸了的。而況大學生們連武器也沒有 (5)。

魯迅是個清醒的理性主義者，不是徒作大言的蠱惑人心的宣傳家。道理，魯迅已經說得很明白了，連武器也沒有的大學生，至多是「罵賊而死」，也許因此成了烈士，成了當局的「宣傳資料」，到處演講，但「於大局依然無補」。

第三，魯迅認為，和日本人打仗，這主要應該是軍人的事。「大學生們曾經和中國的兵警打過架，但是『自行失足落水』了，現在中國的兵警尚且不抵抗，大學生能抵抗嗎？」魯迅的意思是，大學生尚且不是中國「兵警」的對手，如何能對付得了如狼似虎的日本兵？養兵千日，用在一時。中國「兵警」對付學生很在行，屠殺了學生，卻能開動宣傳機器，說是「自行失足落水」了。可是，兵警在日本人面前，一般說來，是難以有所做為的。如果要責怪，周木齋應該責怪中國軍人的不抗戰，而對大學生則不應該如此苛責。

第四，魯迅認為，對中國大學生要有實際的估計。魯迅先是對中國教育進行了反思，他說：

> 施以獅虎式的教育，他們就能用爪牙，施以牛羊式的教育，他們到萬分危急時還會用一對可憐的角。然而我們所施的是什麼式的教育呢，連小小的角也不能有，則大難臨頭，唯有兔子似的逃跑而已(6)。

大學生是中國教育的長期接受者，中國教育基本上是奴化教育，開口閉口，教的都是怎樣忠君，如何服從。誰，或是哪一個集團竊取了國家政權，都聲稱是人民的選擇，而且絕對不允許人民的再次選擇，他的政府就是國家，服從這個政府就是服從國家，忠於這個政府就是忠於這個國家。你要當愛國者嗎？首先你得懂得愛專制統治者和統治集團……這樣的教育培

養出來的大學生，在魯迅看來和兔子也差不多，不跑，只有任人宰殺。所以，魯迅說：「我們不可看得大學生太高，也不可責備他們太重，中國是不能專靠大學生的；大學生逃了之後，卻應該想想此後怎樣才可以不至於單是逃，脫出詩境，踏上實地去。」(7) 魯迅希望大學生能「踏上實地去」，經過「逃難」歷程，能夠有所歷練，成為有韌性戰鬥精神的人。

二

魯迅與周木齋的另一個「過節」，是所謂「揭露」問題。

一九三三年四月，周木齋在《濤聲》第二卷第十四期上，發表《第四種人》一文，對魯迅以「何家干」的筆名發表的《文人無文》提出自己的看法。

周木齋是針對魯迅的觀點，「不近人情」的並不是「文人無行」，而是「文人無文」。這裡要指出的是，魯迅並不完全否認張若谷在《惡癖》一文中列舉的「文人無行」之種種，魯迅在《文人無文》中有這樣一句話：「但中國文人的『惡癖』，其實並不在這些。」魯迅只不過由「這些」——問題的一方面——引出了問題的另一方面，即「文人無文」（關於魯迅與張若谷的關係，我要另文評說，這裡就不多說什麼了）。關於「文人無文」，魯迅是這樣描述的：

拾些瑣事，做本隨筆的是有的；改首古文，算是自作是有的。進一通昏話，稱為評論；編幾張期刊，暗捧自己的是有的。收羅猥談，寫成下作；聚集舊文，印作評傳的是有的。甚至於翻些外國文壇消息，就成為世界文學史家；湊一本文學家辭典，連自己也塞在裡面，就成為世界的文人的也有。然而，現在到底也都是中國的金字招牌的「文人」。(8)

與魯迅批評「左聯」的「左而不作」一樣，魯迅是強調文人需要創作，作品是最為重要的。所以，魯迅說，「除了……一部《子夜》而外，別的大作都沒有出現」。我看不出魯迅的話有什麼不妥，魯迅所抨擊的文壇「惡癖」，即便今天也不過時。然而，周木齋卻用挖苦的筆調，用魯迅的話「這實在是對透了的」等等，對魯迅加以嘲諷，把魯迅稱為是「第四種人」（什麼是「第四種人」呢？為什麼這類人是「第四種人」呢？周木齋對他提出的這一概念也沒有進行規範，讀者對此也只能含含糊糊）。他的《第四種人》一文，有實際內容的，是這樣一段話：

中國文壇的充實而又空虛，無可諱言也不必諱言。不過在矮子中間找長人，比較還是有的。我們企望先進比企圖誰某總要深切些，正因熟田比荒地總要容易收穫些。以魯迅先生的素養及過去的造就，總還不失為中國的金鋼鑽招牌的文人吧。但近年來又是怎樣？單

就他個人的發展而言，卻中畫了，現在不下一道罪己詔，頂倒置身事外，說些風涼話，這是「第四種人」了。名的成人！

雖然比較含蓄，但從周木齋這些半通不通的文字中可以看出，你魯迅批評別人「無文」，你本人又做了什麼呢？你也沒有《子夜》一樣的大作，自然也不怎麼樣。你不下「罪己詔」，還在說「風涼話」，你這「第四種人」是什麼意思？對此，魯迅在《兩誤一不同》一文中回答說：

第一是關於「文」的界說。我的這篇雜感，是由《大晚報》副刊上的《惡癖》而來的，而那篇中所舉的文人，都是小說作者。這事木齋先生明明知道，現在混而言之者，大約因為作文要緊，顧不及這些了吧，《第四種人》這題目，也實在時新得很。

第二是要我下「罪己詔」。我現在做一個無聊的聲明：何家干誠然就是魯迅，但並沒有做皇帝。不過好在這樣誤解的人們也並不多。

這裡，魯迅指出，他的文章是針對小說作者的，而周木齋卻「混而言之」；至於下「罪己詔」，這顯然是周木齋未必妥當的比喻，詞不達意而已，所以魯迅也只是做了一下調侃，「何家干誠然就是魯迅，但並沒有做皇帝」——只有皇帝，才有所謂下「罪己詔」的問題。

在周木齋眼裡，魯迅也是屬於「文人無文」一類。魯迅說他是針對小說而言，可是，便是不只針對小說吧！魯迅小說之外的「文」算不算「文」呢？再退一步說，就算魯迅也「無文」吧，「無文」的人為什麼就不能批評文壇「無文」的現象？食客當然可以批評廚師，而廚師卻不能說，你自己不會煮，你煮的還不如我，你怎麼能批評我？

在《第四種人》的最後，周木齋雖然只是點到一筆，但應該說文章有所深化，引出了另外一層意思：

「不近人情」的固是「文人無文」，最要緊的還是「文人不行」（「行」為動詞）。

「進，吾往也！」

這裡的「行」，我理解的是「做為」，文人不做為。從「文人無行」，魯迅引出了「文人無文」的問題，周木齋再從「文人無文」提出了文人的不做為。這裡，我感受到了智慧的愉悅，張若谷、魯迅和周木齋的思辨，給人峰迴路轉之感。

周木齋特別強調，他的「行」用做動詞，是行動的「行」。細細思之，周木齋的觀點與魯迅並不矛盾。魯迅不僅反對文人無文，也反對「文人無行」（周木齋表述的做為動詞的「行」）。魯迅在《青年必讀書》中寫道：

少看中國書，其結果不過不能作文而已。但現在的青年最要緊的是「行」，不是「言」。只要是活人，不能作文算什麼大不了的事。

魯迅強調了「行」的意義，而沒有把不會作文太當一回事。這是魯迅一貫的思想。

其實，以上也只是思辨問題，在我看來，無關宏旨。最讓魯迅不滿的是周木齋說的「聽說『何家干』就是魯迅先生的筆名」，認為是一種「揭露」行為。魯迅在《偽自由書·前記》中說：「……這回是王平陵先生告發於前，周木齋先生揭露於後……」並且將其與當年陳源的行為聯繫起來考察，陳源當年指出「魯迅即教育部僉事周樹人」，暗示當局，對魯迅要有所處置（有類似劣行的還有梁實秋，他說魯迅領了俄國人的盧布，暗示當局應予處罰）。魯迅似乎是想把周木齋和陳源捆在一起，把他們看作是同一種類型的人。

我們不妨考察一下魯迅的筆名。魯迅一生用筆名之多，被稱為「文史上第一人」。魯迅為什麼要用這麼多筆名呢？原因有多條，但其中一條是為了戰鬥的需要，這是沒有疑義的。當然，也為了發表文章的方便。有一段時間，魯迅的文章是被禁止發表的，很多文章就是靠著不斷變換筆名，才得以公開發表在當時的報刊上。魯迅眾多的筆名，使得當年那些負責宣傳工作的「專靠嗅覺」的狗，疑神疑鬼，「嗚嗚不已」。

被周木齋「揭露」的魯迅筆名「何家干」，在魯迅眾多筆名中有其特殊的意義。「何家干」

首次用於雜文《逃的辯護》（這篇文章是針對周木齋的，也許因為這，才引起了周木齋的強烈關注？），魯迅以「何家干」為署名，發表了二十四篇文章，《逃的辯護》除外，還有：《觀鬥》、《崇實》、《電的利弊》、《航空救國三願》、《不通兩種》、《戰略關係》、《頌蕭》、《對於戰爭的祈禱》、《從諷刺到幽默》、《從幽默到正經》、《文學上的折扣》、《「光明所到……」》、《止哭文學》、《「人話」》、《文人無文》、《現代史》、《推背圖》、《〈殺錯了人〉異議》、《中國人的生命圈》、《「以夷制夷」》、《言論自由的界限》、《文章與題目》、《不負責任的坦克車》。此外，瞿秋白作，後由魯迅收入《偽自由書》的《王道詩話》等七篇文章，發表時亦借署此名，均刊登在《申報》副刊《自由談》上。這些文章，集中揭露並猛烈抨擊了當局的「攘外必先安內」的政策。魯迅在《偽自由書·前記》中還說：他的這些雜文，其特點在於「論時事不留面子，砭錮弊常取類型」。這幾十篇文章，在魯迅作品中也是屬於最富戰鬥性的一類，是投槍匕首式的短評。這類文章是為兼具特務功能的宣傳當局最為頭痛也最為痛恨的。

據曹聚仁說，魯迅以為周木齋是他某論敵的化名，所以反應比較強烈。當知道周木齋是個實人時，魯迅平和了許多。對於這段小不愉快，曹聚仁追憶說：「魯迅的確有點誤會，認為周木齋乃是某君的『化名』，意在諷刺魯迅。後來，我告訴魯迅，周木齋另有其人，並非『化

名』；那段雜文，只是主張一個作家著重在『作』，並無諷刺之意。過了一些日子，魯迅在我家中吃飯，周木齋也在座，相見傾談，彼此釋然了。」(9) 此後，魯迅還多次讚揚過周木齋的雜文。

三

一九四五年五月二十六日《西安正報》發表《〈大晚報〉發行人不受威脅》的文章，其中有一段介紹了抗戰期間周木齋在孤島的做為：

> 大晚報原為時事新報之姊妹報，同屬於時事新報股份有限公司，當時事新報停刊時，大晚報主持人為供給孤島上人士精神食糧起見，故忍辱負重，繼續出版，但被迫將一切稿件送往南京路哈同大樓日寇所設之新聞檢查所檢查。該報編輯周木齋等因反對此事提出辭職，其向館方辭職理由，即為「勢不與敵人妥協，」此為滬市記者第一次正氣之表現，周君嗣即加入導報，擔任副刊編輯，後因乃父關係而脫離報界，未幾逝世，識者惜之。

這段史料顯示，周木齋反日的傾向是十分明確的，不僅有言論，而且切實地付諸行動，這實踐了他自己所言：「不近人情」的固是「文人無文」，最要緊的還是「文人不行」（「行」為動詞）。「進，吾往也！」他「行」了，他為抗日做出了自己所能做的貢獻。

※※※

(1)(3)(4)(5)(6)(7)《魯迅全集·南腔北調集·論「赴難」和「逃難」》。

(2)《魯迅全集·偽自由書·兩誤一不同》。

(8)《魯迅全集·偽自由書·文人無文》。

(9)曹聚仁：《文壇五十年續集·史料述評》。

「休斯風波」與「愛的哲學」

——魯迅與傅東華

傅東華（一八九三—一九七一），文學翻譯家，文字學家。姓黃，因過繼外祖父家，改姓傅，名則黃。筆名伍實、約齋、陸若水、獨活、郭定一、諸聲、黃彝等。浙江金華人。一九一二年於上海南洋公學畢業後入中華書局任編譯員，開始翻譯文學作品。一九一六年後在浙江東陽縣立中學、北京高等師範學校、中國大學任英文教員。一九二四年後在商務印書館任職，曾編寫出版中學國文教科書，頗有影響，並曾在中國公學、上海大學兼任教職。一九二八—一九三二年任復旦大學中文系教授。一九三三—一九三五年主編《文學》月刊。一九三五年任暨南大學教授。一九三六年與茅盾、葉聖陶等發起成立中國文藝家協會。抗日戰爭爆發後參加上海文化界救亡協會，任該會主辦的《救亡日報》編委，並編印《孤島閒書》。一九四三年後主要從事文學翻譯和語言文學研究，屢有著述。除翻譯大量外國文學作品和理論著作外，還出版了中國古典文學研究著作、文藝理論通俗讀物以及散文集。新中國成立後任中國文字改革委員會研究員和中華書局辭海編輯所編審。

傅東華是個多面手，做過出版，寫過散文等等。我以為，傅東華最大的成就在文學翻譯方面。他翻譯的《飄》，在與多種版本對比之後，我認為是最傳神，最有文學性的。此外，他還翻譯了《唐．吉訶德》等。

傅東華與魯迅的交往本也平平，他沒有像高長虹那樣，曾經與魯迅非常熱乎過，後來又各自東西，「冷」到從此不來往的程度。他熱愛魯迅，有意無意地傷害過魯迅，最終，在他的努力下，在魯迅的愛的感召下，他們又重歸於平和。不過，他在傷害魯迅後，不論魯迅對他怎樣「冷處理」，他始終不渝崇敬他心目中的魯迅。這一點，比起那些被魯迅說一兩句不中聽的話，就念茲在茲的人，傅東華要單純要純粹許多。

說起傅東華，還應該從《文學》月刊談起。《文學》一九三三年七月一日創刊於上海。由鄭振鐸、傅東華、王統照等先後主編，魯迅、茅盾、陳望道、郁達夫、葉紹鈞等均曾參加編輯委員會。全國許多進步作家曾在該刊發表作品和理論文章，是《小說月報》停刊後影響最大的文學刊物之一。一九三七年十月，因上海淪為「孤島」而停刊，共出五十二期。《文學》在上海「一．二八」事變之後，文壇一片寂寥的形勢下，橫空出世，迅速恢復了文學界的士氣，團結了一切可以團結的各派作家，發表了許多傳世的名作。在《文學》中既有「銅琶鐵板，豪放激越」的作品，也有「娟娟群松，下有漪流」式的文字，真算得上是一本有一定檔次而又好看的文學期刊。

傅東華一九三三年起任《文學》月刊編輯，曾在該刊第一卷第二期化名「伍實」發表《休斯在中國》一文，攻擊魯迅。事情的經過是這樣的：

一九三三年二月，英國戲劇家蕭伯納來滬，魯迅應邀參與了接待。傅東華把蕭伯納與休斯作對比，文章一開頭，就對休斯來上海招待不及蕭伯納的隆重、熱鬧，而大為不平。傅東華在文中說：「美國黑人作家蘭斯頓．休斯 (Langston Hughes) 於七月初經由蘇俄到中國，比之不久以前蕭翁來華的聲勢，真所謂『不可同日而語』；不但碼頭上沒有女士們的歡迎，就是日報上也不見他的名字。這裡面的道理自然很簡單：蕭翁是名流，自配我們的名流招待，且唯其是名流招待名流，這才使魯迅先生和梅蘭芳博士有千載一時的機會得聚首於一堂。休斯呢，不但不是我們的名流心目中的那種名流，且還加上一層膚色上的顧忌！」休斯是美國黑人作家，一九三三年七月訪蘇返美途經上海時，上海的文學社、現代雜誌社、中外新聞社等曾聯合為他舉行招待會。

對於傅東華的文章，魯迅流露了不加掩飾的反感，甚至還有點厭惡。魯迅為此作《給文學社信》(1) 給予駁斥，並宣佈退出文學社。

在《給文學社信》中，魯迅首先澄清事實。見蕭伯納，「是招待者邀我去的。這回的招待休斯，我並未接到通知，時間地址，全不知道，怎麼能到？即使邀而不到，也許有別種的原因，當口誅筆伐之前，似乎也須略加考察。現在並未相告，就責我不到，因這不到，就斷定我看不起黑種。作者是相信的吧，讀者不明事實，大概也可以相信的，但我自己還不相信我竟是這樣一個勢利卑劣的人！」從這段行文看，在憤怒的同時，魯迅有點委屈，傅東華不瞭解情況，就給魯迅亂扣帽子；從他的文字描述看，魯迅幾乎成了小人。無怪乎魯迅質問：我竟是這樣一個勢利卑劣的人嗎？

傅東華可謂在最根本的問題上誤解了魯迅，從而傷害了魯迅。瞭解魯迅的人都知道，魯迅對勞苦大眾，對被欺凌被損害的人，總之，對一切弱者，都懷有他深廣的同情。休斯較之於蕭伯納，名氣要小，又是黑人，自然是相對的「弱者」，魯迅見了蕭伯納而不見休斯，傅東華送給魯迅一頂「勢利」的帽子。這裡，我想做這樣的假設，倘若魯迅在同一天被邀請見蕭伯納和休斯，魯迅必須做出選擇，那麼魯迅會選擇誰呢？從魯迅的一貫思想和為人處世的風格看，我認為魯迅只會選擇見休斯。

有一件事可以幫助我們理解魯迅的性情。一九二二年，俄國盲詩人愛羅先珂來北京，曾寫文章對北京學生演劇有所批評。當時的北大學生魏建功寫了《不敢盲從》一文反駁。此文語多輕薄，甚至在「看」、「觀」、「盲從」這類字眼上對做為盲人同時是弱者的愛羅先珂做人身攻擊式的暗示。這讓魯迅強烈反感，寫了《看了魏建功君的〈不敢盲從〉以後的幾點聲

明》。魯迅尖銳地抨擊、嘲諷了魏建功，指其為「生長在舊的道德和新的不道德裡，借了新藝術的名而發揮其本來的舊的不道德的少年」。(2) 魏建功的輕薄讓魯迅反感。為什麼反感呢？就因為他拿盲人的弱點開刀，認為愛羅先珂既是盲人，你怎麼「看」、如何「觀」？所以他的觀點是不足信的，人們不應該「盲從」。這樣為文，能不讓魯迅生氣乃至討厭嗎？魯迅就是這樣一個人。如此為人的魯迅，又怎麼可能如傅東華所描述的那樣，是一個勢利的人呢？

傅東華的文章讓魯迅討厭的第二個原因，是因為來自同仁的攻擊。魯迅是《文學》的編委，他對同人刊物的攻擊格外傷心。傅東華此時的做為與逼迫魯迅「橫站」的田漢的做為，在性質上是一樣的。來自自己人的攻擊，魯迅是最為痛恨的。他在《給文學社信》中說：「給我以汙衊和侮辱，是平常的事；我也並不為奇：慣了。但那是小報，是敵人。略具識見的，一看就明白。而《文學》是掛著冠冕堂皇的招牌的，我又是同人之一，為什麼無端虛構事蹟，大加奚落，至於到這地步呢？莫非缺一個勢利卑劣的老人，也在文學戲臺上跳舞一下，以給觀眾開心，且催嘔吐嗎？我自信還不至於是這樣的腳色，我還能夠從此跳下這可怕的戲臺。那時就無論怎樣誣辱嘲罵，彼此都沒有矛盾了。」後來提到此事時，他說：「寧可與敵人明打，不欲受同仁的暗笑也。」

魯迅也許還討厭傅東華把他與梅蘭芳擺在一起，把他稱為「名流」，而且和其他中國名流一樣，有種族歧視的傾向！魯迅對正人君子之類的「名流」多有攻擊，對「名流」向無好感。此外，把魯迅與梅蘭芳排在一起，這是魯迅所不情願的。我們都知道，魯迅在氣質上討厭梅蘭芳「女扮男妝」的藝術，這我在本書有關魯迅與梅蘭芳的文章中已有闡述，這裡就不重複了。

接著，魯迅寫道，「我看伍實先生其實是化名，他一定也是名流，就是招待休斯，非名流也未必能夠入座。不過他如果和上流的所謂文壇上的那些狐鼠有別，則當施行人身攻擊之際，似乎應該略負一點責任，宣佈出和他本身相關聯的姓名，給我看看真實的嘴臉。」魯迅認為那化名「伍實」的也許是熟人，見面或許還要點頭寒暄的，這已經暗指傅東華了。

編輯同仁都大大非難傅東華的莽撞，所以他也寫了一封信給編輯同仁，承認「伍實」就是他的化名，並解釋說他的化名不是故意放冷箭，為的是文章拙劣，藉以掩飾的。他把「名流」「魯迅」和「梅蘭芳」連在一起並不是有意奚落魯迅，而是當時心情不安詞不達意地寫成那樣的。文學社的編輯同仁也寫了一封道歉的信給魯迅，並把傅東華的信附上。《文學》第三號同期刊出魯迅、伍實的來函，以及編委會的覆函。在編委會的覆函中公開了傅東華的名字，傅東華在信中也做了解釋，希望取得諒解。

從傅東華的一貫為人看，我覺得，傅東華倒不是心存惡意。我更傾向於把「休斯風波」理解成他一時興起，一時激憤，覺得有文章可做，就寫下了這樣一篇文章。只顧文章能自圓其說，

而不管文章的客觀效果，這是文人常犯的毛病，不足為奇。

魯迅對傅東華的解釋未必滿意，所以《文學》第三期以後就不再有魯迅的文章了。加上了青年作家對傅的不滿（如周文的小說被刪而惹起的風波），《文學》的銷路也受了影響。為了挽回和魯迅的關係，「文學社」請了一次客，好容易才把魯迅請來，但魯迅卻避免和傅東華談話。傅東華想「請教」他的事情多得很，最主要的還是下一期能有魯迅的文章。魯迅坐在席間，和陳望道等談著閒天，傅東華繞了一個圈子，繞到了陳望道的旁邊坐下，正想趁機插嘴，魯迅把臉轉開，和茅盾等閒談；傅東華又繞了一個大圈子，好容易才有機會在茅盾的旁邊坐下，正想趁機插嘴，魯迅卻又轉移了陣地和鄭振鐸等談起來了，如是者數次，魯迅終於看出了傅東華的真正「誠意」，才讓他一個說話的機會，這才算恢復了友情。這件事，我們可以看出傅東華的真誠與謙恭，更可以看出魯迅的率真與「孩子氣」。這讓我想起一九二九年五月錢玄同見魯迅，錢玄同問魯迅，你現在又用三個字的名字了？魯迅只說了一句：「我從來不用四個字的名字。」錢玄同登時神色倉皇，溜之大吉。五四那一代人，身上都有著如此單純的傻氣。如果是今天，魯迅和傅東華雖然有過節，但在酒桌上，也許還會親密無間哩；錢玄同又何須一言不合立即離去呢？不是還可以扯一些「今天天氣哈哈哈……」之類的嗎？魯迅和傅東華都是傻氣十足、憨態可掬之人。我們再想想看，傅東華挨到左邊，魯迅把頭轉到右邊；傅東華湊到右邊，魯迅又把頭轉到左邊，這不是「孩子氣」是什嗎？一個老人而有「孩子氣」，正說明他有赤子之心，正說明有最單純的靈魂、最率真的性情附麗在他的軀體上。反之，那應付一切，天衣無縫，諸如薛寶釵一派人物，乍看上去，和藹可親到了沒有脾氣的程度，但這類人的肚子裡能有什麼好東西呢？完全可能是一肚子壞水！

雖經傅東華口頭上和書信上的多次請求，魯迅還是沒有給他稿子。有一次，傅東華在預告上登出下一次會有魯迅的稿子了，但「題未定」。魯迅終於被傅東華的戰術所擊破，軟了心腸，就以「題未定草」為題寫了幾則雜文交卷了。文中提到，那預告把他嚇了一跳，因為他知道下一期要有他的文章了，是什麼呢？叫「題未定」，情同綁票，不得不寫。魯迅把編者刺了一下，但傅東華也只得忍痛登出。一年後，《文學》受當局壓迫，魯迅覆為該刊寫稿表示支持。

魯迅逝世後，最先刊出悼念文章的雜誌是《中流》，時間是十月二十日，其中有一篇傅東華的《悼魯迅先生》(3)，非常動容動情地用一件私事來表達對魯迅人格的敬慕，尤令人感覺出懷念之情是何等真摯，魯迅的人格魅力是何等的感動人心。傅東華在文章中說：「魯迅先生對於我本人，我自己明白，是憎的成份居多，或許只有憎也說不定；然而事實已經證明，他絕不能憎我而連帶憎及我的兒子；相反的，魯迅先生之愛我的兒子，實比我自己愛他更甚。因為他的愛他是有主義的，是做為時代的兒子之一而愛的；我的愛他則只出於私情，只做為

我自己的兒子而愛。」

事情的原委是怎樣的呢?傅東華說:「去年秋初,秋老虎正在肆威的時候,兒子浩進學校才一星期,突然被送回家來。是病了,熱度已過四十,沉迷時甚至譫語,請了幾個醫生看過都不得要領,最後才斷定是傷寒,非送醫院不可的。當時有人提起北四川路的福民醫院,當去託魯迅介紹(因曉得他和福民的院長認識),魯迅先生表示非常關切,立即在烈日灼曬下親自步行到醫院接洽一切,並且親自陪同院中的醫生遠道到我家來先行診視。進院之後,他老先生又親自到院中去探問過數次,並且時時給以醫藥上和看護上必要的指導。」此事,魯迅日記也有記載。一九三五年九月十日,「下午傅東華待於內山書店門外,託河清來商延醫視其子養浩病,即同赴福民醫院請小山博士往診,仍與河清送之回醫院。」

傅東華的兒子轉危為安,傅東華非常感激魯迅的幫助,他沉痛地說:「現在,我的兒子依然健昂昂地在學校讀書,而他老先生的溘然長逝卻不曾帶去我們一絲一毫的憂慮和關切!他老先生以那麼大的年紀,那麼忙的寫作生活,又在那麼大熱的天氣,竟肯為了一個和他並無密切關係的十七歲的青年操那麼大的心,出那麼大的力,而他自己的死耗卻要等隔了十小時以後的晚報才帶給我們。這是多麼使我們難堪的情景啊!——我們的心是將永遠沉重下去了。」傅東華為未能在魯迅病重期間去探望過一次而沉痛而悔恨,他說:「留著這一點沉重永遠做我自己的懲罰吧！」這些話出自於一個與魯迅發生過激烈矛盾的人之口，反襯出魯迅的人格力量。魯迅的觀點不可能得到一切人的贊同，但魯迅的人格卻贏得了絕大多數人的尊敬。

魯迅事實上已經原諒了傅東華。此一是非，彼一是非，假設傅東華沒有獲得魯迅的原諒，換言之，假設是陳西瀅的孩子病了，只要可能，魯迅是不會不伸出援手的。人力車夫腳崴了，魯迅不是還親自為其治療嗎？就像開水壺之外冷內熱，魯迅激憤的外表裡，卻有著熱心腸，有寬厚和博愛。傅東華說：「誰要說魯迅先生的精神成份裡只有『恨』而沒有愛，我就和他拚命！誰要把魯迅先生的哲學解釋成唯恨哲學，我就永遠痛恨那個人！」(4)魯迅哲學不是「唯恨哲學」，那自然就包含有「愛的哲學」。這是不證自明的道理。魯迅的哲學不只是刻毒的哲學。「愛的哲學」是另外一個命題了，這裡略去不談。

***

(1)《魯迅全集·南腔北調集》。

(2)《魯迅全集·集外集拾遺》。

(3)原載一九三六年十一月一日《文學》月刊第七卷第五期，另見《魯迅回憶錄》，北京出版社一九九九年一月版。

(4)《人民日報》一九九〇年十月十九日第八版。

《譯文》風波：「資本家及其幫閒們的原形」——魯迅與鄒韜奮

鄒韜奮（一八九五—一九四四）記者、出版家、政論家、散文家。原名鄒恩潤，筆名雲霄、孤峰、秋月、笑世等。江西餘江人。主要著作有《韜奮漫筆》、《萍蹤寄語》、《萍蹤憶語》、《經歷》等。一九二一年在上海聖約翰大學畢業後，曾任英文祕書、英文教員、編輯等職。一九二六年，任《生活》週刊主編。「九・一八事變」後，曾撰文抨擊國民黨的不抵抗政策，聲援東北義勇軍的抗敵鬥爭。一九三二年創建生活書店。一九三三年初參加中國民權保障同盟並任執行委員。不久，被迫流亡國外，曾周遊歐美、蘇聯。一九三五年回國，投身抗日救亡運動，在上海、香港創辦《大眾生活》、《生活日報》等報刊，參加上海各界救國會和全國各界救國聯合會的領導工作。一九三六年與沈鈞儒等六人遭國民黨政府逮捕，時稱「七君子」，「七・七事變」後獲釋。出獄後，他大力宣傳抗戰。翌年，應聘國民參政員。一九四一年，因受國民黨迫害出走香港。翌年初，從日軍鐵蹄下祕密潛渡到東江根據地，再輾轉進入華中新四軍軍部。一九四三年因病情惡化赴上海治療。一九四四年七月病逝，中共中央追認他為共產黨員。

在中國近現代文化界，享有盛譽的三聯書店（生活、新知、讀書）是與其主辦者鄒韜奮的名字緊緊聯繫在一起的。一九二六年，他在上海接手一個叫《生活》的小刊物，這個刊物連他自己在內只有兩個半職員（三人中有一個還在外面兼職），其銷量不過兩千份。因付稿費太低難以對外約稿，主要由鄒韜奮輪換用六、七個筆名撰文。鄒韜奮上任後創新編輯方法，避免使用貴族文字，「採用『明顯暢快』的平民式的文字」。《生活》將報紙和雜誌的優長兼顧起來，裡面都是一兩千字的有趣文章，以小市民、小職員等「小人物」為對象答疑解惑，不到三年其銷量便升到四萬份。「九・一八事變」後，《生活》雜誌又以疾呼救國的政論為主，訂戶擴大到十五萬份，遠銷海內外，創造了當時中國雜誌發行的最高紀錄。

魯迅與鄒韜奮均為中國民權保障同盟會上海分會執行委員。據鄒韜奮說，「同盟」的「目的有三：（一）為國內政治犯之釋放與非法的拘禁酷刑及殺戮之廢除而奮鬥……（二）予國內政治犯以法律及其他之援助……（三）協助為結社集會自由、言論自由、出版自由，諸民權努力之一切而奮鬥。」魯迅和鄒韜奮積極參加「同盟」的活動，為實現「同盟」的宗旨努力工作。楊杏佛（楊銓）被國民黨藍衣社特務暗殺，魯迅和鄒韜奮均被列入「黑名單」，但是，他們毫不畏懼，六月二十日，冒著生命危險，毅然到萬國殯儀館為楊杏佛送殮，表示哀誠。鄒韜奮說：「楊先生為公而死。殊可欽敬。」魯迅這一天出門不帶鑰匙，以示犧牲的決心。

魯迅對鄒韜奮的事業是關心和支持的。據《魯迅日記》記載，鄒韜奮和魯迅通信共有四次。一九三三年五月九日，魯迅主動致信鄒韜奮：

韜奮先生：

今天在《生活》週刊廣告上，知道先生已做成《高爾基》，這實在是給中國青年的很好的贈品。

我以為如果能有插圖，就更加有趣味，我有一本《高爾基畫像集》，從他壯年至老年的像都有，也有漫畫。倘要用，我可奉借製版。制定後，用的是哪幾張，我可以將作者的姓名譯出來。此上，即請

著安

「做成《高爾基》」，即鄒韜奮根據美國康恩所著《高爾基和他的俄國》改編而成的《革命文豪高爾基》。同年七月上海生活書店出版。魯迅如此熱情，說明他對鄒韜奮的此項編譯是傾力支持的，認為這是對中國青年有益的事情。次日，鄒韜奮覆信借用畫像集，並對魯迅表示感謝；十七日，鄒韜奮用畢後即歸還。魯迅為插圖寫了說明，並向青年推薦這本書。七月七日鄒韜奮寄贈一本《革命文豪高爾基》給魯迅。其他幾次通信也都是關於這本書的出版

事宜。

《革命文豪高爾基》出版後，七月十七日《申報．自由談》發表了署名林翼之的《讀〈高爾基〉》一文，指責了鄒韜奮編譯上的缺點，至於它給讀者的益處，卻一句也沒有說。魯迅因此在《關於翻譯（下）》(1)一文中為韜奮及其編譯辯護。魯迅認為，在沒有更好的譯本的情況下，「請批評家用吃爛蘋果的方法，來救一救急吧」；那種所謂「首飾要『足赤』，人物要『完人』。一有缺點，有時就全部都不要了」的做法，是不足取的。魯迅說，《高爾基》一書他也「曾經翻過一遍」，「覺得除批評者所指摘的缺點之外，另有許多記載作者（注：即傳主）的勇敢的奮鬥，胥吏的卑劣的陰謀，是很有益於青年作家的，但也因為有了爛疤，就被拋在筐子外面了。」二十世紀三〇年代左翼文藝、進步文藝，包括翻譯作品，往往因為存在某些缺點而被某些批評家說得一無是處，當作「爛蘋果」扔掉。所以魯迅要以《革命文豪高爾基》一書為例，「希望刻苦的批評家來做剜爛蘋果的工作，這正如『拾荒』一樣，是很辛苦的，但也必要，而且大家有益的」。這裡，魯迅客觀上支持了鄒韜奮，同時提出了對存在缺陷的作品，應多看其有益讀者之處，要持寬容與愛護的態度。

魯迅對鄒韜奮有了惡感，是因為《譯文》風波。

大約是在一九三四年五月間，茅盾到魯迅家，談到《文學》連出兩期外國文學專號，激發

了作家的翻譯熱情。魯迅提議：辦一個專門登載譯文的雜誌。茅盾當即表示贊同。六月九日，魯迅約茅盾和黎烈文在家中便餐，把這個想法告訴了黎烈文，請他一同做發起人。黎烈文欣然同意，並提議用「譯文」二字。接著，魯迅提議，他和茅盾、黎烈文「三個人都不出面，版權頁上只署譯文社。另外要找一位能跑跑腿的編輯。」茅盾提出找黃源，魯迅即允諾。

生活書店是由鄒韜奮開辦的，掌握業務實權的是胡愈之。書店同意出版《譯文》，給出的條件卻相當苛刻：雜誌先試辦三期，稿費和編輯費一概不擬開支，如銷數能超出幾千的限額再訂合同補算。此外，稿費的演算法也很苛刻，「我們要以頁計，他們要以字數計，即此一端，就糾紛了十多天，尚無結果。」(2) 對此，魯迅十分不滿，「現在的一切書店，比以前更不如，他們除想立刻發財外，什麼也不想，即使訂了合同，也可以翻臉不算的。」(3) 即便如此，為文化事業計，魯迅還是答應了。關於辦《譯文》，魯迅在給翻譯家孟十還的信中說，「希望由此引出幾個我們所不知道的新的譯者來——其實志願也小得很。」(4) 對於生活書店的商人腦子，他從一開始就有清醒的認知，但因此，合作的基礎也就非常的脆弱。「上海也有原是作家出身的老闆，但是比純粹商人更刻薄，更凶。」(5) 在同一封信中，魯迅還說，「辦一個小雜誌，就這麼麻煩，我不會忍耐，幸而茅先生還能夠和他們『折衝尊俎』，所以致今還沒有鬧開。」孟十還希望書店方面能贈送《譯文》雜誌，魯迅說：「贈送《譯文》的事，當向書店提議。和商人交涉，真是難極了，他們的算盤之緊而凶，真是出人意外。……先生的稿費，還要等一下，但年內是總要弄好的。」(6) 在魯迅眼裡，鄒韜奮一類的老闆和通常意義上的資本家並沒有什麼區別，都摳門得緊，都是為了最大程度地追求利潤。

不久，生活書店經理徐伯昕宴請魯迅、茅盾、黎烈文三位《譯文》發起人。席間，徐說，版權頁上編輯人署名「譯文社」，恐怕國民黨圖書雜誌審查機關通不過，必須用一個人的名字以示負責。而魯迅、茅盾是根本不能出面的，黎烈文膽小，最後魯迅拍板道：「編輯人就印上黃源吧，對外用他的名義，實際主編我來做。」同時決定九月份創刊。

八月中旬，魯迅親自編好了《譯文》創刊號，並約黃源在茅盾家中會面。魯迅把創刊號的稿子，以及插圖的畫冊本等，一一交給黃源。黃源接過一看，大為感動：魯迅非但把稿子的次序已經排定，而且每篇題目用幾號字體，插圖的大小尺寸，也都已一一註明。是年九月十六日，《譯文》呱呱墜地。創刊號一時洛陽紙貴，竟然接連五次再版。

進展基本順利。在編輯《譯文》的基礎上，譯文社又擬創辦《譯文叢書》，經由黃源和生活書店洽談後，即開始工作。此時，鄭振鐸從京來滬，籌辦《世界文庫》，並決定由生活書店出版發行。對此，魯迅是支持的，還應約親譯了《死魂靈》。但是，自從鄒韜奮返國後，情況便起了變化。生活書店通知說因為已經有了《世界文庫》，所以不再準備出版《譯文叢

書》。

一九三五年九月十五日，黃源以譯文社的名義在南京飯店宴請魯迅、茅盾、黎烈文及文化生活出版社的巴金與吳朗西。目的只有一個，因生活書店剛從海外歸來的鄒韜奮等人以已出版《世界文庫》為由，拒絕了魯迅等人欲出的《譯文叢書》。徵得魯迅同意，由黃源「跑腿」牽線，巴金、吳朗西主政的文化生活出版社同意出版《譯文叢書》。就在這次宴請中，雙方達成了出版意向。魯迅和黃源所採取的措施是正當的，《譯文叢書》你不要了，東邊不亮西邊亮，我找別人出還不行嗎？不料，鄒韜奮等人在代表生活書店與魯迅續簽《譯文》出版合同後，突然要魯迅、茅盾撤換黃源的《譯文》編輯職務，為什麼要這麼做呢？我想，這與黃源出招找巴金他們有關，《譯文叢書》的面世，多少影響《世界文庫》的銷路。在資本家眼裡，我不要你的，別人也不能要你的！這當然遭到魯迅的斷然拒絕，並拂袖而去。魯迅認為：「這是未曾有過的惡例，我不承認，這刊物便只得中止了。」(7) 次日，魯迅在家中當著前來送校稿的黃源面，對茅盾、黎烈文憤怒地說：「《譯文》第二年的合同，我已簽了字，昨天他們出來推翻了。」隨之，他拿起業已經他本人簽字的合同，將其撕成條條，嚴正地宣佈：「生活書店要繼續出版《譯文》，我提議，與黃源簽合同，由黃源簽字。」茅盾和黎烈文同聲表態：好的。談話結束後，由茅盾通知了生活書店。對於此事，林賢治評論說：「這是魯迅為保護『小

人物』而做的鬥爭，為捍衛個人尊嚴的鬥爭，也是決心對抗由資本構成的霸權勢力，而致力於開拓翻譯事業的鬥爭。」(8)

從魯迅一九三五年九月二十四日致黃源的信看，這期間，有「鄭先生提議」，「調解《譯文》事」，但是，遭到鄒韜奮的拒絕，「今天上午沈先生和黎先生同來，拿的是胡先生的信，說此事鄒先生不能同意，情願停刊。那麼，這事情結束了。」這裡的「胡先生」是胡愈之，「鄒先生」是鄒韜奮。

我也是出版人，從一定意義上說，我覺得鄒韜奮也有可以理解的地方，出版商嘛，又是自己的資本，他不考慮資本回報，那才是不正常的。問題是，魯迅並沒有讓他們賠本。魯迅在另外一個出版商李小峰那裡，據說還是讓他賺了不少錢的。魯迅是一個品牌，這個品牌就是不賺錢，也應該是一面旗幟。他們為什麼要這麼苛刻呢？我百思不得其解。我只能這樣想，也許，當年鄒韜奮們對魯迅的價值，並沒有估計得太高。

關於這次事件的實質，以及魯迅前後所取的態度，在一九三五年十月四日致蕭軍的信中做過很好的表述：

……對於《譯文》停刊事，你好像很被激動，我倒不大如此，平生這樣的事情遇見的多，麻木了，何況這還是小事情。但是，要戰鬥下去嗎？當然，要戰鬥下去！無論它對面

是什麼。

……

至於我的先前受人愚弄呢，那自然；但也不是第一次了，不過在他們還未露出原形，他們做事好像還在於中國有益的時候，我是出力的。這是我歷來做事的主意，根柢即在總帳問題。即使第一次受騙了，第二次也有被騙的可能，我還在做，因為被人偷過一次，也不能疑心世界上全是偷兒，只好仍舊打雜。但自然，得了真贓實據之後，又是一回事了。

那天晚上，他們開了一個會，也來找我，是對付黃先生的，這時我才看出了資本家及其幫閒們的原形，那專橫，卑劣和小氣，竟大出於我的意料之外，我自己想，雖然許多人都說我多疑，冷酷，然而我的推測人，實在太傾向於好的方面了，他們自己表現出來時，還要壞得遠。

……

我們都好的，我比較的太少閒工夫，因此就有時發牢騷，至於生活書店事件，那倒沒有什麼，他們是不足道的，我們只要幹自己的就好。

信中的「資本家」，指的是鄒韜奮。同信還說到《譯文》停刊後，社會上傳播的此事出於譯文社要求加錢不遂，這樣「有益於書店的流言」，但不予置評，乃是同樣取「由它去吧」

的輕蔑態度。給曹靖華的信則說：「生活書店貌作左傾，一面壓迫我輩，故我退開。」(9)在這裡，他使用了「壓迫」的字眼。政治家出於政治需要，對於階級陣線有特別的劃分；而魯迅出於實際鬥爭的體驗，也有適合於他的階級論。至於資本家的「幫閒」，當是指胡愈之、鄭振鐸、傅東華，甚至包括茅盾。胡愈之是「局內人」不說，關於鄭振鐸從中所起的作用，魯迅在兩封信裡說過「有下石之嫌疑」和「頗有人疑他從中作怪」的話；至於傅東華，貌似旁觀者，實際上是參與其事的。茅盾與鄭振鐸私交甚篤，在與生活書店往來中，一直扮演似乎騎牆的角色。但是，做為譯文社中人，在關鍵時刻並沒有明確的表態。魯迅後來在信中說到茅盾和鄭振鐸時，曾說到「往日之給我的傷」，就是指的《譯文》事件(10)。

這種挫折，好像魯迅並不太在意，在一封信裡還說是「小事」，大約正如他所說，是因為經驗過了的緣故。

然而，《譯文》雜誌一直是魯迅所縈懷的，經過種種努力，一九三六年三月復刊，改由上海雜誌公司發行。魯迅寫了《〈譯文〉復刊詞》，對於《譯文》的停刊，魯迅仍不免耿耿：「我們也不斷的希望復刊。但那時風傳的關於終刊的原因：是折本。出版家雖然大抵是『傳播文化』的，而『折本』卻是『傳播文化』的致命傷，所以荏苒半年，簡直死得無藥可救。直到今年，折本說這才起了動搖，得到再造的運會，再和大家相見了。」(11)《譯文》第一版就重印五次，

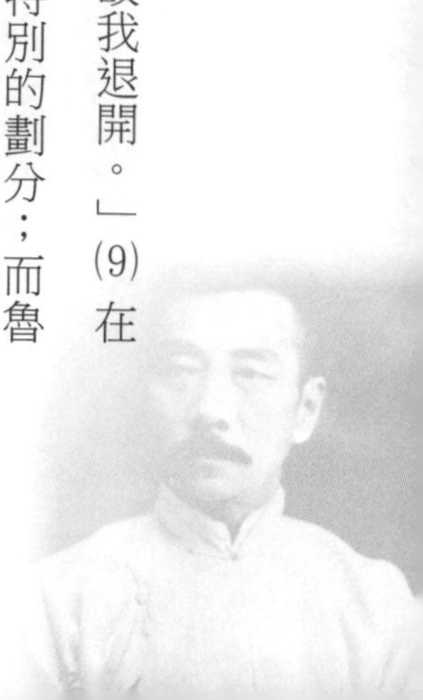

何言「折本」？如果這樣還折本，也只能怪書店方面經營不善。商人就是這樣，某件事因為無大利或別的什麼原因，不想幹了，還要找一個冠冕堂皇的理由，將責任推給別人。「文化」如果「折本」，只能放棄文化。當然了，折本說還是「動搖」了。

和郭沫若等人一樣，彷佛生前與魯迅沒有任何「過節」，沒有任何恩怨，魯迅去世以後，鄒韜奮也成了宣傳魯迅的一個積極份子。一九三六年十月二十二日下午4點半，鄒韜奮和宋慶齡、蔡元培、沈鈞儒、巴金、內山完造等人，和上海近萬名悲痛的市民一起，灑淚把魯迅先生的靈柩恭送到了虹橋萬國公墓。在墓前的公祭大會上，鄒韜奮最後一個講話的時候，已經是暮色蒼茫了，他只說了一句話紀念魯迅，他說：「有的人是不戰而屈，魯迅先生是戰而不屈。」這句話熱情地讚頌了魯迅先生不屈不撓的鬥爭精神。二十五日，鄒韜奮又在自己主辦的《生活星期刊》上發表了《偉大的鬥士》一文，稱讚「魯迅先生不僅是一個文學家，並且是一個思想家」，是「中國民族革命的偉大鬥士」，「魯迅先生留給我們的最可寶貴的遺產，是他那樣不懈的積極的鬥爭精神」。十一月一日，鄒韜奮又寫了《從心坎裡》，文章說：「魯迅先生是民眾從心坎裡所公認的一個偉大的領袖」，並說：「我們永遠不能忘記這位民族解放偉大鬥士；更須不能忘記他的剛毅不屈的偉大人格。」在魯迅逝世一週年的時候，鄒韜奮又作《魯迅先生週年紀念》一文，呼籲「紀念魯迅先生，不要忘卻先生始終英勇戰鬥的精神，奮發努力於民族解放的工作，不怕艱苦，不許妥協。」「偉大領袖」曾經為了一點小事，被亂送桂冠的人「壓迫」。對歷史事實，應該宜粗不宜細。離開了瑣碎的出版業務和經濟糾纏——《譯文》在他們眼裡不是一項文化事業，而只是一株能夠結果的果樹，這樹能結果，是它存在的理由，不結果，結得少了，它都應該去死——魯迅在鄒韜奮眼裡成了一個純粹的人，一個偉大的人！當然了，更深層次的原因是，魯迅一死，鄒韜奮已經從一個商人轉變成了無產階級的革命戰士。

***

(1)《魯迅全集・准風月談》。

(2)(6)《魯迅全集・書信・341204 致孟十還》。

(3)(4)(5)《魯迅全集・書信・341206 致孟十還》。

(7)《魯迅全集・書信・351022 致曹靖華》。

(8)林賢治：《魯迅的最後十年》154 頁，中國社會科學出版社二〇〇三年四月版。

(9)《魯迅全集・書信・351219 致曹靖華》。

(10)這段史實，主要來源於林賢治《魯迅的最後十年》第六章《知識份子的內戰》。

(11)《魯迅全集・且介亭雜文末編》。

由雞鴨倒提而論及「買辦」問題

——魯迅與廖沫沙

廖沫沙（一九〇七—一九九一），雜文家、報刊編輯家。原名廖家權，筆名林默、野容、達伍、熊飛、易庸、懷湘、繁星等。湖南省長沙人。一九二二年入長沙師範學校學習，畢業後在上海藝術大學文學系旁聽。一九三〇年加入中國共產黨。一九三三年任《遠東日報》編輯，不久，加入「左聯」。一九三八年至抗戰勝利前先後歷任湖南《抗戰日報》編輯主任、桂林《救亡日報》編輯、重慶《新華日報》編輯主任。新中國成立後歷任北京市委宣傳部副部長、教育部長、市政協副主席。長期從事新聞宣傳工作。一九六一年《人民日報》曾為他和夏衍等人開《長短錄》雜文專欄；中共北京市委機關刊物《前線》半月刊雜誌曾為他和鄧拓、吳晗開闢《三家村札記》雜文專欄。一九六六年五月他和鄧、吳三人被錯定為「三家村反黨集團」，遭到殘酷迫害。直至一九七九年二月才得以平反昭雪。代表作有《分陰集》、《餘燼集》、《紙上談兵錄》等。一九八六年出版《廖沫沙文集》四卷。廖沫沙是「三家村」成員中，唯一逃過「文化大革命」死亡劫難的倖存者。一九九一年十二月二十七日因病逝世。

一九三四年七月，魯迅以「公汗」為筆名，發表了一篇雜感叫《倒提》，文章七百餘字，為了不致產生理解上的歧異，我照抄如下：

西洋的慈善家是怕看虐待動物的，倒提著雞鴨走過租界就要辦。所謂辦，雖然也不過是罰錢，只要捨得出錢，也還可以倒提一下，然而究竟是辦了。於是有幾位華人便大鳴不平，以為西洋人優待動物，虐待華人，至於比不上雞鴨。

這其實是誤解了西洋人。他們鄙夷我們，是的確的，但並未放在動物之下。自然，雞鴨這東西，無論如何，總不過送進廚房，做成大菜而已，即順提也何補於歸根結蒂的運命。然而它不能言語，不會抵抗，又何必加以無益的虐待呢？西洋人是什麼都講有益的。我們的古人，人民的「倒懸」之苦是想到的了，而且也實在形容得切帖，不過還沒有察出雞鴨的倒提之災來，然而對於什麼「生封驢肉」「活烤鵝掌」這些無聊的殘虐，卻早經在文章裡加以攻擊了。這種心思，是東西之所同具的。

但對於人的心思，卻似乎有些不同。人能組織，能反抗，能為奴，也能為主，不肯努力，固然可以永淪為輿台，自由解放，便能夠獲得彼此的平等，那運命是並不一定終於送進廚房，做成大菜的。愈下劣者，愈得主人的愛憐，所以西崽打叭兒，則西崽被斥，平人忤西崽，則平人獲咎，租界上並無禁止苛待華人的規律，正因為我們該自有力量，自有本

領，和雞鴨絕不相同的緣故。

然而我們從古典裡，聽熟了仁人義士，來解倒懸的胡說了，直到現在，還不免總在想從天上或什麼高處遠處掉下一點恩典來，其甚者竟以為「莫作亂離人，甯為太平犬」，不妨變狗，而合群改革是不肯的。自嘆不如租界的雞鴨者，也正有這氣味。

這類的人物一多，倒是大家要被倒懸的，而且雖在送往廚房的時候，也無人暫時解救。這就因為我們究竟是人，然而是沒出息的人的緣故。(1)

我理解，魯迅表達了這樣幾層意思：一、外國人未必把中國人看得不如雞鴨；二、雞鴨只有一種命運，那就是「無論如何，總不過送進廚房，做成大菜而已」。人則不同，人既可能淪為奴隸，任人宰割，也可能經過抗爭，「便能夠獲得彼此的平等」；三、中國的某些人，寧願忍受動物的境遇，把自己看作動物或不如動物的人，「其甚者竟以為『莫作亂離人，甯為太平犬』，不妨變狗，而合群改革是不肯的。自嘆不如租界的雞鴨者，也正有這氣味」；四、魯迅認為，要擺脫「倒懸」的命運，不能等「仁人義士」來解「倒懸」，不能「總在想從天上或什麼高處遠處掉下一點恩典來」，而要靠自己解救自己，不能把自己當作動物或動物不如的東西，比如「太平犬」之類。否則，那倒真的有了動物一樣被宰殺的結局的。

魯迅從動物的命運而談及中國人的命運，暴露了國民中的奴性心態，再度批判傳統的恩賜觀點，要中國人自強自立，以平等的姿態立於世界民族之林。

我自以為我以上的理解是符合原文的意思的，因為原文說得明明白白。

魯迅的文章一發表就遭到廖沫沙（他發表文章時署名「林默」）的誤解。

林默的文章叫《論「花邊文學」》(2)，發表在攻擊魯迅最烈的《大晚報》上。雖然廖沫沙自己也是個典型的「雜感家」，但他在文中還順勢否定所有雜感，認為「頗盡了八股的能事的」，「雖然不痛不癢，卻往往滲有毒汁，散佈了妖言。」他把這種文章名之曰「花邊文學」的傑作。「花邊文學家的嘴和筆怎能蒙混過去呢？」廖沫沙預言，「花邊體」的文章，「相去不遠，就將有人來唾棄他的」，「花邊文學」不論形式或內容，這類「走入鳥道以後的小品文變種」，「有流傳不下去的一天吧」！

廖沫沙是這樣理解魯迅的文章的：

> 這意思極明白，第一是西洋人並未把華人放在雞鴨之下，自嘆不如雞鴨的人，是誤解了西洋人。第二是受了西洋人這種優待，不應該再鳴不平。第三是他雖也正面的承認人是能反抗的，叫人反抗，但他實在是說明西洋人為尊重華人起見，這虐待倒不可少，而且大可進一步。第四，倘有人要不平，他能從「古典」來證明這是華人沒有出息。

廖沫沙不是沒有閱讀能力的人，我不知道他是怎麼讀的，怎麼會讀出這樣的結論來！若不是出於別的什麼動機，我只能說他當年在閱讀這篇文章時，一時產生了智障。也許，他寫這篇文章時正在發高燒？也未可知。從這種他自以為是的結論出發，接著，他便用惡毒的腔調攻擊魯迅：

上海的洋行，有一種幫洋人經營生意的華人，通稱叫「買辦」，他們和同胞做起生意來，除開誇說洋貨如何比國貨好，外國人如何講禮節信用，國人是豬玀，該被淘汰以外，還有一個特點，是口稱洋人曰：「我們的東家」。我想這一篇《倒提》的傑作，看他的口氣，大抵不出於這般人為他們的東家而作的手筆。因為第一，這般人是常以瞭解西洋人自誇的，西洋人待他很客氣；第二，他們往往贊成西洋人（也就是他們的東家）統治中國，虐待華人，因為中國人是豬玀；第三，他們最反對中國人懷恨西洋人。抱不平，從他們看來，更是危險思想。

文章下結論說，《倒提》代西洋人辯護，作者當然是「買辦」了！在廖沫沙的眼裡，魯迅成了稱國人為「豬玀」的「買辦」了，成了洋人的走狗了。

廖沫沙對魯迅的原文根本就沒有讀懂，他閉了右眼，鼓著左眼，只憑著革命的意氣，憤怒聲討他的「假想敵」。也許魯迅覺得不值一駁？對廖沫沙的叫罵，雖然「百感交集」，但沒有直接答覆，只是在兩週後，寫作《玩笑只當它玩笑》時，署名為「康伯度」，即英語「買辦」，做為一種回敬。文章本意在表明關於中國語法裡要加些歐化的主張，不料又引出一個叫「文公直」的公開信，給他加上出賣民族，「為西人侵略張目的急先鋒（漢奸）」的罪名。這場糾紛，我在本書關於文公直的文章中將專門介紹，這裡按下不表。在編這一年的雜文集時，魯迅移用廖沫沙所贈的惡謚，就命名為《花邊文學》。在《序言》中，他把「林默」和「文公直」稱之為「鬼鬼祟祟，躲躲閃閃的攻擊」，魯迅說：「這一個名稱，是和我在同一營壘裡的青年戰友，換掉姓名掛在暗箭上射給我的。那立意非常巧妙：一，因為這類短評，在報上登出來的時候往往圍繞一圈花邊以示重要，使我的戰友看得頭疼；二，因為『花邊』也是銀元的別名，以見我的這些文章是為了稿費，其實並無足取。至於我們的意見不同之處，是我以為我們無須希望外國人待我們比雞鴨優，他卻以為應該待我們比雞鴨優，我在替西洋人辯護，所以是『買辦』。」一九三五年二月七日，在致曹靖華的信中，魯迅又提到了這件事：「去年春天，有人在《大晚報》上作文，說我的短評是買辦意識，後來知道這文章其實是朋友做的，經許多人的質問，他答說已寄信給我解釋，但這信我至今沒有收到。」一九三六年一月七日，在致徐懋庸的信中，魯迅說：「年底編舊雜文，重讀野容、田漢的兩篇化名文章，

真有些『百感交集』。」「野容」即廖沫沙。魯迅多次把紹伯（田漢）和林默的名字掛在一起。一九三四年十二月十八日，他寫信給楊霽雲說：「叭兒之類，是不足懼的，最可怕的確是口是心非的所謂『戰友』，因為防不勝防。例如紹伯之流，我至今還不明白他是什麼意思。為了防後方，我就得橫站，不能正對敵人，而且瞻前顧後，格外費力。」

對「買辦」諸問題，廖沫沙也有解釋，一九八五年《新文學史料》載文《廖沫沙的風雨歲月》，廖說「誤傷」魯迅是當時歷史環境造成，自己不知所傷者是魯迅，他並沒有把他尊敬的魯迅當敵人，只是把魯迅的文章當「敵人」，文章發表後即由黨組織派去做祕密工作，後又離開上海，直到一九三八年看到《魯迅全集》才知真相。

這種說法，與魯迅一九三五年二月七日致曹靖華的信有矛盾，從魯迅的信看，魯迅知道「這文章其實是朋友做的」，而這個「朋友」也知道「公汗」是魯迅，「經許多人的質問，他答說已寄信給我解釋」，只是魯迅沒有收到這封信而已。如果廖沫沙不知道是魯迅，就沒有寫信給魯迅解釋之說。他到底知道不知道「公汗」即魯迅？他有沒有寫信向魯迅解釋？這裡，我無法判斷廖沫沙是否誠實。

如果廖沫沙認為自己的觀點是對的，是不是魯迅，又有什麼關係呢？如果廖沫沙的觀點不對，那麼，他對自己的惡意攻擊，哪怕攻擊的不是魯迅，而是真實存在的一般作者「公汗」，是不是也應該有所說明？

廖沫沙的名字為中國讀者所熟悉，這要歸因於「文化大革命」。「四人幫」絕對不是「誤傷」廖沫沙，這是大是大非問題，已經有歷史結論了。聽說廖沫沙只是「誤傷」魯迅，我還是看不到是非，也許他認為他的觀點還是對的，只是抨擊的對象錯了？也未可知。這，真也讓我「百感交集」了。

***

⑴《花邊文學・倒提》，見《魯迅全集》第五卷490頁。

⑵發表於一九三四年七月三日《大晚報》，做為附錄收入《魯迅全集》第五卷。本文所引廖沫沙言論，除特別指明外，均出此文。

「轉向」與「胡風問題」
——魯迅與穆木天

穆木天（一九〇〇—一九七一），詩人、文學翻譯家。著有詩集《旅心》、《流亡者之歌》等。原名穆敬熙。吉林伊通人。一九一八年赴日本留學，入東京第一高等學校預科。一九二〇年開始詩歌創作。一九二一年加入創造社。一九二三年入東京帝國大學攻讀法國文學。期間在創造社刊物上發表詩作數十首，後大都收入詩集《旅心》中，這些作品抒發對鄉土的眷戀，情調憂傷，受法國現代詩作影響較深。他被譽為「中國象徵派詩歌理論的奠基者」。一九二六年回國，先後在中山大學等高校任教。一九三一年抵上海，加入左翼作家聯盟。同年九月與蒲風、楊騷、任鈞等組織中國詩歌會，提倡現實主義的大眾化的詩歌運動。抗戰爆發後去武漢，加入中華全國文藝界抗敵協會，任理事，並主編詩刊《時調》和《五月》。穆木天從二〇年代到五〇年代，翻譯外國文學作品達一百二十種。

關於翻譯問題，二十世紀三〇年代魯迅與穆木天有過論戰。這些文章分別是魯迅的《為翻譯辯護》、《關於翻譯（上）》、《論重譯》、《再論重譯》，穆木天的《從〈為翻譯辯護〉

談到樓譯〈二十世紀之歐洲文學〉》、《各盡所能》、《論重譯及其他（下）》。我通讀了這些文章，認為彼此間的態度是理性的、平和的，探討的是翻譯的技術問題，有的是學術問題。這時的魯迅對穆木天說不上好感，也無惡感。

一九三二年一月二十八日日寇開始進攻上海。穆木天這時撰寫了不少民間小調和歌謠，油印些牆頭詩，在市內散發，鼓勵軍民積極投身抗戰。由於穆木天全身心投入抗日活動，使得妻子麥德廣有時很難找到他。這種情景，魯迅在一九三二年三月三十一日寫的《贈蓬子》(1)一詩中，有如下記述：

驀地飛仙降碧空，雲車雙輛挈靈童。
可憐蓬子非天子，逃去逃來吸北風。

穆木天的夫人麥德廣帶著他們的兒子穆如意乘人力車去姚蓬子家尋穆木天，可惜姚蓬子並不是穆木天。這裡魯迅戲稱穆木天為穆天子，蓋由中國古代的周穆王（穆天子）而來。這樣害得穆木天的夫人只好離開姚家邊尋夫邊逃難，「逃去逃來吸北風」了。這首詩有點風趣，主要表現了魯迅對穆木天夫婦顛沛流離生活的關切，似也可見魯迅與穆木天的距離不是太遠。

魯迅對穆木天有了反感，是緣於他在與「四條漢子」爭論中牽涉到的所謂「轉向」與「胡

風問題」。

一九三四年七月穆木天在上海被國民黨當局逮捕，同年九月出獄前夕，他寫了一份改變自己政治、文藝主張的資料，這份資料沒有經穆木天許可——在當時的情況下，當局也用不著經他許可——發表在一九三四年九月二十六日《申報》，全文如下：

文藝是社會的表演。現在中國需要什麼樣的文藝，以及什麼能在中國產生出來的問題，是可以由現在中國社會基礎所決定的。中國是一個產業落後的國家，自海禁大開，帝國主義如怒潮似地到了中國，節節進攻，以致使中國成為了次殖民地。帝國主義與中國的封建勢力嚴緊地結合起來，因之帝國主義的鐵蹄的壓迫，日益變本加厲。在這種情形之下，什麼是中國民族的出路呢？中國民族革命，應當取怎樣的路線呢？簡單地說，就是中國全民族，互相結合起來，以民族統一戰線，向帝國主義和封建殘餘發動前（進？）攻，以爭取民族解放，而達到民族復興的目的。在現階段的中國，因民族資本主義不發達之故，實無尖銳的階級對立之可言，更談不到有階級鬥爭。鼓吹階級鬥爭，適足以破壞民族的解放運動之統一戰線。現在中國社會情形是如此，那麼中國文藝的正確的動向應該如何，可以知道了。現在中國所需要的、可能產生的，可以說，不是普羅文學，而是供民族統一戰線堅固的民族文學，在現在中國作家，是必須理解正確的三民主義的人生觀世界觀，而透過

> 這種人生觀世界觀去觀察社會現象，更用最精巧的技巧，把客觀的理實，製做為最高級的藝術品，用藝術的力量把民族的統一戰線堅固起來，這是每一個前途（進？）的民族作家的責任，而同時作家更須對民族主義的諸種文學型態相鬥爭，但為的建立民族文學，藝術上的技術研究，更是必要的。中國是文化落後的國家，除了一方面整理中國的舊有文學作品，而又一方介紹翻譯西方文學名著，不是以為為地建立起來新的科學的表現技術，這樣說，在中國現在應當大批的具體地介紹西方的古典作品，而同時把中國的古典文學科學整理起來，現在是必什麼都為必要的，現在一切作家，都應當向著民族文藝之建設而努力，都應朝著這個最正確的目標各盡所能地發展自己的個性與天才。只有努力建設民族文藝，是領導中國民族走向自由平等之路的。(2)

應該指出的是，此文不是做為單獨的一篇文章發表，而是由國民黨有關當局策劃，即所謂的穆木天、江漢雯、劉智民的《左聯三盟員發表脫離宣言》，其中引用了穆木天的文章。

關於穆木天的問題，他的女兒穆立立發表了《穆木天冤案始末》一文，做了詳盡的介紹。我基本上贊成這篇文章的觀點，也對穆木天建國後的遭遇深表同情。但是，對所謂「轉向」問題，卻有一些想法。

穆立立說：「實際情況是：我父親穆木天一九三四年夏在上海被捕後，根本沒有承認自己

是左聯成員。只是在他出獄時，為應付反動當局，以一個普通文化人的身分，寫過一篇有關文藝觀點的東西，其中既沒有說自己是左聯成員，更沒有要脫離左聯。從當時的時代背景和他在敵人面前擺出的做為一個普通文化人的身分來看，這篇東西說不上有什麼問題。」

穆木天的文章是在出獄前而不是出獄後寫的，不是他主動給報紙投稿，而是國民黨當局的一種安排，是在他出獄的同時報紙予以發表。如果沒有考慮以上因素，這篇文章確實也可以看作是一篇普通文化人的一篇一般性的文章。此其一。第二，文中的觀點已經客觀上與「左聯」的宗旨背道而馳。「在現階段的中國，因民族資本主義不發達之故，實無尖銳的階級對立之可言，更談不到有階級鬥爭，適足以破壞民族的解放運動之統一戰線……現在中國所需要的，可能產生的，可以說不是普羅文學，而供民族統一戰線堅固的民族文學」——穆木天有了這樣的思想，做為一個曾經的「左聯」成員，在當時國共對立的特定歷史條件下，不贊成階級鬥爭，否認普羅文學，鼓吹「三民主義」，依我看來，已經客觀上宣佈了自己的「轉向」，也足夠國民黨將其釋放的條件了。第三，穆木天有沒有承認自己是「左聯」成員，這我們無從知道，說他沒有承認，穆立立也拿不出過硬的證據。當年，「左聯」還不完全是地下黨，「左聯」成立的消息是登在報刊上的，「左聯」成員也是公開發表文章。也不是說，一是「左聯」成員了，就必定要抓起來。穆木天可以不說自己是「左聯」成員，也可以不必發表「退出左聯」

這樣直白的聲明，但是，穆木天畢竟是「轉向」了。說穆木天「轉向」，我至今仍然認為並不為過。穆木天悔過，與楊邨人發表「公開信」、瞿秋白說「多餘的話」一樣，這是他的自由。他值得肯定的地方是，沒有出賣同志和朋友，正如穆立立所說「穆木天的被捕，沒有給左聯和黨造成任何組織上的損失。」因此，認定他為「轉向」者，而不是叛徒，應該是可以成立的。「轉向」，屬於思想觀念範疇；「叛徒」，則是政治上的出賣。

穆木天獲釋後散佈了胡風是南京派來的內奸的讒言。其根據是，在獄中主審官審問他時，什麼人都問了，就是沒提到胡風。同時，穆木天還向「左聯」黨團報告此讒言。在當時無法查證的情況下，「左聯」一些領導人對胡風產生了懷疑。

穆木天捕風捉影的讒言被與胡風同在中山教育館工作的韓侍桁聽到。韓原為「左聯」中人，後加入了「第三種人」，為魯迅所鄙視。胡風曾與韓侍桁筆墨相識，兩人很有些積怨。因此韓幸災樂禍，在館內四處傳播，並當眾對胡風說：「你老兄不錯，又拿共產黨的錢，又拿國民黨的錢。」此言經傳播後，有人乾脆就稱「胡風拿國民黨的錢，為共產黨辦事。」

胡風在中山文化教育館難以為繼，不得不辭去此職。

對穆木天的讒言以及韓侍桁的惡意諷刺，胡風非常氣憤，他專門找到周揚，要求澄清穆木天的讒言。胡風當時任「左聯」行政書記，這樣的要求也是正當的，否則他無法工作。但周

揚並沒有否定穆木天的讒言，也不做任何安撫性的表示，只告訴胡風，因為工作關係，他要搬家了，而且也沒有告知新的地址。這無疑意味著對胡風的不信任。周揚的態度刺傷了胡風的自尊心，他很快便宣佈辭去「左聯」行政書記，將工作移交給了田漢。以後胡風專門跑到魯迅家中報告了事情的經過。魯迅沉默半晌後說：「只好不管它，做自己本份的事，多用筆……」

魯迅對穆木天的被捕表示過關切，一九三四年八月五日致鄭振鐸信中說：「穆木天被捕，不知何故，或謂與希圖反日有關云。」看了穆木天的資料以後，魯迅對他的看法不佳。一九三五年一月八日，在致鄭振鐸的信中，魯迅頗發了一通感慨：「青年好遊戲，請遊戲吧。其實中國何嘗有真正的黨徒，隨風轉舵，二十餘年矣，可曾見有人為他的首領拚命？……穆公木天也反正了，他與另三人做一獻上之報告，毀左翼唯恐不至，和先前之激昂慷慨，判若兩人，但我深怕他有一天又會激烈起來，判我輩之印古董以重罪也。（穆公們之獻文，是登在祕密刊物裡的，不知怎的為日本人所得，譯載在《支那研究資料》上了，遂使我們局外人亦得欣賞。他說：某翼中有兩個太上皇，亦即傀儡，乃我與仲方（按即沈雁冰）。其實這種意見，他大約蓄之已久，不過不到時候，沒有說出來。然則尚未顯出原形之所謂『朋友』也者，豈不可怕？）」

瞭解了穆木天「轉向」，以及他在獄中的收穫——知道了胡風是「內奸」這一事實，我們就可以來談談所謂「胡風問題」了。

在魯迅與周揚等「四條漢子」的關係中，有「四條漢子」在內山書店向魯迅彙報工作這一幕。當時，田漢很率直地、無所顧忌地對魯迅說：「胡風這個人靠不住，政治上有問題。請先生不要太相信這種人。」我們知道，魯迅對胡風深為信任，「政治上有問題？你是聽誰說的？」魯迅聞此很不高興，臉色非常嚴肅。

「聽穆木天說的。」田漢回答。

「穆木天是轉向者。轉向者的話你們相信，我不相信。」魯迅顯然對田漢的話已很反感了。瞬間，空氣彷彿有些凝固。田漢見此亦不再多言。

後來，魯迅在《答徐懋庸並關於抗日統一戰線問題》(3)一文中是這樣記載這件事的：

> 胡風我先前並不熟識，去年的有一天，一位名人約我談話了，到得那裡，卻見駛來了一輛汽車，從中跳出四條漢子：田漢，周起應，還有另兩個，一律洋服，態度軒昂，說是特來通知我：胡風乃是內奸，官方派來的。我問憑據，則說是得自轉向以後的穆木天口中。轉向者的言談，到左聯就奉為聖旨，這真使我口呆目瞪。再經幾度問答之後，我的回答是：證據薄弱之極，我不相信！當時自然不歡而散，但後來也不再聽人說胡風是「內奸」了。

胡風到底有什麼問題呢？這是我們應該搞清楚的。胡風從日本回國後不久，即在中山文化教育館供職。文化教育館是個非官方的民間文化教育機構，由孫中山的長子孫科主辦。它搜羅了一批懂外文的人才，翻譯世界各國的政治、經濟資料，登載在自辦的《時事類編》雜誌上。當時「左聯」盟員韓起的朋友楊幸之是《時事類編》負責人陳和的祕書。正是透過韓起、楊幸之，胡風才進入中山文化教育館從事編譯工作，這樣每月可有一百元的收入。胡風曾將此情況專門向「左聯」黨團書記周揚以及茅盾等人彙報過。他們均同意胡風兼那邊的工作。當時與胡風同在文化教育館工作的同事中，有一些是中共黨員和國民黨「左」傾人士，如張仲實、潘蕙田、沈茲九、羅又玄等。胡風的這段經歷本來並不保密，也沒引起什麼異議，但後來卻因穆木天的緣故而使問題複雜化了。

魯迅雖然不是黨務工作者，但憑直覺，憑他對胡風為人的瞭解，堅持認為胡風沒有問題。有了以上分析，我們應不難理解魯迅當時聽到田漢對胡風的指責後，所表現出的態度了。當然，田漢也並非為了個人恩怨而懷疑胡風。他只是出於一個地下工作者的警惕性，並且為魯迅擔心。但是，田漢的話事實上是對胡風極不負責任的，而且造成的傷害也是很大的。幸好魯迅並沒有因此受到影響，他始終保持著對胡風的信任。

最後，我不得不指出的事實是，韓侍桁也吧，田漢也吧，一切根源皆出於自己「轉向」了，卻無根據地說別人是「內奸」的穆木天。

早在一九三〇年，魯迅在《對於左翼作家聯盟的意見》一文中，就斷言「『左翼』作家是很容易成為『右翼』作家的」。穆木天本來是「左翼」作家，「轉向」後發表了「中左偏右」的文章，接著，再轉向，很有「左傾」派頭地攻擊別人是「內奸」。終於成了魯迅所經常說的「多變」的人，也許還可以算一個典型。

一九三六年秋，在魯迅去世前半個月左右，穆木天和鄭伯奇、日本友人鹿地亙一起去看望病中的魯迅。穆木天於一九三九年在昆明寫的紀念魯迅先生的政治抒情詩《秋風裡的悲憤》中，曾這樣記述了他們的這次會面：

在我們最後的會見中，
你拿著新出的《海上述林》，
歡喜地給我看。
我記得，在那時，
在伯奇，
好像還有鹿地。
你告訴我們說：

健康恢復了。
我問你：什麼病？
你說：是二十年的肺結核。
我驚訝：你為什麼不告訴人！
你說：只有抵抗，說又有什麼用！

蔡宗雋說：「從這一歷史論述中，我們可以看到魯迅先生對鄭伯奇、穆木天、鹿地亙能如此親切的予以接待，自然表明了他對穆木天的誤會已經消解，因為魯迅先生是從不搞虛假應酬的人。」(4)但是，我還是為沒有看到魯迅為這次與穆木天等人的見面，以及與他盡釋前嫌的文字紀錄而遺憾。

不久，魯迅先生就辭別了人世。

穆木天得知魯迅逝世的消息心情十分沉痛，在這首詩中他這樣寫道：

可是，不到半個月，
你的凶耗就傳來了。
雖然我在病中，

沒能參加你的葬列，
可是，我在你的墳頭，
很淒涼地，
真不知徘徊有多少次！

魯迅逝世後，在幾首懷念魯迅的詩中，穆木天認為魯迅精神是中華民族的巨大財富，魯迅不愧為中華民族的「民族魂」。他在詩中說，每想到魯迅，「總是想像到我們的新生的祖國！（魯迅老人！）你確是我們新中國的象徵！」穆木天由衷地熱愛魯迅先生的作品，抗戰時期，他購買了一本北新書局出版的大三十二開、毛邊本的《吶喊》，這是他長期從事教學工作的用書，書頁上佈滿了他用毛筆和鋼筆做的眉批和圈圈點點。在抗日戰爭時期，穆木天先後在廣州、昆明、桂林、湖南等地的大學執教，全家過著顛沛流離的生活，「自己的著作大部分都丟失了，但這本《吶喊》，爸爸卻在風雨中一直帶著。帶著它，做為自己的戰鬥武器，帶著它，做為把青年渡往革命一邊的『橋』。」(5)

穆木天一九六七年底被關進「牛棚」，一九七〇年出「牛棚」。一九七一年十月的一天，他倒在自己獨居的房間裡，數日後才被人發現。一九七五年七月，當時的「中央專案組」對穆木天的問題作了「是叛徒，屬敵我矛盾」的結論。一九七九年北京師範大學開始對穆木天的問

題進行複查。一九八一年四月，中共北京師大委員會把複查意見報北京市委審批。一九八一年七月，中共北京市委組織部對中共北師大委員會做了批覆，同意「撤銷一九七五年七月八日原中央專案審查小組給穆木天同志所做的結論，予以平反、恢復名譽」。一九八一年十一月十七日，在北京八寶山革命公墓禮堂舉行了穆木天與他的妻子彭慧的追悼會。

＊＊＊

參考文獻：

蔡宗雋：《魯迅與穆木天》，《吉林師範學院學報》一九九六年第九、十期。
穆立立：《穆木天冤案始末》，《新文學史料》一九九九年第四期。

⑴《魯迅全集．集外集拾遺》。

⑵轉引自穆立立《穆木天冤案始末》，此文文理不通之處甚多，為何如此，待考；另，原文全是頓號，一頓到底，現在的標點符號為我所加。

⑶《魯迅全集．且介亭雜文末編》。

⑷蔡宗雋：《魯迅與穆木天》，《吉林師範學院學報》一九九六年第九、十期。

⑸穆立立：《穆木天冤案始末》，《新文學史料》一九九九年第四期。

「罵別人不革命，便是革命者」
——魯迅與張春橋

張春橋即狄克（一九一七—二〇〇五），山東巨野人，二十世紀三〇年代曾參加「左聯」活動，寫過一些評論文章。七〇年代成為「四人幫」極「左」集團主要成員之一。

一九六八年四月十二日，進入「文革」動亂第三年的上海，一夜之間，街頭巷尾貼出了許多炮打張春橋的大標語。「狄克就是張春橋，打倒張春橋！」這就是著名的「四．一二上海炮打張春橋事件」。

「狄克」是怎麼回事?其實，這根本不是什麼祕密，二十世紀三〇年代和張春橋有來往的一些青年作家乃至一九四九年後上海文化人的圈子裡，許多人都知道「狄克」就是張春橋。張春橋自己在給組織寫的自傳裡，也幾次說明過。並不像後來一些傳記文學中所說的：「連張春橋的檔案上也無此記載。」張春橋「也從未向人透露過這一『機密』。」

據周楞伽晚年的回憶(1)：一九三六年三月初的一天下午，他和周昭儉正在房內看書，王夢野、張春橋走了進來。看到桌上放著蕭軍的《八月的鄉村》和蕭紅的《生死場》，大家便

以東北作家為話題聊起來。

周楞枷認為，東北作家除了李輝英的文學表達能力稍差外，其餘幾位作家都寫得很好，尤其是《八月的鄉村》最為出色，所以很暢銷。

張春橋一臉妒意地搖搖頭說：「我看有些地方不真實。」

周問：「何處不真實？」

張春橋似乎早有準備，翻開一頁，指著一段描寫人民革命軍攻克一個村莊的文字說：「這就寫得不真實。」

周楞枷不以為然地反問：「你沒有這種生活經驗，怎麼知道他寫得不真實？……」

這時，王夢野突然插嘴說：「他就是不該早早從東北回來，要不然可以寫得更好一點！」

談話結束了，約十天後的三月十五日，張春橋根據這次談論中他和王夢野的觀點，以「狄克」筆名在《大晚報》副刊《火炬》上發表了一篇批評《八月的鄉村》的文章，題為《我們要執行自我批判》(2)，含糊不清地對田軍（蕭軍）著《八月的鄉村》及魯迅為它所做的序進行攻擊。他把魯迅對《八月的鄉村》的肯定視為「無異是把一個良好的作者送進墳墓裡去」。

魯迅當即作《三月的租界》(3)一文，予以批駁。

張春橋主要是因為以下這段話而遭到魯迅的批駁的：

> 《八月的鄉村》整個地說，他是一首史詩，可是裡面有些還不真實，像人民革命軍進攻了一個鄉村以後的情況就不夠真實。有人這樣對我說：「田軍不該早早地從東北回來」，就是由於他感覺到田軍還需要長時間的學習，如果再豐富了自己以後，這部作品當更好。技巧上、內容上，都有許多問題在，為什麼沒有人指出呢？

應該說，張春橋肯定了「他（它）是一首史詩」，有了這個前提，還是有一點公正的。以下的批評，是帶有美中不足的缺憾，似乎不好說是惡意的攻擊。當然，這段話也暴露了極「左」評論家天生的可憎面目，他們指手畫腳，要作家要這樣不要那樣，要這麼寫不要那麼寫。這類所謂的批評家，自己不搞創作，也不懂創作規律，除了有一套「左」的框框以外，什麼也沒有，實在討人嫌。早在一九二四年六月二十一日，魯迅在致鄭振鐸的信中，就對張春橋之類的人，有了某種體驗。他說：「罵別人不革命，便是革命者，則自己不做事，而罵別人的事做得不好，自然便是更做事者。」張春橋就是這樣「更做事」的「革命者」。

其實，在我看來，魯迅根本沒有必要去理睬這樣無聊的東西，然而魯迅還是動氣了——也許是出於對蕭軍的愛護？

《三月的租界》題目就頗有諷刺意味，評論家躲在三月的租界裡，嘰咕著「田軍不該早早地從東北回來」！革命家若都是這樣，自己躲在租界裡，要求別人到敵佔區去，那麼，這樣

的革命家是多麼虛偽呀！況且，並非離開了敵佔區就不能寫反映抗日生活的作品，就好像要描寫妓女，未必要去嫖娼一樣。魯迅是這樣推論的：「假如『有人』說，高爾基不該早早不做碼頭腳夫，否則，他的作品當更好；吉須不該早早逃亡外國，如果坐在希忒拉（按：通譯希特勒）的集中營裡，他將來的報告文學當更有希望。」由此可見，張春橋的要求蕭軍不要離開東北，是多麼荒唐！接著，魯迅進一步指出，你狄克也等不及「豐富了自己以後」，再來做「正確的批評」，這位「有人」先生和狄克先生大約就留在租界上，「並未比田軍回來得晚」。自己溜之大吉，躲在租界，又怎麼要求別人應該這樣不應該那樣呢？

張春橋還說：「我相信現在有人在寫，或豫備寫比《八月的鄉村》更好的作品，因為讀者需要！」這是標準的廢話，把將來將要出現的好作品來比較，進而否定已經存在的作品，這是一種虛無的假設。是的，將來可能有比《紅樓夢》更偉大的作品，那麼，這之前的作品都在應否認之列嗎？魯迅認為：「到這裡，就是坦克車正要來，或將要來了，不妨先折斷了投槍。」顯然，這是替「他們」繳械。所以，魯迅認為「我們有投槍就用投槍，正不必等候剛在製造或將要製造的坦克車和燒夷彈」。

在張天翼家裡，張春橋見到過胡風，曾經託他代為轉達對魯迅的敬意，希望能拜見一面。不久，「兩個口號」的爭論激化，張春橋堅決站在提出「國防文學」口號的周揚一方，和胡風不再來往。周揚當年是「左聯」的領導者之一，張春橋追隨周揚，與以後的搞「四人幫」集團，沒什麼必然的聯繫。周揚搞「左聯」，搞「國防文學」，是遵共產國際之命，張春橋追隨周揚，若不說是革命，至少也是進步的表現。他要蕭軍留在東北，與以後毛澤東的《在延安文藝座談會上的講話》，關於「深入生活」之類的內容，不說一致，也並不矛盾。況且，魯迅也認為狄克「要執行自我批判」是「好心」，因為「那些作家是我們底」的緣故。顯然，魯迅並沒有把張春橋推到「我們」之外的「他們」中去。揭批「四人幫」時，把張春橋描述成天生的反革命，早在三〇年代就被魯迅痛斥過了，這是當時歷史條件所侷限，因而給我們留下了一點可供茶餘飯後閒談的滑稽。

魯迅的《三月的租界》發表以後，張春橋十分惶恐地急忙寫了一封信(4)，託內山書店轉交魯迅，進行辯解。這篇一九七七年揭批「四人幫」時才影印公開的信稿說：

敬愛的先生：

頭幾天，偶然地到新鐘書店去，看到《夜鶯》第三期的稿件，裡面有先生底那篇《三月的租界》，是關於我的。這使我心中不安了好幾天了；經過幾天的思索，我才寫這封信給先生。

關於我那篇文章，所以要寫它，是由於當時讀到《新文化》以及其他刊物上對於某些

作品的忽略或批評的不夠，先生知道的，是一片「好心」。我希望我們底批評家多一些工作，對於讀者作者都有益的。

固然在這連投槍也很少見的現在，對於《八月的鄉村》這樣的作品，是應當給以最高的評價的。然而，敬愛的先生，我們是不是有了投槍就不去製造坦克車呢？就是不製造坦克車的話，在投槍製出以後我們是不是要經過大家底研究和改進呢？如果說要的話，我底意見便在這裡。我希望這投槍更加尖銳，雄壯，絕沒想把它折斷。對於田軍，像對於每個進步的作家一樣，我是具著愛護心的。寫那篇文章也似乎是由於太熱愛了些——以致有些話說得過火。但是，先生，對於「田軍不該早回來」這句話我並不是盲從，是有理由的，現在卻不必說了，因為他和蕭紅已經回來了，從那血腥的世界跑到這個血腥的世界裡來了，而又獻給了人們《八月的鄉村》這部書，我還說什麼呢？說出來，只能使我們當中有了誤會和隔膜。——我認為現在還沒有什麼誤會太大的地方。

我所要說的話，似乎就是這些。總括一句就是希望先生能夠明瞭我底原意，雖然《三月的租界》這題目很傷大家底感情我也不想說什麼了。只希望先生能夠給我一個信，使我安安心。同時，我還有許多意見告訴田軍，也想在下次信裡說。

信，請寄《大晚報．火炬．星期文壇》編輯部轉我吧！

祝福你的健康！

狄克

四月二十八日，魯迅在日記記載：「午後……得狄克信。」也許，魯迅終於感到了理睬狄克的無聊吧！「若與此輩理論，可以被牽連到白費唇舌，一事無成」，並未覆一字。兩天後，魯迅仍然寫了《〈出關〉的『關』》，對狄克不留情面地繼續予以抨擊。

五月四日，魯迅在致王冶秋的信中，又一次提及「狄克」：「四月十一日的信，早收到了。年年想休息一下，而公事，私事，閒氣之類，有增無減，不遑安息，不遑看書，弄得信也沒功夫寫。病總算是好了，但總是沒氣力，或者氣力不夠應付雜事；記性也壞起來。英雄們卻不絕的來打擊。近日這裡在開作家協會，喊國防文學，我鑑於前車，沒有加入，而英雄們即認此為破壞國家大計，甚至在集會上宣佈我的罪狀。我其實也真的可以什麼也不做了，不做倒無罪。然而中國究竟也不是他們的，我也要住住，所以近來已作二文反擊，他們是空殼，大約不久就要銷聲匿跡的：這一流人，先前已經出了不少。」魯迅所說的「作二文反擊」，這「二文」便是《三月的租界》和《〈出關〉的「關」》。可見，魯迅對於「不絕的來打擊」的「狄克」「這一流人」是何等的憤慨和輕蔑。他們是「空殼」，與以後魯迅斥責的「呆鳥」理論家一樣，是很快就會銷聲匿跡的。我不得不佩服魯迅的判斷。不過，有一點也許魯迅沒

有弄明白，張春橋、周揚他們，從來就不是純粹的批評家，他們是以批評為武器從事反對當時政府的革命活動，是職業革命家。文藝在他們那裡，是工具而不是目的。

有一段軼聞，似乎應該留下，為讀者增加一些閱讀的愉悅。一九八七年十二月十九日香港《文匯報》曾在「舊聞新編」欄目內，發表《蕭軍怒打張春橋》一文。文中寫道：魯迅逝世後，正在日本的蕭紅立刻趕回上海。當天就和蕭軍到魯迅先生的墓前拜祭。他們在墓前焚燒了先生生前傾注大量心血編輯的幾本刊物和蕭紅在東京為先生買的畫冊，寄託哀思。這次祭掃，不知怎麼竟讓狄克得知，他便又在《大晚報》上攻擊二蕭是「魯門家將」、「魯迅的孝子賢孫」、「燒刊物是傳播迷信」等等。蕭軍原是粗人，他找到《大晚報》社址，衝進編輯室，對狄克和他的走卒馬吉峰說：「我沒工夫和你們拌嘴，就是要揍你們。你們能打過我，以後悉聽尊便。如果打不過，你們再出這樣文章，我是見面就揍你們三通！」

某日，雙方按約而來。蕭軍一對二。狄克用拳護住臉，學著西方拳擊的樣子，兩腳上下擺動就打來一拳，蕭軍輕輕一擋，順勢一個掃堂腿，狄克跌了個仰面朝天。高個子馬吉峰忙護著狄克，把他抱到一邊大樹下去喘氣。回頭朝蕭軍一拳打來。這小子雖有點功夫，焉是蕭軍的對手，三拳兩腳，就趴下告饒啦！

「蕭先生！我服輸，以後再也不敢了！」

「那麼，文章呢？」蕭軍問。

「再寫那樣文章剁手指，本來也是他（指狄克）叫我寫的。」

這場文壇武鬥傳為美談，後人寫有打油詩一首，以為讚美：

蕭軍怒打張春橋，狄克三魂嚇出殼。

狗頭軍帥結「四幫」，老蕭為此險遭刀。

***

(1) 《魯迅〈三月的租界〉發表內情》，《中國檔案報·檔案大觀》二〇〇四年六月十六日。

(2) 《恩怨錄·魯迅和他的論敵文選》，今日中國出版社一九九六年十一月版。

(3) 《魯迅全集·且介亭雜文末編》。

(4) 原件存北京魯迅博物館，引自《恩怨錄·魯迅和他的論敵文選》，今日中國出版社一九九六年十一月版。

「同一營壘」：「旗手」與「戰友」的紛爭

——魯迅與「四條漢子」

一

中國人對「四條漢子」這一詞目並不陌生，它有兩層含意，一是魯迅的本意，它既表現了對「四條漢子」的不滿，同時也是魯迅語言風格的一種展示，是一種調侃，也是一種幽默；一是「四人幫」以魯迅對「四條漢子」的批評為藉口，無限上綱，對「四條漢子」進行政治迫害，它成了某一歷史時期若干人政治命運的象徵，成了一條政治術語。

我之所以把魯迅本來意義上的「四條漢子」捆在一起寫，是因為魯迅「罵」他們的重要部分，是針對他們幾位的；還因為他們中有的人，除了被魯迅捆在一起「罵」了幾句外，與魯迅並沒有太多的關係，不好獨立成章。

我們照例應該介紹一下被「罵」者的生平簡況。

周揚（一九〇八—一九八九），原名周運宜，字起應，筆名週筧、綺影、谷揚等。湖南益陽人。文藝理論家、翻譯家。有《周揚文集》、《安娜·卡列尼娜》等著譯行世。新中國成立前曾任中共上海中央局文委書記、中共左聯黨團書記、《文學月報》主編等職。建國後歷任文化部副部長、全國文聯副主席、中宣部副部長、中國社會科學院副院長等職。

田漢（一八九八—一九六八），字壽昌，筆名漢兒倚聲、伯鴻、紹伯、叔常等。湖南長沙人。劇作家，詩人。五四運動後，參加少年中國學會，並和郭沫若、成仿吾、郁達夫等組織創造社。一九三〇年參加中國自由運動大同盟、左翼作家聯盟等。積極參與組織左翼戲劇家聯盟，擔任左翼戲劇家聯盟黨團書記、中共上海局文委委員。期間與音樂家聶耳、冼星海、張曙等合作，寫了大量革命歌曲，其中《義勇軍進行曲》影響最大，建國後被採用為國歌。

夏衍（一九〇〇—一九九五），原名沈乃熙，字端軒，筆名沈端先、蔡叔聲等。浙江杭州人。劇作家、散文家、翻譯家。著有《包身工》、《賽金花》、《上海屋簷下》等。參與籌建左翼作家聯盟，並被選為執行委員，負責同國際左翼文藝團體的聯繫工作。隨後又與田漢等發起組織左翼劇聯，並為主要領導者之一。

陽翰笙（一九〇二—一九九三），原名歐陽本義，字繼修，筆名華漢、寒生等。四川高縣人。小說家、劇作家。參與發起組織左翼作家聯盟，先後任左聯黨團書記、文總黨團書記和上海局文委書記。

「四條漢子」典出由馮雪峰起草、魯迅修改定稿的魯迅名文——《答徐懋庸並關於抗日統

一戰線問題》(1)。

魯迅是這樣描述的：

去年的有一天，一位名人（按：指沈端先，即夏衍）約我談話了，到得那裡，卻見駛來了一輛汽車，從中跳出四條漢子：田漢、周起應，還有另外兩人（按：即夏衍和陽翰笙），一律洋服，態度軒昂……

這裡，就像魯迅在《答楊邨人先生公開信的公開信》中把楊邨人比喻為「革命場中的一位小販，卻並不是奸商」一樣，有諷刺，有挖苦，亦有調侃，亦有幽默，卻絕無政治上一棍子把人打死的惡毒用意。況且，魯迅只是一個文人，手中絕無中央文革小組成員那樣以言治罪，甚至置人於死地的大權。大約，魯迅也絕對想不到，他的諷刺與幽默，日後竟然成了「四人幫」整「四條漢子」的工具。

「四條漢子」之一的夏衍，在過了近半個世紀以後的一九七九年，對魯迅仍然耿耿於懷，憤憤不平。他在《一些早該忘卻而未能忘卻的往事》(2)（以下簡稱《往事》）一文中寫道：

魯迅給徐懋庸的信是一九三六年八月寫的，那麼，信中所說「去年的有一天，一位名人約我談話了」一語的「去年」應該是一九三五年，而一九三五年秋天，陽翰笙、田漢早已被捕，被押到南京去了，怎麼會有「四條漢子」去看魯迅呢？這分明是錯的。又如「卻見駛來了一輛汽車，從中跳出四條漢子……一律洋服，態度軒昂」。到過舊上海的人知道，內山書店所在地北四川路底，是所謂「越界築路」區域，那裡既有工部局巡捕，又有國民黨警探。在當時那種政治情況下，我們四個人在內山書店門口下車，會引人注意，所以我們的車子過了橫浜橋，在日本小學前停下來，然後四人分頭步行到內山書店，而其時魯迅是在書店門市部裡間等著我們，不可能「卻見駛來了一輛汽車，從中跳出……」的。「一律洋服」也不是事實，其他三人穿什麼我記不起來了，而我自己卻穿著一件深灰色駱駝絨袍子。因為一進內山的日本式會客室，在席子上坐很不方便，就把袍子脫了，所以我還能記得。至於「態度軒昂」，那時我們都是三十上下的人，年紀最大的田漢三十六歲，身體也沒病，所以「軒昂」了一點可能是真的。這是幹部向領導人彙報工作，是戰友間的會見，既不是覲見，也不是拜竭，那麼不自覺地「軒昂」了一點，也不致犯了什麼不敬罪吧。

夏衍把魯迅批駁得體無完膚了，魯迅關於「四條漢子」那段話，沒有一句是準確的，是對的。讀吧，我覺得是一個嚴謹而不領風趣的人，在一本正經地批駁一個幽默的人（不知緣何，此時我想起了顧頡剛的「罵」魯迅）。魯迅是一個作家，而且是一個幽默的作家，他採用的是形象的模糊的思維。夏衍在這裡，有一點像一個科學家，逐字逐句進行推敲。魯迅說，今

天好冷啊！夏衍跑到氣象臺取了資料以後說，不冷，魯迅說錯了，今天是12度，12度怎麼算冷呢？

當年，我讀了夏衍的這篇大作後，曾驚奇夏衍的「氣」鬱積於胸中四十多年而居然未轉為瘤！現在想來，其實夏衍原本是無氣的，他也知道，「魯迅寫到他不滿的人的時候，常常會信筆寫來，加以藝術誇張」。（《往事》）我以為，他的「氣」是因為「四人幫」藉「四條漢子」這一帽子迫害他們而生的。他以上這段話，與其說是對魯迅的批駁，不如說是對「四人幫」的憤恨——「四條漢子」的帽子，整得他夠苦，今天不得不把話說清楚。

二

一九二七年十一月二十三日的《魯迅日記》記載：「晚得田漢信，夜覆。」魯迅與田漢早有往來，大約因為田漢也是早期創造社一員的緣故吧！魯迅與田漢的第一次見面，是一九三〇年二月十三日，他們分別出席在上海漢口路「聖公會」祕密舉行的「中國自由運動大同盟」成立大會。十五日又在《中國自由運動大同盟宣言》上簽寫了各自的名字。

魯迅對於田漢的印象似乎特別不好。

早在一九二一年八月二十九日，魯迅在致周作人的信中就說：「我近來大看不起郭沫若田漢之流。」為什麼看不起呢？信中沒說，還有待考證。不過，多少也有一點文人意氣，這在本書有關郭沫若的章節裡，我已有介紹。夏衍也說：「加了一個田漢，我當時就感到有點意外，因為在這之前，我曾不只一次地聽到過魯迅對田漢有不好的印象。」（《往事》）

田漢與創造社諸人一樣，頗有才子氣。才子好衝動，多少有點飄。這與深沉、冷峻的思想家魯迅反差很大。對田漢放達張揚的表現，魯迅自然難以接受。據夏衍說，一次，內山完造在一家閩菜館設宴歡迎日本左翼作家、日本無產者藝術聯盟委員長藤森成吉，魯迅、茅盾、田漢、夏衍等應邀作陪。酒過三巡，田漢酒酣耳熱，便開始了高談闊論。因為席間客人是日本朋友，便引出了他大談日本唯美主義和惡魔主義作者谷崎的話題。田漢很帶感情地講起與谷崎的交遊，以及對谷崎作品的分析，並且介紹自己剛剛譯完的谷崎的小說《人與神之間》等。田漢有些情不自禁，口若懸河，手舞足蹈。藤森成吉雖對谷崎沒有田漢那樣的興趣，但出於禮貌，只有頻頻點頭。而一旁魯迅的臉色卻早已不好看了。夏衍察言觀色，有些為田漢著急，但興頭上的田漢依然談興不減。「看來又要唱戲了。」魯迅低聲對夏衍說。夏衍明顯意識到了魯迅對田漢的這種反感。魯迅說完此話即起身告辭。在座賓主的難堪可想而知。

魯迅甚至對田漢的為人方式、作風，也是頗有微詞的。蕭軍曾因幫友人索過一個劇本的稿子，向魯迅打聽田漢的聯繫地址。魯迅於一九三四年十二月二十日回信說：「田的直接通信

處，我不知道。但如外面的信封上，寫『本埠河南路三〇三號、中華日報館、《戲》週刊編輯部收』，裡面再用一個信封，寫『陳瑜先生啟』，他該可以收到的。不過我想，他即使收到，也未必有回信，劇本稿子是否還在，也是一個問題。試寫一信，去問問他也可以，但恐怕百分之九十九是沒有結果的。此公是有名的模模糊糊。」魯迅的言談，似乎有點絕對化，何來「模模糊糊」的印象，我也模模糊糊，不得而知。

魯迅與田漢的衝突，訴諸於報刊，大約初始於《且介亭雜文》中《答曹聚仁先生信》。此信談的是「關於大眾語的問題」，又是如魯迅所說「原是我們的私人通信」，這本來與田漢無涉。可是，這封信「不料竟在《社會月報》上登出來了，這一登可是禍事非小，我就成為『替楊邨人氏打開場鑼鼓，誰說魯迅先生器量窄小呢』了。」(3) 田漢先抨擊起魯迅來了。

田漢關於魯迅「替楊邨人氏打開場鑼鼓」的文章，是指以紹伯的筆名發表在一九三五年八月三十一日《大晚報》副刊《火炬》上的《調和》。文章的中心意思，是指魯迅和自己「噓」過的變節者楊邨人「調和」了。

田漢的文章由遠而近，採取了類比的方式，下筆是非常之狠的。他說：「『中國人是善於調和的民族』——這話我從前還不大相信，因為那時我年紀還輕，閱歷不到，我自己是不大肯調和的，我就以為別人也和我一樣的不肯調和。」接下來，他說他的「觀念也稍稍改正了」。

他舉了軍閥混戰的歷史：「……我有一個親戚，在我故鄉兩個軍閥的政權爭奪戰中做了犧牲，我那時對於某軍閥雖無好感，卻因親戚之故也感著一種同仇敵愾，及至後來兩軍閥到了上海又很快的調和了。彼此過從頗密，我不覺為之呆然，覺得我們親戚假使僅僅是為著他的『政友』而死，他真是白死了。」田漢進一步渲染道：「後來又聽得廣東A君告訴我在兩廣戰爭後，戰士們白骨在野碧血還腥的時候，兩軍主持的太太在香港寓樓時常一道打牌，親昵逾常，這更使我大徹大悟。」應該說，以上的激憤，是頗有批判力量的，出手不凡，「頭重」。接下來，田漢筆鋒逐漸逼向魯迅，也逐漸給人「腳輕」之感。田漢說：「最近這幾年，青年們追隨著思想界的領袖們之後做了許多慘澹的努力，有的為著這還犧牲了寶貴的生命。個人的生命……犧牲了而真理昭然於天下，這死是值得的，就是不可乙太打渾了水，把人家弄得不明不白。」怎樣的「不明不白」呢？田漢舉了魯迅的例子，他點了發表《答曹聚仁先生信》這一期《社會月報》「大眾語特輯」後說：「讀者試念念這一期的目錄吧，第一位打開場鑼鼓的是魯迅先生（關於大眾語的意見），而『壓軸子』的是《赤區歸來記》作者楊邨人氏。就是健忘的讀者想也記得魯迅先生和楊邨人氏有過不小的一點『原則上』的爭執吧。魯迅先生似乎還『噓』過楊邨人氏，然而他卻可以替楊邨人氏打開場鑼鼓，誰說魯迅先生器量窄小呢？」讀到這裡，我感到莫名其妙，魯迅與楊邨人，與軍閥之間有什麼可比的地方？田漢的意思似乎是說，魯

迅「噓」過楊邨人，這像軍閥混戰；現在又同出現在一個刊物上，這像軍閥間的和好如初。這樣下筆，怎能說不「狠」呢？好在這種類比不倫不類，本身不足以讓人心服，因而也無所謂力量。魯迅和楊邨人的名字同時出在一本刊物上，就可以證明他們「調和」了，是戰友了？顯然，這樣推論是荒謬的。事實上，魯迅還不知道，這一期將同時刊登楊邨人的文章呢。即使知道，又能說明什嗎？陳獨秀和辜鴻銘同出現於北大講壇，人們不會說蔡元培搞新舊勢力的調和，而只會稱讚他的相容並包。至於「誰說魯迅先生器量窄小呢」，這是反語，挖苦魯迅，在田漢這樣的「戰友」眼裡，魯迅終於還是「氣量窄小」。

田漢是亂打一通，可惱！

實際上，田漢在攻擊了魯迅與楊邨人的所謂「調和」以後，又說了魯迅文章與楊邨人文章觀點上的對立，這只能說田漢在寫這篇文章時的自我矛盾了。

苦的只是讀者，讀了魯迅先生的信，我們知道「漢字和大眾不兩立」，我們知道應把「交通繁盛言語混雜的地方」的「『大眾語』的雛形，它的字彙和語法輸進窮鄉僻壤去」。我們知道「先驅者的任務」是在給大眾許多話「發表更明確的意思」，同時「明白更精確的意義」；我們知道現在所能實行的是以「進步的」思想寫「向大眾語去的作品」。但讀了最後楊邨人氏的文章，才知道向大眾去根本是一條死路，那裡在水災與敵人圍攻之下，破產無餘……「維持已經困難，建設更不要空談。」還是「歸」到都會裡「來」揚起小資產階級文字之旗更靠得住。

於是，我們所得的知識前後相銷，昏昏沉沉，莫名其妙。

就像把軍閥由混戰而調和來類比魯迅與楊邨人的「調和」是不倫不類一樣，說魯迅與楊邨人觀點的對立相銷，也未必準確，魯迅談的是語言問題，楊邨人談的是社會問題。社會的落後狀態與大眾語的推行，並不是不能克服和超越的矛盾。

魯迅對楊邨人脫離共產黨，並從「左聯」變成「第三種人」非常鄙視，其《答楊邨人先生公開信的公開信》，對楊邨人的批駁可謂淋漓盡致。楊邨人是變節份子，說魯迅與楊邨人「調和」，那魯迅也成了多變的人了。魯迅抨擊的「流氓+才子」，就在於才子的多變，終於是流氓。如果真如田漢所言，魯迅與自己抨擊過的楊邨人「調和」了，那魯迅不也成了「流氓」了嗎？魯迅是戰鬥的，不妥協的，不調和的，直至要死了，仍然是「一個也不寬恕」。田漢輕飄飄的言語，是對魯迅本質性格的否定，這能不讓魯迅生氣乃至憤怒？

魯迅在《且介亭雜文·附記》中說：「關於這一案，我到十一月《答〈戲〉週刊編者信》裡，這才回答了幾句。」魯迅又說：「《答〈戲〉週刊編者信》的末尾，是對於紹伯先生那篇《調和》的答覆。聽說當時我們有一位姓沈的『戰友』看了就呵呵大笑道：『這老頭子又發牢騷了！』

『頭子』而『老』，『牢騷』而『又』，恐怕真也滑稽得很。然而我自己，是認真的。」「姓沈的『戰友』」指沈端先，即夏衍。

魯迅在《答〈戲〉週刊編者信》中是這樣說：「一位紹伯先生就在《火炬》上說我已經和楊邨人先生調和，並且深深的感慨了一番中國人之富於調和性……如果我被紹伯先生的判決所震懾，這回是應該不敢再寫什麼的，但我想，也不必如此。只是在這裡要順便聲明：我並無此種權力，可以禁止別人將我的信件在刊物上發表，而且另外還有誰的文章，更無從豫先知道，所以對於同一刊物上的任何作者，都沒有表示調和與否的意思；但倘有同一營壘中人，化了裝從背後給我一刀，則我的對於他的憎惡和鄙視，是在明顯的敵人之上的。」魯迅又說：「這倒並非個人的事情，因為現在又到了紹伯先生可以施展手段的時候，我若不聲明，則我所說過各節，縱非買辦意識，也是調和論了，還有什麼意思呢？」(4)

這裡，魯迅承認田漢是「同一營壘中人」，但正由於是「同一營壘」的，卻「化了裝從背後給我一刀」，所以魯迅格外憤怒。在此前後，魯迅多次在私人通信中談到他的這一感慨。應該說，這些通信或是直接或是間接地針對田漢的。一九三五年四月二十三日，在致蕭軍、蕭紅的信中，魯迅發了一番感慨：「敵人不足俱，最令人寒心而且灰心的，是友軍中的從背後來的暗箭；受傷之後，同一營壘中的快意的笑臉。因此，倘受了傷，就得躲入森林，自己舐乾，紮好，給誰也不知道。我以為這境遇，是可怕的。我倒沒有什麼灰心，大抵休息一會，就仍然站起來，然而好像終竟也有影響，不但顯於文章上，連自己也覺得近來還是『冷』的時候多了。」一九三四年十二月十八日魯迅在致楊霽雲的信中說：「叭兒之類，是不足懼的，最可怕的確是口是心非的所謂『戰友』，因為防不勝防。例如紹伯之流，我至今還不明白他是什麼意思。為了防後方，我就得橫站，不能正對敵人，而且瞻前顧後，格外費力。身體不好，倒是年齡關係，和他們不相干，不過我有時確也憤慨，覺得枉費許多氣力，用在正經事上，成績可以好得多。」一九三五年一月十五日，魯迅在致曹靖華的信中說：「……最奇的是竟有同人而匿名加以攻擊者，子彈從背後來，真足令人悲憤……」一九三六年一月七日，在致徐懋庸的信中說：「年底編舊雜文，重讀野容，田漢的兩篇化名文章，真有些『百感交集』。」前面作戰，又要防著後面的子彈，魯迅是敵人的敵人，卻同時是「戰友」的異類。魯迅是絕望的孤獨者。讓魯迅「橫站」的田漢算是被魯迅「咬」住了。不過，應該說，魯迅對他並沒有「窮追猛打」，只是私下說說。畢竟，魯迅還念及是「同一營壘」的。

田漢在魯迅發表的《答〈戲〉週刊編者的信》之後，於一九三五年一月二十九日致函魯迅說：「《調和》雖與我有關，但既非開玩笑，也非惡意中傷，而是有意『冤枉』先生，便於先生起來提出抗議。」好一個有意「冤枉」，頗有一點錢玄同演「雙簧信」的味道。對此，

一九三五年二月七日，魯迅在致曹靖華的信中說：「到秋天，有人把我的一封信，在《社會月報》上發表了，同報上又登有楊邨人的文章，於是又有一個朋友（即田君，兄見過的），化名紹伯，說我已與楊邨人合作，是調和派。被人詰問，他說這文章不是他做的。但經我公開的詰責時，他只得承認是自己所做。不過他說：這篇文章，是故意冤枉我的，為的是想我憤怒起來，去攻擊楊邨人，不料竟回轉來攻擊他，真出於意料之外云云。這種戰法，我真是想不到。他從背後打我一鞭，是要我生氣，去打別人一鞭，現在我竟奪取了他的鞭子，他就『出於意料之外』了。從去年下半年來，我總覺有幾個人倒和『第三種人』一氣，惡意的在拿我做玩具。」魯迅又說：「……我實在憎惡那暗地裡中傷我的人，我不如休息休息，看看他們的非買辦的戰鬥。」魯迅最生氣的是，表面上是同仁，是戰友，背地裡卻把魯迅「做玩具」。我覺得，田漢並非事先設計好這一切，然後再寫《調和》，以引出魯迅來叫罵——「抗議」的，這只是田漢事後的一種辯護之詞。接著，田漢寫道：「……我與先生不但是多年文化上的戰友，而且無論在什麼意義上也沒有絲毫矛盾的地方，我有什麼中傷同志特別是中傷您的必要？既然無此必要，卻會把友人當敵人，那除非發了瘋。一九三五年我們的陣線需要更整齊而堅強，同志間任何意義的誤會都於整個工作有害。為著說明那一文章的經過與意義，我寫這封信給您，希望您也不要懷疑您的戰友。無論什麼時候，我是敬愛同志特別是先生的。」應該說，田漢此時的態度是真誠的，但魯迅對田漢的誤會和成見並未因此而釋然。

在魯迅與田漢的關係中，還有一個關於胡風的問題(5)。據夏衍在《往事》中回憶，一九三四年秋天，周揚等向魯迅「彙報一下工作，並聽取他的意見」的那次會面，「田漢提出了胡風的問題」。田漢說，請魯迅先生當心，不要太相信胡風，這個人政治上有問題。據稱，魯迅聽後很不高興。說：「你從哪兒聽來的？」田漢答：「那是穆木天講的。」魯迅很生氣，說：「穆木天是轉向者。轉向者的話你們相信，我不相信。」當時，氣氛是「很緊張」的，「幸虧陽翰笙巧妙地把話題轉開，才緩和下來」。夏衍談及的這件事，在魯迅的《答徐懋庸並關於抗日統一戰線問題》一文也得到印證。當然，語境和夏衍所說，是有很大區別的。魯迅寫道：「……說是特來通知我：胡風乃是內奸，官方派來的。我問憑據，則說是得自轉向以後的穆木天口中。轉向者的言談，到左聯就奉為聖旨，這真使我口呆目瞪。再經幾度問答之後，我的回答是：證據薄弱之極，我不相信！當時自然不歡而散，但後來也不再聽人說胡風是『內奸』了。」田漢當時有沒有講胡風是「內奸」呢？我們不得而知。不論說胡風「政治上有問題」，還是「內奸」，有一點是明確的，「四條漢子」懷疑胡風，而魯迅認為證據不足，不相信。魯迅不僅不認為胡風「有問題」，反而有好感，認為胡風「鯁直，易於招怨，是可接近的，而對於周起應之類，輕易誣人的青年，反而懷疑以致憎惡起來。」胡風在新中國成立以後的

厄運，與「四條漢子」尤其與周揚和夏衍不無關係。好在這一歷史公案已畫上句號，在此就略去不表了。

田漢、華漢（陽翰笙）於一九三五年二月被國民黨當局逮捕。同年秋，經營救保釋。一九三五年八月二十四日，魯迅在致胡風的信中，談了對他們獲釋的看法：「田、華兩公之自由，該是確的。電影雜誌上，已有他們對於鄭正秋的輓聯等（銅板真跡），但我希望他們此後少說話，不要像楊邨人。」魯迅似乎以為田漢、華漢也和楊邨人一樣是變節份子，所以希望他們不要像楊邨人一樣變節後，還要喋喋不休。其實，魯迅未必知道，田漢、華漢寫了自白書之類，乃是中共的安排，也是鬥爭策略的一種表現。魯迅是以文學家、思想家的身份與「四條漢子」打交道的，而「四條漢子」首先是接受了黨的任務，是為了政治的目的而從事文學活動的。文學批評或文學創作，在「四條漢子」那裡，至少在某一特定的歷史時期，只是政治鬥爭的一種工具。

三

魯迅的批評周揚，為人們所熟知的一是在《南腔北調集》中的《辱罵和恐嚇絕不是戰鬥》，一是在《且介亭雜文末編》中《答徐懋庸並關於抗日統一戰線問題》，後者牽涉到三〇年代解散「左聯」和「兩個口號」的爭論，我將在下一節介紹。

一九三二年，當時周揚主編《文學月報》。一九三二年十一月第一卷第四期的《文學月報》上登有芸生（原名邱九——作者注）的詩《漢奸的供狀》，意在諷刺自稱「自由人」的胡秋原的「反動言論」，但文筆拙劣，多有辱罵和恐嚇。魯迅拜讀以後，寫了《辱罵與恐嚇絕不是戰鬥》一文，具體對芸生的詩提出了批評。

魯迅首先肯定了《文學月報》「提出了幾位新的作家來，是極好的」。認為在「新的作者要沒有發表作品的機會了」的當時，「但究竟也掃去一些沉悶，所以我以為是一種好事情」。緊接著，魯迅說：「我對芸生先生的一篇詩，卻非常失望。」

詩開頭是：「現在我來寫漢奸的供狀。據說他也姓胡，可不叫立夫。」胡立夫是一九三二年「一二八」日軍侵佔上海閘北時著名的漢奸。「對於姓的開玩笑」，魯迅批評道：「一個作者自取的別名，自然可以窺見他的思想，譬如『鐵血』，『病鵑』之類，固不妨由此開一點小玩笑。但姓氏籍貫，卻不能決定本人的功罪，因為這是從上代傳下來的，不能由他自主。我說這話還在四年之前，當時曾有人評我為『封建餘孽』，其實是捧住了這樣的題材，欣欣然自以為得計者，倒是十分『封建』的。不過這種風氣，近幾年頗少見了，不料現在竟又復活起來，這確不能不說是一個退步。」接著，魯迅指出了詩的結尾的辱罵，讓人尤其不堪。

魯迅尖銳指出：「現在有些作品，往往並非必要而偏在對話裡寫上許多罵語去，好像以為非此便不是無產者作品，罵詈愈多，就愈是無產者作品似的。其實好的工農之中，並不隨口罵人的多得很，作者不應該將上海流氓的行為，塗在他們身上的。」芸生的詩中，還有這樣的句子：「當心，你的腦袋一下就要變做剖開的西瓜！」魯迅認為，這是恐嚇，是「極不對的」。魯迅覺得：「無產者的革命，乃是為了自己的解放和消滅階級，並非因為要殺人，即使是正面的敵人，倘不死於戰場，就有大眾的裁判，絕不是一個詩人所能提筆判定生死的。」魯迅眼裡的革命是溫和的、文明的，「並沒有亂殺人」，魯迅反對「將革命的工農用筆塗成一個嚇人的鬼臉」。魯迅最後指出：

> 戰鬥的作者應該注重於「論戰」；倘在詩人，則因為情不可遏而憤怒，而笑罵，自然也無不可。但必須止於嘲笑，止於熱罵，而且要「嬉笑怒罵，皆成文章」，使敵人因此受傷或致死，而自己並無卑劣的行為，觀者也不以為污穢，這才是戰鬥的作者的本領。

「辱罵和恐嚇絕不是戰鬥」，這對「左」派作家來說，在相當長的一個歷史時期內，都是特別有現實意義的命題。芸生之流，在中國文壇並不絕跡，到了文化大革命，「四人幫」一夥，把「辱罵和恐嚇」的戰術，簡直發揮到登峰造極的程度。

公允地說，一本刊物的主編，並不能為所有的文章負責，換言之，作者的觀點，並不完全代表編者的觀點，尤其在三〇年代的中國文壇。魯迅的信是寫給周揚的，但不等於只是批評周揚，魯迅的矛頭是很明確的，是針對芸生《漢奸的供狀》一詩的。當然，周揚選用了這首詩，在刊物採用什麼稿的問題上的，他應該是有教訓可汲取的。魯迅的文章也很快發表在《文學月報》上，這是否可以理解為周揚接受了魯迅的批評呢？晚年周揚，在答《魯迅研究資料》編者問時，也認識到「這首詩充滿謾罵，確實不好」。

這時魯迅對周揚的印象總的還是好的，但不久則漸漸變壞。原因是期間發生了一件令魯迅特別不愉快的事。

當時「左聯」有一份內部刊物《文學生活》，每期都要寄給魯迅、茅盾等「左聯」領導人。其中有一期未寄，魯迅託人找來這期刊物，發現這一期內容是總結一九三四年工作的，對「左聯」工作中的缺點提得比較尖銳。令魯迅吃驚的是，總結「左聯」全年工作的報告，他竟然一點都不知道。出了這樣一本刊物，又瞞著魯迅。難怪茅盾對此也忿忿不平：「左聯一年工作的報告，卻事先不同左聯的『盟主』魯迅商量，甚至連一個招呼也沒有打（當然，也沒有同我商量），這就太不尊重魯迅了。即使是黨內的工作總結，也應該向黨外人士的魯迅請教，聽取他的意見，因為左聯究竟還是個群眾團體。」當時「左聯」的黨團書記是周揚，應該說，

在「左聯」的一些事務中他對魯迅不夠尊重，這就難怪此後魯迅漸漸對周揚不滿了。這是後話，容後再敘。

周揚提了「國防文學」的口號，不久，馮雪峰、胡風和魯迅共同提了「民族革命戰爭的大眾文學」的口號。兩個口號激烈爭論達數月之久。這是魯迅們與周揚們的直接「衝突」。

那麼，「兩個口號」是怎麼提出來的呢？

早在一九三四年和一九三五年，周揚與周立波就相繼寫了兩篇談「國防文學」的短文，主要是介紹蘇聯的「國防文學」。二十世紀八〇年代初，周揚在與中宣部有關人員座談總結三〇年代上海左翼文藝運動的經驗與得失時，做了這樣的詮釋：……那時，我們都是受蘇聯的影響，看蘇聯的文藝動向，蘇聯怎樣提，我們就跟著做。一九三五年春，上海地下黨組織遭到嚴重破壞。地下文委陽翰笙、田漢等被捕了，只剩下我和夏衍兩個人，不久，夏衍也一度離開上海。有段時期，幾乎只剩下我一個人孤軍作戰，跟中央完全失去了聯繫，處境要說有多困難就有多困難。蘇靈揚（周揚夫人）從一個德國人開的「時代精神」書店裡，買到一本共產國際的機關刊物《國際通訊》，我從這本刊物上讀到季米特洛夫在共產國際大會上的報告。隨後又在這個書店裡買到了一份《救國時報》，上面刊有黨的《八一宣言》，讀到真是興奮得不得了。知道黨在號召建立廣大的反法西斯統一戰線，覺得上海文藝界也應當開展抗日民族統一戰線的工作，於是就正式提出「國防文學」的口號。

周揚還進一步詮釋道：在那樣的處境下，當然不可能在黨內充份醞釀討論，加上我們當時對魯迅不夠尊重，也沒有去向他請教。(6)

「國防文學」的口號就是這麼提出來的。那麼，與之相對應的「民族革命戰爭的大眾文學」又是怎麼面世的呢？

一九三六年四月二十七日，馮雪峰自陝北抵達上海的第三天，住進魯迅家的次日，馮雪峰後來這樣回顧道：

> 我當時在三樓，是魯迅先生上三樓來對我說：「有張谷非這麼一個人，想要見你，你看怎樣？」我說：「好，我同他本來熟識。」我即下去引他上三樓談話。胡風談了不少當時文藝界情況，談到周揚等的更多。他當時是同周揚對立得很厲害的。於是談到「國防文學」口號，胡風說，很多人不贊成，魯迅也反對。我說，魯迅反對，我已知道，這個口號沒階級立場，可以再提一個有明白立場的左翼文學的口號。胡風說，「一・二八」時瞿秋白和你都寫過文章，提過民族革命戰爭文學，可否就提「民族革命戰爭文學」。我說，無需從「一・二八」時找根據，那時寫的文章都有錯誤。現在應該根據毛主席提出的抗日民族統一戰線政策的精神來提。接著，我又說，「民族革命戰爭」這名詞已經有階級立場，

如果再加「大眾文學」，則立場就更加鮮明；這可以做為左翼作家的創作口號提出。胡風表示同意，卻認為字句太長一點。我和他當即到二樓和魯迅商量，魯迅認為新提出一個左翼作家的口號是應該的，並說，「大眾」兩字很必要，做為口號也不算太長，長一點也沒什麼。(7)

從上述文字中，我們可以看到這樣一個基本事實：周揚提出的「國防文學」，沒有與魯迅他們商量；胡風和馮雪峰提出的「民族革命戰爭的大眾文學」有徵求魯迅的意見，但也沒有和周揚他們商量。因為沒有商量，各行其是，所以互不買帳，都堅持認為自己是正確的。「兩個口號」的爭論，從根本上看，是共產黨人之間的爭論。魯迅一生從沒有獨立地提出過任何口號，從氣質上講，魯迅不屬於那種動輒就提口號的人；魯迅也不會相信，人們可以在口號的指揮下去創作符合口號精神的作品。因為馮雪峰住在魯迅家裡，胡風也在，他們問魯迅的意見，魯迅就像與朋友聊天一樣做了回答，表明了一種傾向。我要說明的是，做為個體的魯迅，如果獨自去提一個什麼口號，那是不可思議的，那就不是魯迅了。隨著爭論的日趨激烈，又有徐懋庸罵上門來為引子，魯迅自然要為自己肯定過的口號辯護。魯迅對「國防文學」不滿的內含是十分豐富的，既有對口號本身的不滿，更有長期鬱積的對「四條漢子」們言行的各種不滿，藉著口號之爭，一併一吐為快。

關於「兩個口號」的爭論和「左聯」解散等問題，下文還要進一步探究。

四

「四條漢子」與魯迅之間，有「大是非」與「小不滿」的問題。所謂「大是非」，就是關於「兩個口號」的爭論和「左聯」解散等問題；而「小不滿」也不「小」，相對於公諸於眾的檯面上的爭論，只是一些見諸於書信中的後面議論。

關於「兩個口號」的爭論，應該先從夏衍說起。因為魯迅說的「一位名人約我談話了」，這「名人」就是夏衍。

魯迅對於夏衍的翻譯，是有所肯定的。一九三四年一月魯迅作《引玉集》後記、一九三四年七月作《〈母親〉木刻十四幅》序，都肯定了夏衍所譯高爾基的《母親》，認為是一項有意義的工作。但此外，魯迅似乎對夏衍也沒有什麼好感了。我們以上在談及田漢時，關於「老頭子又發牢騷了」一段，便可證明。魯迅對夏衍的劇本《賽金花》被做為「國防文學」的代表作而進行過諷刺：「作文已經有了『最中心的主題』：連義和拳時代和德國統帥瓦德西睡了一些時候的賽金花，也早已封為九天護國娘娘了。」(8)何滿子認為，「可能是這一諷刺深深地刺傷了夏衍，使他在『兩個口號』爭論和『四條漢子』的問題上特別敏感，簡直是反常

態的過敏和難以理解的衝動。」(9)

夏衍對魯迅的不滿，還由於魯迅想幽默一下，為他扣了一頂「四條漢子」的帽子（這上文已有介紹，這裡就不重複了），還有「兩個口號」的爭論和「左聯」解散等問題。

關於「一位名人約我談話了」這一段往事，在「四人幫」時期曾有諸多渲染，甚至被描繪成「魯迅怒斥『四條漢子』」。實際的情況怎樣呢？我們不妨看看當事人之一的夏衍在《往事》中的回憶：

大約在一九三四年秋，一次周揚找我，說好久沒有向魯迅彙報工作了，他跟陽翰笙想找魯迅，約個時間，向他彙報一下工作，並聽取他的意見，要我去和魯迅約定時間。第二天，我到內山書店跟魯迅約好了時間，他當時是非常高興的……於是我們就在內山書店右側的內山會客室坐下來談。一開頭，陽翰笙彙報了一下文委的工作情況，主要是說，經過了幾年的白色恐怖之後，我們的工作有了一些轉變，我們已經開始在《東方雜誌》、《申報月刊》等中間性的雜誌上，以及在一些和國民黨有關的報紙上發表文章，等等。其內容就是，我們正在開始克服那種狹隘的關門主義。魯迅聽了，沒有不同意見，而且點頭稱是。接著周揚談了一些「左聯」的情況。我現在能記起來的，主要是談了當時的滬西、美亞綢廠工人文藝運動的一些情況……此後，又談了一些別人的事情。臨分手的時候，我記得很清楚，魯迅先生還從口袋裡掏出一張一百元的支票交給周揚，說：「過去花錢可以捐官、捐差，捐個差事做做。現在我身體壞，什麼事情也不能做了，只能捐點錢，做為一個『捐班作家』吧。」說了這句話，就哈哈地笑了起來。

除了以上已有介紹的田漢關於胡風問題的插話有一點緊張外，從這裡的描述看，魯迅的情緒還是很好的，甚至在嚴肅的左派理論家面前，仍然以捐錢的方式，表現了自身的風趣與幽默。所謂「怒斥」之類，顯然是杜撰的，子虛烏有的。當然，夏衍所憶，與魯迅所敘，有不盡吻合的地方，時間久遠，斯人已逝，誰精確，誰粗疏，死無對證，好在無關宏旨，無需贅言。

夏衍對魯迅一直是耿耿於懷的，但苦於自己是黨內的人，又礙於魯迅的巨大存在。而且黨的領袖對魯迅有過極為高度的評價，他能說、他敢說什麼呢？他不滿魯迅，但不滿的是一個偉大的人物，要說點什麼，還讓他頗犯躊躇哩。他想痛痛快快地對魯迅發洩一通，又不得不有所顧忌，於是，他把無名火往馮雪峰身上發了。他自覺不自覺地採用了古老中國的一個傳統戰法，即：指桑罵槐。新中國成立後，他有權時，借了好名義，參與了整馮雪峰的運動。他沒權或是說權力不是那麼大時，他借著自己的名望，參與了損馮雪峰的活動。他的整馮雪峰和損馮雪峰的終極目的，都是為了出一口惡氣，為了證明當年魯迅是不對的。當然了，魯迅的「不對」，是由於他被馮雪峰這樣的人給蒙蔽了。

黎辛在一九九八年十二期《縱橫》雜誌上發表文章《我所瞭解的丁玲、馮雪峰、陳企霞案件始末》，介紹了夏衍們當年對馮雪峰的批鬥。

一九五五年，中宣部召開多次會議，批判馮雪峰。據說，會議的大部分時間是揭發馮雪峰與黨的關係：馮雪峰從瓦窯堡黨中央到上海，「違反黨的指示而撇開周揚和夏衍」，先去找非黨員；特別是馮雪峰挑撥魯迅與黨的關係。

八月十四日中宣部第十七次會議批判馮雪峰，夏衍做了激烈的長篇發言。這是最緊張的一次會議。夏衍發言時，有人喊「馮雪峰站起來！」夏衍說，一九三六年雪峰同志從瓦窯堡到上海，據我們所知，中央是要他來和周揚同志和我接上關係的。雪峰到了上海，不找我們，先找了魯迅先生……你一直不找渴望著和中央接上關係的黨組織，而去找了胡風，不聽一聽周揚同志和其他黨員同志的意見，就授意胡風提出了「民族革命戰爭的大眾文學」這個口號，引起了兩個口號的論戰，這是什麼緣故？夏衍說，「我們一直認為《答徐懋庸並關於抗日統一戰線問題》一文是魯迅的手筆，現在馮雪峰承認了這篇文章是他起草的，請在座的同志們重新讀一讀這篇文章……我只說其中有關所謂『內奸』問題的一段。」

所謂「內奸」一段，就是魯迅認為「證據薄弱之極」的胡風是內奸說。當時，胡風已經倒楣，成了「反革命集團」的首惡。夏衍提示人們讀一讀這段，一是表明「四條漢子」有先見之明，二是認為魯迅不相信他們的說法是不聽黨的招呼。

周揚也插話，他站起來質問馮雪峰，是不是對他們進行「政治陷害」。

關於馮雪峰去上海，在《張聞天傳》⑽裡有詳實敘述：「上海地下黨是經過幾次大破壞以後留下來的，情況複雜，同黨中央又長期失去聯繫。派馮雪峰去，首先是因為他在上海活動時間長，和魯迅、茅盾、胡愈之等熟識，可以透過魯迅等摸清情況，然後開展工作。臨行前，張聞天叮囑雪峰，到上海後，務必先找魯迅、茅盾等，瞭解一下情況後再找黨員和地下組織。」馮雪峰去上海的工作任務是和南京方面聯絡，促進聯合抗日；和上海各界救亡團體及領袖聯繫；恢復和地下黨的聯繫，開展上海黨的工作，最後附帶管管文藝工作。周恩來還親自交給馮雪峰「建立一個電臺」的任務。馮按中央指示緊張而又有效地進行工作，七月下旬政治局會議「肯定馮雪峰去上海以後，上海的工作『正常開展』，是有進步的。」

夏衍埋怨馮雪峰不先找他們，而找「非黨」的魯迅，可見，他們對魯迅還是分裡外的，魯迅只是他們可利用的一面旗幟。魯迅是一個巨大的存在，如果不是這樣，夏衍們也會像對待胡風、馮雪峰一樣，根本不把其放在眼裡。馮雪峰重任在身，只不過夏衍們不知道馮雪峰這次去上海的任務而已。

一九五五年的往事，對我們理解夏衍的積怨，應該不會沒有幫助吧？

離發表《往事》又過了將近十年，上個世紀八〇年代後期，「一些早該忘卻」的往事，還是無法讓夏衍「忘卻」。夏衍在他新出版的《懶尋舊夢錄》(11)中，對「兩個口號之爭」和「左聯解散」等問題，根據他的「親身經歷過的、耳聞目睹過的」做了「記述」。

《懶尋舊夢錄》共三十三萬字，其中《左翼十年》（上、下）是第四、五兩大部分，約佔全書字數的將近一半，可見是重點，作者自己也說，「寫這本書難度最大的是第四章『左翼十年』。」李何林認為，在「左翼十年」部分，「對作者比較棘手的問題我看是『解散左聯』和『兩個口號之爭』。至於『革命文學論戰』，因為夏衍同志沒有參加，還比較容易『客觀地』介紹」。(12)

在「兩個口號」問題上，夏衍主要是揪住馮雪峰。他覺得魯迅的《答徐懋庸並關於抗日統一戰線問題》一文是馮雪峰起草的，馮雪峰會不會塞進了「私貨」？他完全無視魯迅手稿所提供的基本史實：這篇文章雖然是馮雪峰起草的，但魯迅卻做了大段大段的修改，補充進了大量的內容。

我以為，馮雪峰和魯迅在「兩個口號」問題上有共同的見解，這才是問題的根本。他們之所以持共同的看法，是有其自身的思想基礎的。他們首先不滿於「國防文學」的含含糊糊和放棄無產階級的領導權。馮雪峰是勞苦家庭出身的，又是作家中唯一參加過長征的人。革命革了好長一段時間，結果卻要放棄（至少馮雪峰在某一段時間的印象中是這樣）無產階級領導權，做為不是政治家的馮雪峰，一時是不容易「腦筋急轉彎」的。

周健強整理的胡愈之回憶錄《我所知道的馮雪峰》(13)，記下了馮雪峰「七七」事變前後的一件事：

> 有一天晚上雪峰突然到我家來了。我高興地問他：「好久不見了，你到哪裡去了？」他氣色很不好，賭氣似的說：「我到南京（也可能是杭州）去了，現在不幹了，他們要投降，我不投降。我再也不幹了，我要回家鄉去。」

胡愈之說：「原來他隨中央代表團（雪峰不是代表）和國民黨談判第二次國共合作的問題，與博古吵翻了，氣得跑回來的。那時為聯蔣抗日，共產黨要的條件是很低的，如取消蘇維埃政權，改編紅軍等等，這對於這個農民的兒子，血氣方剛的雪峰也確實不容易接受。」是的，馮雪峰「不容易接受」，他不像某些躲在租界裡的政治家，說變就變。馮雪峰的這一舉動雖然不符合當時的政策，卻符合他的秉性，是他的性格發展的必然。也正是因為有這樣的背景，他自然要支持魯迅提出的「民族革命戰爭的大眾文學」。

馮雪峰脾氣倔，後來，他真的跑回義烏老家去寫關於紅軍長征的長篇小說去了。夏衍說，

也正是因為這個原因，新中國成立後，馮雪峰有老紅軍的資格，卻只當了人民文學出版社的社長。真實的情況是不是這樣呢？還有待進一步的考證。夏衍對馮雪峰只當了人民文學出版社社長的評論，真是把夏衍與馮雪峰的性格都突出出來了。我覺得，馮雪峰不像夏衍他們那樣富有彈性，可左可右，讓魯迅也目不暇接，感嘆極左是很可能走向反面極右的。夏衍他們當時至少是四分之三個職業革命家，他們領會上頭的精神、捕捉上頭的意圖的能力，既在馮雪峰之上，更在魯迅之上——魯迅如果「上」在三樓，夏衍他們則高在三十樓。

魯迅與馮雪峰一樣不滿「國防文學」這個口號。魯迅為什麼要不滿「國防文學」呢？做為《新青年》時代的老同仁，做為「五四」新文化運動的同路人，我覺得，陳獨秀還是理解或者說瞭解魯迅的，魯迅去世不久，他對魯迅與當年左派青年的關係，談了這樣的看法：

> 魯迅先生的短篇幽默文章，在中國有空前的天才，思想也是前進的。在民國十六七年，他還沒有接近政黨以前，黨中一班無知妄人，把他罵得一文不值，那時我曾為他大抱不平。後來他接近了政黨，同是那一班無知妄人，忽然把他抬到三十三層天以上，彷彿魯迅先生從前是個狗，後來是個神。我卻以為真實的魯迅並不是神，也不是狗，而是個人，有文學天才的人。(14)

當年的陳獨秀畢竟已不在黨，他不瞭解或者已經忘記了共產黨的組織紀律以及黨的活動的操作過程。夏衍則是這一切的參與者之一，夏衍的不平，就在於他忠實地執行了共產國際的指令，他認為「國防文學」符合黨的統一戰線的政策，可是魯迅為什麼要與之有不同意見呢？聽共產國際的，還是聽魯迅的？共產國際對，還是魯迅對？這是一大矛盾，這一矛盾甚至困擾著夏衍終生，即便到了暮年，死之將至，仍然百思不得其解，因而仍然耿耿於懷。

夏衍為什麼那麼痛恨馮雪峰呢？我以為，夏衍對馮雪峰的看法有其雙重性，他的痛恨馮雪峰，一方面是對魯迅當年的批評積怨在心，鬱積成恨。夏衍恨魯迅，但又無奈，所以，老是在馮雪峰身上找碴，他的痛罵馮雪峰，實際上是罵魯迅，項莊舞劍，意在沛公；另一方面，他確實有痛恨馮雪峰的一面，換言之，就是純粹的痛恨馮雪峰，而不是透過罵馮達到罵魯的目的。他似乎是這樣想的，魯迅是個大人物，是個自由思想家，也就罷了，你馮雪峰是黨內人，為什麼不和黨保持一致呢？——在他的心目中，周揚和他等「四條漢子」就是黨。從這一意義上看，他的痛恨馮雪峰又不是因為魯迅，而純粹就是痛恨馮雪峰了。這就是他對馮雪峰看法的雙重性。

對於「兩個口號」的爭論，陳獨秀是這樣理解的：「魯迅對於他所接近的政黨之聯合戰線政策，並不根本反對，他所反對的乃是對於土豪劣紳政客奸商都一概聯合，以此懷恨而終。

在現時全國軍人血戰中，竟有上海的商人接濟敵人以食糧和祕密推銷大批日貨來認購救國公債的怪現象，由此看來，魯迅先生的意見，未必全無理由吧！在這一點，這位老文學家終於還保持著一點獨立思想的精神，不肯輕於隨聲附和，是值得我們欽佩的。」[15]是的，魯迅所「反對」的「乃是對於土豪劣紳政客奸商都一概聯合」，正是這一點，與馮雪峰的跑回義烏有共同點，是魯迅、馮雪峰不滿於「國防文學」的基本的出發點。林賢治也談了自己的看法：「左聯是曾經戰鬥過來的，因為它的存在，盟員們獻出了他們的鮮血和生命。現在要解散，要同『新月派』『第三種人』聯合到一起，要一切透過『國防』，這是他所不願意的。解散左聯，意味著他要抹殺血的記憶，放棄先前的戰鬥的原則。」[16]陳獨秀和林賢治的理解比較接近魯迅的本意，這有他與馮雪峰的談話為證。魯迅對馮雪峰說：「要一下子將壓迫忘得乾乾淨淨，是到底做不到的。以為壓迫會輕起來，那也是做夢！……」「我確是不容易改變。就算記住敵人的仇也是一種錯誤吧，也就只好錯誤了。……不念舊惡，什麼話！」[17]「國防文學」口號提出後，魯迅看到「國防文學」「這名詞裡左的不正確的意見」（《答徐懋庸並關於抗日統一戰線問題》），經與馮雪峰等商議後，由胡風在一九三六年六月一日發表《人民大眾向文學要求什嗎？》一文，提出「民族革命戰爭的大眾文學」的口號。但胡風的文章沒有說明新口號與已為廣大群眾所接受了的「國防文學」口號的關係，而「國防文學」的宣導者，從宗派主義立場出發，不能容忍新口號的提出，他們想用一個口號一統文藝界，所以爆發了論戰。因為胡風似乎不夠「權威」，他的文章也有「解釋得不清楚」的地方，魯迅先後發表了《論現在我們的文學運動》、《答徐懋庸並關於抗日統一戰線問題》等文，對「民族革命戰爭的大眾文學」做出闡述，魯迅認為這個口號比「國防文學」的口號「意義更明確，更深刻，更有內容」。同時指出，新口號的提出，「決非停止了歷來的反對法西斯主義，反對一切反動者的血的鬥爭，而是將這鬥爭更深入，更擴大，更實際，更細微曲折，將鬥爭具體化到抗日反漢奸的鬥爭，將一切鬥爭匯合到抗日反漢奸鬥爭這總流裡去。決非革命文學要放棄它的階級的領導的責任，而是將它的責任更加重，更放大，重到和大到要使全民族，不分階級和黨派，一致去對外。這個民族的立場，才真是階級的立場」。魯迅認為，「國防文學」這一口號「即使曾被不正確的解釋，它本身含意上有缺陷，它仍應當存在，因為存在對於抗日運動有利益」，兩個口號可以「並存」。

自魯迅的公開信發表後，兩個口號的論戰一時沉寂了下來，許多人都認為應當顧全大局而休止。既然可以「並存」，也就沒有了爭論的必要。到了十月份，魯迅、郭沫若、茅盾、巴金、謝冰心、周瘦鵑、林語堂等文藝界有代表性的各方人物，聯合發表了《文藝界同人為團結禦侮與言論自由宣言》，號召文藝界為抗日救國而聯合起來，這標誌著「兩個口號」的爭論趨

於結束，新形勢下建立文藝界統一戰線的條件已經成熟。

相隔四十二年後，周揚在接受趙浩生提問時的回答，重現了當年那一幕。周揚說：「……不過我們當時確實不知道這篇文章（指《人民大眾向文學要求什麼？》）是魯迅讓他寫的。胡風原來是『左聯』的一個領導成員，不過他不是共產黨員，……所以他的文章一發表，地下黨裡一些搞文藝工作的同志很不滿意。大家覺得我們提出『國防文學』很受歡迎。因為要救國，所有抗戰救國的口號都引起很強烈的歡迎，我說過『國防文學』不管它有多少缺點，但在當時的氣氛下受歡迎的。你記得吧，那時候有一種『馬占山牌香煙』，在上海風行一時，那時人民的心理就是要打日本。我們覺得我們提出『國防文學』，他又另外再提出一個口號，就分散了力量，所以就跟胡風展開論戰。大家本來對他就有意見，這裡面當然也有宗派情緒，……這個爭論展開的時候我也在內。錯誤在我不應該跟他爭論。他提出『大眾文學』，即使我們不知道是魯迅叫他提的，也不應該跟他爭論，應該歡迎，對不對？就錯在宗派主義，因為是胡風提的，所以就要跟他爭論。拿我來說，主要的錯誤在什麼地方呢？一個是在解釋『國防文學』的文章裡面確實是有右的東西。因為我那時負責嘛，不管文章是我寫的也好別人寫的也好，我都有責任。同時呢，這些文章中也有『左』的東西，『左』的傾向並沒有克服。」

再一個就是「左聯」解散問題。魯迅原先對解散「左聯」是有不同看法的，做為個人，魯

迅對「左聯」中的某些人（比如周揚和田漢）十分不喜歡，甚至於厭惡，但他又反對解散做為整體的「左聯」⒅

《懶尋舊夢錄》的《蕭三的來信》一節是說明「解散左聯」的原因和經過，也是為提倡「國防文學」辯護的。夏衍說：「蕭三是『左聯』駐蘇代表，他的信，不論從哪方面看，都可以看出並不是他個人的意見。主要的一點，就是『解散左聯』的目的，是為了『擴大文藝界聯合戰線』，這和共產國際第七次代表大會的決議和《八一宣言》的宗旨是一致的。」又說：「從這封信的內容和口氣，誰都可以看出，這不是蕭三個人的意見，而是中共駐共產國際代表團對『左聯』的指示。而這一指示，又和國際七大決議和《八一宣言》是一致的；這時，我們和中央失去組織關係已經九個月了，一旦接到這一指示，我們就毫不遲疑地決定了解散『左聯』和『文委』所屬各聯，另行組織更廣泛的文化、文藝團體。」這就是「解散左聯」和提出「國防文學」運動的重要理由，也就是在「擴大文藝界聯合戰線」共產黨不要領導權的原因和根據。因此，你魯迅開始不贊成「解散左聯」，是不符合共產國際七大決議精神和中共駐共產國際代表團對「左聯」的指示的。

夏衍說：「魯迅接到蕭三來信是在十一月中旬，不久就由茅盾轉給了周揚。」「大約在十二月中旬，周揚在他家裡召開了一次『文委』的擴大會，……在這次會上，主要討論了兩

個問題，一是中國文藝家協會應該爭取哪些人來參加，二是解散『左聯』的問題一定要取得魯迅和茅盾的同意，以及由誰去和魯迅聯繫的問題。」這就是說周揚、夏衍等已經決定「解散左聯」然後才去徵求魯迅的意見的，並沒有和「左聯」的「旗手」魯迅一塊兒討論解散「左聯」的問題。是因為魯迅、茅盾不是黨員嗎？但做為群眾團體的「左聯」，像這樣關係存亡的重大問題，為什麼不能開包括黨外人士的討論會呢？

不過魯迅不同意解散主要還不是因為沒有開會和他商量，主要還是要「左聯」做為文藝界統一戰線的核心，沒有這個核心，他怕被別人「統過去」。他自然不贊成取消「左聯」。以後魯迅勉強同意了，要求發表一個宣言，善始善終，周揚、夏衍等也沒有發。

那麼，蕭三又是怎麼說的呢？

當年，蕭三在莫斯科，是「左聯」駐「國際革命作家聯盟」的代表。一九三五年八月，共產國際第七次代表大會在莫斯科召開，第三國際負責人季米特洛夫做了長篇報告，提出要建立工人階級的反法西斯主義的統一戰線。

這年九月間，王明找蕭三談話。王明認為「左聯」太「左」，搞關門主義，對蕭三說：「你寫封信回上海，叫把『左聯』解散。」蕭三說：「我當時不贊成，沒有聽他的話。」

過了一些時候，大約是十一月間，王明又問蕭三：「你寫信回國沒有？」蕭三說：「沒有寫。」王明問：「你不贊成統一戰線嗎？」蕭三說：「贊成。」王又說：「那為什麼不寫？是不是因為你是『左聯』的代表，解散了，你就當不成代表了？你不寫，我找別人寫！」態度兇得很。於是蕭三又去找當時駐第三國際的另一位代表康生。當時的康生也認為「左聯」太「左」，關門主義，照抄黨的決議做為自己的宣言，只提武裝保衛蘇聯而不提反帝，並列舉了國內搞統一戰線工作的成績。他雖沒有明說要解散「左聯」，但意思是很明顯的，給了解散「左聯」以理論的根據。於是，在王明的催促之下，蕭三把康生的理論加以發揮，並根據他提供的有關國內情況的資料，寫了一封信回上海，以蘇聯解散「拉普」為例，提出解散「左聯」。信封上寫「上海北四川路司各脫路內山書店轉周豫才先生」。當時蕭三跟「左聯」聯繫，都是透過魯迅的。

這裡，蕭三似乎想說明，關於解散「左聯」，是王明的意見，而不是中共中央的意見。

蕭三回國後，在延安整風期間，曾將此事向毛澤東彙報，毛澤東發表了他的看法。一九四三年十月三十一日蕭三在日記中寫道：「下午兩點後去棗園晉謁毛主席……我告以解散左聯是王明的主張，他兩次逼我寫信回上海……主席這才知道，並說：『這有點像解散共產黨。』『反帝而去掉無產階級立場，那就反帝也不會有了。』又笑說『那就是和『右聯』、『中聯』一道搞了』。」(19)如此看來，毛澤東對解散「左聯」也是持批評態度的。

晚年夏衍，在我的印象中，既有糊塗偏頗的一面，又有固執可愛的一面。例如，關於「兩個口號」之爭，在過了半個多世紀，學術界已經多有公論的情況下，他還提出「那個口號」（「民族革命戰爭的大眾文學」）「究竟是誰提出來的，是一個疑團，到現在還是個難解之謎」。這怎麼是個「難解之謎」呢？這不已經是一目了然的事了嗎？我有一個感覺，夏衍可能是不讀文學史的，也許他覺得他自己是文學史的對象，所以沒有讀文學史的必要。他誤入了身在廬山不識廬山真面目的誤區了。否則，我們又怎麼解釋他把一般存在的歷史事實當成了「難解之謎」呢？又如，當周健強對夏衍說：「不是他（指馮雪峰）的交代在《新文學史料》上發表以後，周揚還很感動，在他生病住院時，周揚還去醫院探望，向他表示道歉了嗎？」夏衍答說：「周揚還要我一起去看他，我不去。」周健強問：「為什麼呢？」夏衍說：「我這個人就是這樣，說不去，就是不去。」周揚晚年對許多事情有了新的見解，有了反思與懺悔。在對魯迅和馮雪峰等問題上，周揚沒有夏衍那麼固執，沒有夏衍那樣堅定。周揚的懺悔也許是真誠的，夏衍的固執也可能是發自他的內心。一句「我這個人就是這樣」，讓人看出夏衍是不壞的人，他雖然搞過政治，但依然是文學家的本性。

他這個人就是這樣，一些早該忘卻的往事，他卻終生不忘。

一九八一年版《魯迅全集》中，在《答徐懋庸並關於抗日統一戰線問題》一文的注釋[1]上關於「兩個口號」的爭論，是這樣評價的：

魯迅當時在病中，本文由馮雪峰根據魯迅的意見擬稿，經魯迅補充、修改而成。

一九三五年後半年，中國共產黨確定了建立抗日民族統一戰線的政策，得到全國人民的熱烈擁護，促進了抗日高潮的到來。當時上海左翼文化運動的黨內領導者（以周揚、夏衍為主）受到中共駐共產國際代表團一些人委託蕭三寫信建議的影響，認識到左翼作家聯盟工作中確實存在著「左」的關門主義和宗派主義傾向，認為「左聯」這個組織已不能適應新形勢，在這年年底決定「左聯」自動解散，並籌備成立以抗日救亡為宗旨的「文藝家協會」。「左聯」的解散曾經由茅盾徵求過魯迅的意見，魯迅曾表示同意，但是對於決定和實行這一重要步驟的方式比較簡單，不夠鄭重，他是不滿意的。其後周揚等提出「國防文學」的口號，號召各階層、各派別的作家參加抗日民族統一戰線，努力創作抗日救亡的作品。但在「國防文學」口號的宣傳中，有的作者片面強調必須以「國防文學」做為共同的創作口號；有的作者忽視了無產階級在統一戰線中的領導作用。魯迅注意到這些情況，提出了「民族革命戰爭的大眾文學」的口號，做為對於左翼作家的要求和對於其他作家的希望。革命文藝界圍繞這兩個口號的問題進行了尖銳的爭論。

這一「注釋」與以上所闡述的事實，基本上是吻合的。「左聯」解散，國防文學的提出，都是為了適應抗日這一新的形勢。初時，魯迅不相信共產黨會解散「左聯」，他對茅盾說，我不相信孫悟空會丟掉他的那根金箍棒。夏衍對此評論說：「意思很明白，就是說『左聯』是我們手裡的棍子，打人的棍子，也就是說『奴隸主管的鞭子』吧。」（《往事》）後來，茅盾把具體情況跟魯迅講了一下，魯迅說，解散也可以，但應該發表一個正式宣言，說明我們無產階級文學革命的任務還沒有達成。魯迅的態度是，要有始有終，不要「自行解散」，這是魯迅與周揚等人不同的看法之一。

隨著「左聯」的解散，周揚提出了「國防文學」的口號。周揚認為，這個口號「號召一切站在民族戰線上的作家，不問他們所屬的階層，他們的思想和流派，都來在創造抗敵救國的藝術作品，把文學上反帝反封建的運動集中到抗敵反漢奸的總流。」郭沫若、茅盾等也發表文章，支持這一口號，並發表了一些重要意見。其他許多作家也發表文章，闡述「國防文學」的現實基礎與精神實質，並相繼出現了「國防戲劇」、「國防詩歌」、「國防音樂」等口號。《文學》、《光明》、《文學界》等刊物上，陸續刊載和推薦了不少「國防文學」作品。

「兩個口號之爭」的核心問題，是在抗日救亡的新形勢下組織成立的文藝界抗日統一戰線中，左翼文藝界要不要做為核心和爭取領導權？抗戰文藝是不是左翼革命戰爭文藝的發展？

左翼文藝要不要「盡它的階級的領導責任」？「七七抗戰」後的八年抗戰文藝及其以後的發展，充份說明了文藝所表現的是「民族革命戰爭」的各個方面，內容和形式是日趨「大眾化」了的。「國防文學」這個口號在抗戰開始後就被人忘到九霄雲外去了。「國防文學」的代表作，夏衍寫的《賽金花》之類，也只有文學史家們研究文學史的時候才偶爾提到，那是說，妓女也可以愛國的，諸如此類。

關於「國防文學」，周揚晚年接受採訪時曾有反思：

> 「國防文學」是上海地下黨決定的，沒有中央的指示。這是根據當時情勢的需要和共產國際的條件，以及當時黨的「八一」宣言。當然黨的「八一」宣言也是在莫斯科搞的，我們的黨沒有承認這個「八一」宣言。但是總的綱領是毛主席提出的「抗日民族統一戰線」。
>
> 黨首先提出來「組織國防政府」，一九三七、一九三八年毛主席的文章中提出「國防教育」等等，主張「一切都要適合國防的利益」。「國防文學」提出來以後不是被批評得很厲害嗎？我的認識是，並不是「國防文學」不能提，其錯誤是在對「國防文學」的解釋不一致，其中有右的觀點。這個右的觀點就是王明路線。(20)

在同一篇採訪錄中，也記下了周揚談「左聯」「關門主義」的內容。他說：

在當時情況下，「左聯」就等於共產黨，國民黨抓到「左聯」的人要槍斃的。在這種情勢下，很多人本來是很進步的，但不敢參加「左聯」。像巴金、曹禺這些人，都不敢參加。甚至過去參加的人，像郁達夫，後來都不參加了。

我們也感到確實有關門主義，我們感到當時的「左聯」成了第二黨。為什麼叫第二黨呢？就是說它實際上跟黨是一樣的。它本來是個作家團體，可以更廣泛一些，更公開一些，更多談文學，但是後來專門談政治，甚至遊行、示威，這樣搞起來，人家就算了。

所謂「左」，就是宗派的教條主義。這個我應該負責任。魯迅答徐懋庸的信……全篇不是批評我右，而是批評我「左」，批評我「左得可怕」。

人到老年，其言也善，也更尊重客觀事實。周揚晚年的這一番話是很有誠意，也很有見解的，只可惜歷史不能重新來過一次，倘周揚有現在的見解，又領導著當時的「左聯」，情況又當如何呢？

徐懋庸留有一份毛澤東一九三八年在延安和他談「兩個口號」問題的紀錄，這個紀錄曾請陳雲審閱過，證明內容是符合實際的。毛對徐說：你們的口號是革命的，魯迅的口號也是革命的。總之，是「人民內部矛盾」。「兩個口號」的爭論，是革命的戰略和策略的問題的爭論，較少涉及文學藝術問題。(21)既然「兩個口號」無非是比賽誰更革命，它必將匯入革命的洪流中，餘下的只是白茫茫的一片了。歷史已經淡化了爭論它的意義。

五

魯迅對「四條漢子」採取的態度有兩面性。在公開的場合，公開發表的文章，都留有餘地，顧全大局，總的來說是持理性的態度。這在上面已多有介紹。魯迅對「左聯」，尤其後期「左聯」，是沒有多大好感的。然而，公開場合，他仍是維護「左聯」，甚至反對解散「左聯」。可是，在更能表現自我感情的私下通信中，魯迅對「四條漢子」們有不滿有厭惡也有偏見。

我們不妨也來看看魯迅在私下對「四條漢子」的看法，即在上節開始中提到的，相對於「大是非」的「小不滿」。

魯迅對周揚等人是不滿、憎惡和憤慨的。那麼，究竟是哪些方面引起魯迅的不滿、不平、憎惡和憤慨呢？周蔥秀從魯迅的文章和信函的片言隻語中對其做了歸納(22)。魯迅多次稱周揚等為「元帥」，元帥是發號施令的，「軍令如山」，總是要役使隸屬於他的人，總是要宣佈別人的「罪狀」；多次稱周揚等人為「英雄」，指他們常常打擊別人，打擊「不聽他們指揮」

的人，甚至敢於下手「扼死」這樣的人；多次稱「自以為是革命的大人物」周揚等人為「工頭」，他們「手執皮鞭，亂打苦工的背脊」，有時稱他們為「橫暴者」或「奴隸總管」，所謂「橫暴者」指他們「小不如意，就倚勢（！）定人罪名，而且重得可怕」，所謂「奴隸總管」，指他們「自以為出人頭地」，「以鳴鞭為唯一業績」；有時稱他們為「四條漢子」，「漢子」者，非形體魁梧之謂也，乃盛氣凌人、頤指氣使之謂也；有時說他們的腦子是「軍閥腦子」；有時把他們的意見稱作「聖旨」。綜合魯迅以上的言詞，可見周揚等人引起魯迅的不滿、憎惡和憤慨的是他們的專制。魯迅雖說過「懷疑過他們是否係敵人所派遣」，但魯迅仍然相信他們是革命者，不過，他們在革命文學團體中卻把自己放在「元帥」、「工頭」、「奴隸總管」、「軍閥」、「皇帝」的位置上，視別人為「奴隸」，壓制、鞭打、扼殺別人。

一九五八年五月，胡適以《中國文藝復興運動》(23)為題，在臺北中國文藝協會做了一次演講。其中他說：

到抗戰時期前幾年，所謂左翼作家同盟組織起來了，那時共產黨盡量歡迎這批作家進去，但是共產黨又不放心，因為共產黨不許文藝作家有創作自由。所以那時候監視他們的人——左翼作家的監視者，就是周起應，現在叫周揚，他就是在上海監視魯迅這批作家的。諸位如果有機會，我希望有一本書在自由中國可以得到，是值得看看的。這本書在抗戰初期出版，是魯迅死後，他的太太把魯迅寫給各朋友的信搜集起來，叫《魯迅書簡集》；這本書裡面有幾封信值得看看，特別是他寫給胡風的四封信，其中有一封就是魯迅死之前不到一年寫的，是一九三五年（他是一九三六年死的），這封信胡風問他三郎（不知是誰，大概是蕭軍）應該不應該加入黨（共產黨）？他說：「這個問題我可以毫不遲疑地答覆你，不要加入！現在在文藝作家當中，凡是在黨外的都還有一點自由，都還有點創作來，一到了黨裡去就『醬』在種種小問題爭論裡面，永遠不能創作了，就『醬』死了！」「醬」在裡面去，這個字用得好極了。底下更值得讀了，他說：「至於我呢，說來話長，不必說了吧。」他說：「我總感覺得我鎖在一條鍊子上，鎖在一條鐵鍊上，背後有一個人拿著皮鞭打我，我的工作越努力打的越厲害。」這一段話裡，打他的就是現在在大陸搞文藝的周揚——那個時候的周起應。

魯迅會勸蕭軍不要加入共產黨？我查了一下一九三五年九月十二日致胡風的信，魯迅的原話是這樣的：

三郎（按：即蕭軍）的事情，我幾乎可以無須思索，說出我的意見來，是：現在不必進去（按：這不等於說，以後也不要進去）。最初的事，說起來話長了，不論它；就是近

幾年，我覺得還是在外圍的人們裡，出幾個新作家，有一些新鮮的成績，一到裡面去，即醬在無聊的糾紛中，無聲無息。以我自己而論，總覺得縛了一條鐵索，有一個工頭在背後用鞭子打我，無論我怎樣起勁的做，也是打，而我回頭去問自己的錯處時，他卻拱手客氣的說，我做得好極了，他和我感情好極了，今天天氣哈哈哈……真常常令我手足無措，我不敢對別人說關於我們的話，對於外國人，我避而不談，不得已時，就撒謊。你看這是怎樣的苦境？

通觀全信，我們可以看到，這裡談的是蕭軍是否加入「左聯」而不是共產黨的事。胡適一向治學嚴謹的，他的這一回談魯迅，與其說是用學術的觀點看問題，不如說是用政治的觀點看問題。政治的偏見，使胡適這樣的大學者也鬧了一個大笑話。

然而，「左聯」畢竟是共產黨策劃並領導的一個文藝團體，周揚認為「左聯」當時就等於是共產黨，是「第二黨」；馮雪峰認為「左聯」是「半政黨」。應該說，魯迅這段話是對三〇年代就曾有的極「左」萌芽的一種不滿。我以為，這段話可以看出這樣幾層意思：魯迅對「四條漢子」領導下的「左聯」是深為不滿的，因為有的所謂理論家，擺出「奴隸總管」的架子，「手執皮鞭」，「亂打苦工」，「取了工頭的立場」，魯迅當然「深惡之」。此外，他們「左」而不作，並無創作實績，搞文藝是手段，搞政治才是目的，而他們的政治，又有不少是「無聊的糾紛」，是「破落戶的飄零子弟」，「將敗落家族的婦姑勃谿，叔嫂鬥法的手段，移到文壇上。嘁嘁嚓嚓，招是生非，搬弄口舌，絕不在大處著眼」。（《答徐懋庸並關於抗日統一戰線問題》）「唯以嗡嗡營營為能事。」（一九三六年九月十五日致王冶秋信）總之，「實做的少，監督的太多，個個想做『工頭』……」（一九三六年四月五日致王冶秋信）魯迅是很瞧不起他們的，說「嘩啦嘩啦大寫口號理論的作家，我卻覺得他大抵是呆鳥」（這似也可做為我文前提到的，魯迅不會去提什麼口號的旁證），所以，魯迅又說：「倘使削弱外圍的力量，那是真可以什麼也沒有的。」（一九三五年九月十二日致胡風信）在魯迅眼裡，出了實績的作家，如蕭軍、蕭紅等，多是在「左聯」的「外圍」。儘管如此，魯迅還是把「四條漢子」稱為「我們」，仍是「同一陣線」中人，即如毛澤東所云，是人民內部矛盾。因此，魯迅採取克制的、顧全大局的態度。魯迅「不敢對別人說關於我們的話」，家醜不外揚，對外國人，是「避而不談」，或者是「撒謊」。境況苦，心也苦。魯迅雖非中共黨員，此處卻頗有中共的組織原則。

魯迅給左派作家敲響了警鐘。魯迅指出：「首先應該掃蕩的，倒是拉大旗做為虎皮，包著自己，去嚇唬別人；小不如意，就倚勢（！）定人罪名，而且重得可怕的橫暴者。」（《答徐懋庸並關於抗日統一戰線問題》）魯迅對在文藝論戰中「鍛鍊人罪，戲弄威權」的封建專制主義提出了警告。可是，一些「左」派作家「箭在弦上，不得不發」，仍是「左而不作」。

到了新中國成立後，手中掌握了比「左聯」時期更實在許多的實權，先是把胡風、馮雪峰等打成反革命、右派。接著，自己也受到了極「左」路線的報應，也成了反革命——「四人幫」整周揚他們，打的也是魯迅的招牌：「四條漢子」。正是：「只左不作」太聰明，「左」傾反被「左」傾害。也正是緣於此，周揚、夏衍等人，晚年都成了反極「左」的激烈份子。

周揚晚年，對自己有過辯白：

問：請你談談跟魯迅的關係。

答：我參加「左聯」以後才認識魯迅，跟他透過信，見過面，但來往不多，這固然由於當時白色恐怖的環境所致，但主要還是由於我在思想是不尊重魯迅，不認識魯迅的偉大。魯迅批評了我們的錯誤，並在一些文章和書信裡確實反映出對我們的不滿。我們在對待魯迅的問題上，不管有什麼缺點錯誤，但從沒有搞過什麼陰謀。過去有些口口聲聲喊擁護魯迅的人，其實並不一定是真正擁護魯迅的；過去和魯迅爭吵過的人，其中有不少是始終跟魯迅站在同一戰壕中的，這已由歷史做了見證。如果說我們對魯迅進行了攻擊，那主要就是兩條：一條是說魯迅不懂統一戰線，另一條是說魯迅偏聽胡風的話。我們有錯誤，但不是陰謀。(24)

沒有搞過陰謀，這也許是真實的。也許，在他們的意識裡，魯迅只是可以利用的一面旗幟，用過之後，就可以扔在一邊，所以，不存在尊重不尊重的問題。他強調，他雖然與魯迅有過爭吵，但還是同一戰壕中人。周揚他只能這麼說，因為有毛澤東的「三個偉大」在，他不敢不這麼說。可是，魯迅會不會認同他認為的「奴隸總管」的話，也只有魯迅自己知道了。俱往矣，不說也罷。

周揚晚年，還對魯迅有過很高的評價，認為魯迅是「天才」，是「完人」。一九八三年十二月二十六日，他在紀念毛澤東誕辰九十週年學術討論會上做了題為《毛澤東與魯迅》的講話。周揚說：「我第一次見到史沫特萊時，她非常崇拜魯迅。她說，魯迅是一個天才，其他的人只能說是有才能……魯迅和毛主席稱得上天才，其他的人才能、學問、品德，各有各的長處，但不能說是天才。反對『天才論』並不等於說沒有天才，反對『人性論』也不等於沒有人性。」周揚把魯迅與毛澤東做了比較：「魯迅、毛主席就是天才。是天才不等於他沒有錯誤，不犯錯誤。主席如果在文化大革命前死了，人們不會再提到他的錯誤，他也不會犯大錯誤。魯迅，多活些時候會不會犯錯誤？這只是可能的。但現在他沒有犯錯誤，他五十六歲就死了，在這個意義上講，他是完人。」(25)

對於周揚的「天才論」和「完人論」，袁良駿先生發表了很好的見解：「說毛澤東和魯迅

是天才，甚至偉大天才，這是容易理解的，一點也不過份。所謂天才，無非是說先天稟賦遠遠高於常人，並不神祕，也不唯心，而是人類學中的『自然現象』。有天才正像有白癡一樣，是一點也不奇怪的。」袁良駿從人類學的角度肯定了天才的存在，但同時，他不贊成「完人」說：「然而，天才並不等於『完人』。世界上有天才，但並無『完人』。『天才』，是一個能力概念；『完人』，則是一個道德概念。能力可以很強、很高，但道德卻很難完善。因此，無論從理論上還是從實際上看，『完人』是不存在的。」(26)

「天才」死的其時，故成「完人」，挨魯迅痛罵而不痛恨，善哉，「完人」周揚！

六

這裡，要留作「備忘錄」的是，魯迅有關「兩個口號」論戰的三篇重要文章的寫作背景。其中《答托洛斯基派的信》做於一九三六年六月九日，發表於一九三六年七月的《文學叢報》月刊第四期和《現實文學》月刊第一期。《論現在我們的文學運動》做於一九三六年六月十日，與前文僅隔一天，發表於一九三六年七月《現實文學》月刊第一期和《文學界》月刊第一卷第二號。前文的末尾，附有這樣的幾個字：「這信由先生口授，O.V. 筆寫」，後文的題目底下有「——病中答訪問者，O.V. 筆錄」的副題。O.V. 即馮雪峰，當時左聯的領導成員之一，據夏衍稱，是中共中央特派員。從《中國現代文學詞典》上看，馮雪峰是「……魯迅的摯友、黨和魯迅的聯絡人」。

我查了魯迅一九三六年六月上旬的日記，六月一日「夜又發熱」，此後醫生經常來診並注射。五月開始病重，日記中斷。三十日稍癒，補記如下：「自此以後，日漸委頓，終至艱於起坐，遂不復記。期間一時頗虞奄忽，但竟漸癒，稍能坐立誦讀，至今則可略作數十字矣。但日記是否以明日始，則近頗懶散，未能定也。六月三十日下午大熱時志。」魯迅逝世於一九三六年十月十九日，此際魯迅，已屬風燭殘年，堅持數十年的日記，尚且無法記下幾字，又如何兩日之間，連續口授宏文？倘真是如此，也是文化史上的奇觀了。也正是在這兩篇宏文中，魯迅頭一回對毛澤東有了直接的評價，魯迅對黨的時勢政策有了高度的瞭解，並進行了生動的闡述。

然而，一九九三年第一期的《新文學史料》登載了註明是一九八四年二月的胡風回憶錄《魯迅先生》，談了馮雪峰這兩篇文章的成文過程。胡風說：「當時魯迅在病中，無力起坐，也無力說話，連和他商量一下都不可能。恰好愚蠢的托派相信謠言，竟以為這是可乘之機，就給魯迅寫了一封『拉攏』的信。魯迅看了很生氣，馮雪峰拿去看了後就擬了這封回信。『國防文學』派放出流言，說『民族革命戰爭的大眾文學』是托派的口號，馮雪峰擬的回信就是為了去解消這一栽誣的。他約我一道拿著擬稿去看魯迅，把擬稿唸給他聽了。魯迅閉著眼睛

聽了，沒有說什麼，只簡單地點了點頭，表示同意。」胡風還談了另一篇文章：「馮雪峰回去後，覺得對口號問題本身也得提出點理論根據來。於是又擬了《論現在我們的文學運動》，又約我一道去唸給魯迅聽了。魯迅顯得比昨晚更衰弱一些，更沒有力氣說什麼，只是點了點頭，表示了同意，但略略現出了一點不耐煩的神色。一道出來後，雪峰馬上對我說：魯迅還是不行，不如高爾基；高爾基那些政論，都是黨派給他的祕書寫的，他只是簽一個名……」胡風聽了馮雪峰的答話感到驚訝：「他的聲音驚醒了我，覺得有點意外。並不是蘇聯這種做法使我意外，而是在這種情況下說這種話，而且是用著那樣的腔調。魯迅病得這樣沉重，應該盡一切可能搶救他，應該盡最大的努力避免刺激他打擾他。至於口號的理論問題，雪峰早已懂得不應成為問題；當然也應該從理論上解決問題，但這不是馬上能得到解決，不必也不該馬上求得解決，更不應該用魯迅的名義匆忙地做出斷語。因為，即使分析得完全正確，對方也不會接受，分析得不充份只有加重矛盾而已。其次，魯迅在思想問題上是非常嚴正的，要他對沒有經過深思熟慮（這時候絕不可能深思熟慮）的思想觀點擔負責任，那一定要引起他精神上的不安，對病情產生不利的影響。但他對魯迅的不耐煩的神色，反而用了那樣冷淡的口氣表示了他自己對魯迅的不滿，不能不使我感到意外。」

胡風的「意外」，表現了他對魯迅的感情；馮雪峰的不滿則表現了他對黨的忠誠，馮雪峰希望魯迅向高爾基學習，成為革命的齒輪和螺絲釘。好在魯迅不久死了，否則，馮雪峰是否可以繼續成為「魯迅的摯友」，我心存疑問。

至於一九三六年八月三日至六日寫的《答徐懋庸並關於抗日統一戰線問題》，也是由馮雪峰代筆的。當然，此文與前兩文大有區別，其中，魯迅做了許多修改，並親筆寫了四頁。

三篇文章，均在魯迅逝世後，由許廣平編入《且介亭雜文末編》以及它的「附集」中。這三篇文章，魯迅既然同意署名，那魯迅自然是它們的責任者，然而，它們與魯迅的思想，不會一無距離吧？在胡風的《魯迅先生》中，胡風還提到：「到病情好轉，恢復了常態生活和工作的時候，我提了一句：『雪峰模仿周先生的語氣倒很像……』魯迅淡淡地笑了一笑，說：『我看一點也不像。』」

七

陽翰笙就是和周揚他們一起坐了那回車，從車中跳出，成了「四條漢子」，他是「陪罵」的。我觀《魯迅全集》，除了致胡風信中談到「田、華兩公之自由」而外，似乎魯迅再未提到他了。

***

(1)《魯迅全集．且介亭雜文末編》。

(2)《文學評論》一九八〇年第一期。
(3)《魯迅全集．且介亭雜文．附記》。
(4)《魯迅全集．且介亭雜文》。
(5)有興趣的讀者請參閱本書《「轉向」與「胡風問題」——魯迅與穆木天》一文。
(6)榮天嶼：《錦雞互贈美麗的羽毛》，載《新文學史料》二〇〇三年第二期。
(7)馮雪峰：《有關一九三六年周揚等人的行動以及魯迅提出「民族革命戰爭的大眾文學」口號的經過》，寫於一九六六年八月十日，收入《名人與冤案（二）》，群眾出版社一九九八年版。
(8)《魯迅全集．且介亭雜文末編．這也是生活？……》。
(9)《遠年的薔薇．「兩個口號」和「四條漢子」》，湖北人民出版社二〇〇六年一月版。
(10)程中原著，當代中國出版社二〇〇〇年八月版。
(11)生活．讀書．新知三聯書店二〇〇〇年九月版。
(12)《關於魯迅及中國現代文學．為魯迅馮雪峰答辯》，天津人民出版社一九九六年四月版。
(13)《新文學史料》一九八六年第三期。
(14)
(15)《我對於魯迅之認識》，原載一九三七年十一月二十一日《宇宙風》（上海）第五十二期，轉引自《六十年來魯迅研究論文選》（上）第223頁，中國社會科學出版社一九八二年九月版。

(16)《魯迅的最後十年》，中國社會科學出版社二〇〇三年四月版。

(17)馮雪峰：《回憶魯迅》，載《新觀察》一九五二年半月刊。

(18)關於解散「左聯」，有興趣的讀者可參閱本書《「傳話人」與「替罪羊」——徐懋庸夾在魯迅與「四條漢子」之間》一文，其中有相對詳盡的介紹。

(19)以上史實見《訪問蕭三同志紀錄》中的「一、關於寫信回國問題」，《魯迅研究資料》第4輯，天津人民出版社一九八〇年1月出版。該刊說明「紀錄稿經蕭三同志四次審閱修改」，一九七八年二月定稿。

(20)(24)《周揚笑談歷史功過》，見《新文學史料》一九七九年第二期。

(21)有興趣的讀者可參閱本書《「傳話人」與「替罪羊」——徐懋庸夾在魯迅與「四條漢子」之間》一文。

(22)《魯迅與左聯》，《魯迅研究月刊》一九九九年第二期。

(23)《胡適哲學思想資料選》，華東師範大學出版社一九？？版。

(25)《魯迅研究動態》一九八九年第九期。

(26)《袁良駿學術論戰集·毛澤東和魯迅是天才，但不是「相對完人」》，中國文史出版社二〇〇五年十月版。

「傳話人」與「替罪羊」

——徐懋庸夾在魯迅與「四條漢子」之間

徐懋庸（一九一〇—一九七七），雜文家、文學翻譯家。原名徐茂榮，筆名：高平、致力、力生、慕蓉等。浙江上虞人，早年曾任小學教員，一九二六年參加大革命，在中國共產黨領導的上虞縣國民黨黨部宣傳部當幹事，編輯《南針報》。大革命失敗後，逃亡上海，入勞動大學半工半讀。一九三〇年學習結束後，去浙江臨海教書，並從事文學翻譯。一九三三年到上海，次年參加中國左翼作家聯盟，並在左聯工作。一九三八年到延安，同年參加中國共產黨。抗戰時期從事文化教育工作，主編《華北文化》。解放戰爭時期任冀察熱遼聯合大學副校長、第四野戰軍南下工作團第三分團政治委員。新中國成立後歷任中南軍政委員會委員，武漢大學黨委書記、副校長，中南文化部副部長，中南教育部副部長。一九五七年後任中國科學院哲學研究所研究員。生平著譯甚多。所做雜文涉及面廣，知識豐富，揭露時弊尖銳潑辣，諷刺錯誤嚴肅熱烈。

魯迅曾熱忱地稱讚過徐懋庸，並為他的《打雜集》作序，對他的雜文給予很高的評價。魯迅也曾不留情地批評過徐懋庸，在《答徐懋庸並關於抗日統一戰線問題》(1)的公開信中，對徐懋庸寫給魯迅的信逐一進行批駁。

由於魯迅的稱讚，不少人把徐懋庸看成是魯迅的弟子。因此，魯迅與徐懋庸的「鬧翻」為一些人所幸災樂禍。比如，楊光政在《魯迅及其流派》一文中說：「……有意模仿魯迅作風而比較似的，可指者唯有專做罵人文章的雜文家徐懋庸……」又說，徐懋庸「因為爭取『國防文學』的口號問題，與魯迅翻了臉，兩相對罵一通，與向培良一樣，被魯黨踢出門外」。其實，在我看來，徐懋庸和魯迅的矛盾是有的，但是，第一，這矛盾很大程度上是由於「兩個口號」問題引起的，換一句話說，是由於魯迅與周揚他們的矛盾引起的；第二，魯迅《答徐懋庸並抗日統一戰線問題》的公開信，也不完全是針對徐懋庸的，他罵徐懋庸有罵他的成份，但更多的是透過他罵周揚一夥。與其說是針對徐懋庸的，不如說是針對周揚他們的，至少更大程度上是針對「四條漢子」的。魯迅將徐懋庸綁在「國防文學」上一起批了。

那麼，徐懋庸在魯迅和周揚他們的「左聯」之間扮演了什麼角色呢？我以為，不論徐懋庸本人自覺與否，他實際上是魯迅和周揚他們之間的通訊員了。徐懋庸在他的回憶錄中也說，周揚之所以看重他，也就在於他和魯迅的關係不錯，說得來話。

周揚他們尊魯迅為「左聯」盟主，但卻與魯迅說不上話，與魯迅有著這樣那樣的矛盾，很

多重大問題的決定，也是撇開魯迅的。那麼，魯迅在「左聯」究竟扮演的是什麼角色呢？說穿了，是他們利用和借重的工具。周揚他們是不是把魯迅當作自己的同志？我覺得，他們很大程度上是把魯迅當作「統戰」的對象。這就是他們與魯迅搞不好關係的根本原因之所在。也正是由於這樣的背景，他們需要一個人在魯迅和「左聯」之間充當「傳話人」，所以周揚才重用了徐懋庸這樣當時還不是黨員的人，在「左聯」充任要職。

為了完整地梳理清楚魯迅與徐懋庸的關係，對他們交往的歷史做一下回顧，也許不是多餘的。

一九三四年一月六日，黎烈文邀請《自由談》的十來個撰稿者聚餐，其中有魯迅、郁達夫、曹聚仁、陳子展、周木齋、林語堂……還有徐懋庸。這是徐懋庸第一次和魯迅見面。林語堂晚到，那時大家已經入席了。他坐下後，就對魯迅說：「周先生又用了新的筆名了吧？」因為當時魯迅的筆名是經常改變的。魯迅反問道：「何以見得？」林語堂說：「我看新近有個『徐懋庸』，也是你。」魯迅先生哈哈大笑起來，指著徐懋庸說：「這回你可沒有猜對，徐懋庸的正身就在這裡。」說吧，大家都笑了起來。無疑，這條帶有筆記色彩的軼聞，給徐懋庸帶來了聲名，也使得徐懋庸在文學史上與魯迅聯繫在了一起。

任白戈的一段話，很能說明魯迅、徐懋庸之間的交情是深厚的。他說：

懋庸很崇敬魯迅，以魯迅為師，魯迅對他很愛護，很器重，並且用心培養。當懋庸開始編《新語林》的時候，魯迅勸他不要當編輯，以便騰出時間來多讀點書。及至徐當了編輯以後，魯迅又大力支持，並對他多所指教。魯迅對懋庸說過這樣一段話：「有不少『左翼』作家，只『左』而很少『作』，這是空頭文學家，而你每年至少譯一本書，而且文章寫得不少。」這顯然是對懋庸的一種讚許。

魯迅對懋庸的愛護也是無微不至的。當他知道懋庸正患著消化不良時，親自到藥房買過一瓶蓖麻子油送他，說：「服了這個，瀉一瀉就好了，這是起物理作用的藥物，沒有副作用的。」甚至他的孩子病了，魯迅都曾親自給開藥方。(2)

可以看出，魯迅不僅在創作上給徐懋庸幫助和指導，而且在生活上關心徐懋庸。這說明，他們已不只是文壇上的同仁，而且是朋友；這還可以看出，魯迅的心地是多麼單純，他是一個善良的老頭。

魯迅和徐懋庸的矛盾，最主要的就在於「左聯」解散問題和「兩個口號」之爭。徐懋庸說：「總而言之，直到『左聯』解散的問題發生為止，我和魯迅的關係是比較密切的，他關心我、支持我、教導我，我對他是由衷地敬愛的。我的前妻劉蘊文，有一次同我發生口角，她認為

我很錯誤，說：『我要寫信到魯迅先生那裡告你一狀。』由此可見，她也相信魯迅是真理所在，而且也知道我是敬服魯迅的。至於我雖不才，但魯迅說我對於上海文壇的鬼蜮們，『決非其敵，一定要上當的』，倒也是真話，不但當時如此，即後來的幾十年，也還是如此！」(3) 應該說，他的敘說是符合事實的。

我在本文的開頭就指出，徐懋庸是「左聯」與魯迅之間的「傳話人」。徐懋庸在他的回憶錄中談了他的「傳話」經過。他說，關於「左聯」解散問題，他第一次找魯迅談事，魯迅的答覆是：

> 組織統一戰線團體，我是贊成的，但以為「左聯」不宜解散。我們的「左翼作家」，雖說是無產階級，實際上幼稚得很，同資產階級作家去講統一戰線，弄得不好，不但不能把他們統過來，反而會被他們統去，這是很危險的。如果「左聯」解散了，自己的人們沒有一個可以商量事情的組織，那就更危險。不如「左聯」還是祕密存在。

徐懋庸說：「我當時是同意這意見的，但並沒有領會其深刻的意義。」不久，「左聯」常委會開會了。代表「文總」來出席「指導」的卻不是周揚，而是徐懋庸第一次見面的胡喬木。徐懋庸在會上傳達了魯迅的意見，並表示了自己同意魯迅的態度。於是胡喬木做了長篇發言，主要的意思是：統一戰線團體是群眾團體，「左聯」也是群眾團體。在一個群眾團體裡面祕密存在另一個群眾團體，就會造成宗派主義，這不好，而且會使「左聯」具有第二黨的性質，更不好。

徐懋庸當時還不是共產黨員，聽了胡喬木的「第二黨」的說法，他覺得倒也是個問題，「但關於宗派主義，我認為『左聯』不存在，統一戰線組織中還是可以產生宗派的，『左聯』本身之有周揚派和胡風派，即是一例」。但討論結果，大家一致同意把「左聯」解散。胡喬木看到徐懋庸對魯迅的意見還有點留戀，在會後又和他長談，打通他的思想，徐懋庸說，「打通了我，就要我去打通魯迅」。

於是，徐懋庸第二次去見魯迅，把會議的決議和胡喬木的一套道理向他彙報。魯迅聽了以後表示：

> 既然大家主張解散，我也沒意見了。但是，我主張在解散時發表一個宣言，聲明「左聯」的解散是在新的形勢下，組織抗日統一戰線文藝團體而使無產階級領導的革命文藝運動更擴大更深入。倘若不發表這樣一個宣言，而無聲無息的解散，則會被社會上認為我們禁不起國民黨的壓迫，自行潰散了，這是很不好的。

徐懋庸又把意見帶回給周揚，周揚起初說，這意見很好，等「文總」討論一下再說。但是，過了幾天，周揚對徐懋庸說：「文總」討論過了，認為「文總」所屬左翼文化組織很多，都要解散，如果都發表宣言，太轟動了，不好。因此決定「左聯」和其他各「聯」都不單獨發表宣言，只由「文總」發表一個總的宣言就行了。

於是徐懋庸第三次為這事去見魯迅，這次魯迅的答覆很簡單：「那也好。」

然而，又過幾天，周揚說：「文總」也不發表宣言了，理由是，此時正在籌備組織文化界救國會，不久將成立。如果「文總」發表宣言解散，而救國會成立，就會被國民黨把救國會看作「文總」的替身，這對救國會不利。

於是徐懋庸第四次去見魯迅，說明此事，魯迅聽了，就臉色一沉，一言不發。徐懋庸覺得很窘，別的話也無從談起了，就告辭而回。

我不能說胡喬木、周揚他們有什麼錯，他們是職業革命家，一切講策略講方法，按革命的操作程式操作，他們的決定對共產黨有利，對革命有利。至於魯迅，本來就只是他們手上舞來舞去的大旗，現在，這面旗要暫時收起來了，所以魯迅的意見在這種時候就變得無足輕重了，以後有用時再說吧！胡喬木、周揚他們為革命廢寢忘食，甚至沒有餘暇登門親自向魯迅說明一下。我也真為魯迅悲哀，沒用的時候，是他們攻擊的「雙重反革命」，一時可以用一用了，就一定要把魯迅擺在「左聯」盟主的寶座上，「左聯」解散了，現在魯迅幹什麼呢？魯迅也只好「下崗」了。

魯迅太過呆氣，太過用心，周揚他們對於「左聯」就像一件用過的汗衫給扔了一樣，而魯迅卻還在那裡對於「左聯」的「解散」和「潰散」的界限「分得極嚴格」。魯迅不願意看到他付出許多心血的「左聯」的「潰散」。它的結局是怎樣的呢？魯迅也不知所終了。一九三六年四月，日本「改造社」社長山本實彥來華採訪魯迅，山本問起「左聯」，魯迅答：「我本來也是『左聯』的一員，但是這個團體的下落，我現在也不知道了。」

魯迅答山本等人的說法，當時使徐懋庸感到他不顧事實，所以於五月二日寫了一封信指責魯迅。徐懋庸說：「『左聯』解散問題，我是前前後後多次報告了你的。『解散』的對不對，是另一個問題，但你說不知下落，則非事實。」魯迅即於下午覆信，他說：

> 集團要解散，我是聽到了的，此後即無下文，亦無通知，似乎守著祕密。這也有必要。但這是同人所決定，還是別人參加了意見呢？倘是前者，是解散；若是後者，那是潰散。這並不很小的關係，我確是一無所聞。

徐懋庸說：「看這信就十分明白了，他的意思，第一，解散而不發表宣言，就是『無下

文』；第二，解散而不發表宣言，……就是『潰散』，也就是投降。」

這封信末了，魯迅還說：

我希望這已是我最後的一封信，舊公事全都從此結束了。

從口氣上看，充滿著決絕，這是一封絕交信。事實上這也是魯迅給徐懋庸的最後一信——除了那篇《答徐懋庸並關於抗日統一戰線問題》文章不算外。這不僅是魯迅和徐懋庸「舊公事全都從此結束了」，也是魯迅與周揚他們「舊公事全都從此結束了」。

徐懋庸說：

我素知魯迅先生的脾氣，當他認為一個人可以交的時候，他的關心愛護是無微不至的，而當他憎惡一個人的時候，就拒之於千里之外，絕不留情的。我知道他對我已經失去信任，認為我是周揚的人，交誼至少暫時是不能恢復了。我自然非常沉痛，但對他的革命性，他的文章、道德，絲毫沒有懷疑，也無怨懟之心。我只有一個想法，關於政策路線問題，總是共產黨員比較明白，魯迅不是黨員，而周揚卻是的。因此，我要跟黨走，總得基本上相信周揚他們所說的。所以，在這個嚴重的關頭，我經過反覆考慮，在當時的爭論中決定站在周揚的方面，雖然我對周揚的作風有些方面也是不滿意的。又因為周揚他們的經

常議論，以及根據我自己的觀察，我以為胡風不是好人，魯迅是受了胡風的蒙蔽，「浮雲蔽白日」，一時也是難免的。(4)

周揚是黨員，而魯迅不是，在「黨」和魯迅之間，徐懋庸當時雖然還不是黨員，但還是選擇了「黨」，選擇了周揚。在「兩個口號」和「左聯」解散問題上，徐懋庸自己的是非判斷到哪裡去了呢？由此看來，魯迅在徐懋庸心目中的所謂魅力，也是十分有限的。

徐懋庸年輕氣盛，他沉不住氣，也許也依恃著魯迅曾經有過的對他的幾分厚愛，於是，他打上門，寫信「聲討」魯迅了。在那封著名的被魯迅收進《答徐懋庸並關於抗日統一戰線問題》的信中，他對魯迅說了以下這些內容的話：

徐懋庸認為，魯迅「最近半年來的言行，是無意地助長著惡劣的傾向的。以胡風的性情之詐，以黃源的行為之諂，先生都沒有細察，永遠被他們據為私有，眩惑群眾，若偶像然，於是從他們的野心出發的分離運動，遂一發而不可收拾矣。胡風他們的行動，顯然是出於私心的，極端的宗派運動，他們的理論，前後矛盾，錯誤百出。即如『民族革命戰爭的大眾文學』這口號，起初原是胡風提出來用以和『國防文學』對立的，後來說一個是總的，一個是附屬的，後來又說一個是左翼文學發展到現階段的口號，如此搖搖蕩蕩，即先生亦不能替他們圓其說。對於他們的言行，打擊本極易，但徒以有先生做著他們的盾牌，人誰不愛先生，所以在實際

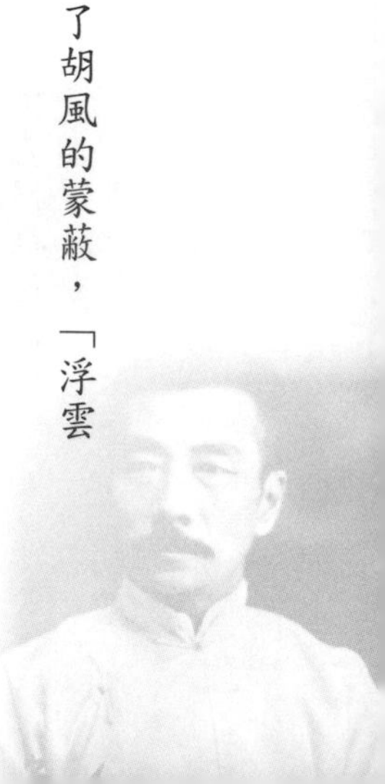

解決和文字鬥爭上都感到絕大的困難」。總之，魯迅沒有察人之明，被胡風他們利用做「極端的宗派活動」，「助長著惡劣的傾向」。在徐懋庸看來，周揚他們是「革命派」，你不服從他們的，又另提什麼口號，你是註定的「宗派」了。

徐懋庸以他對黨的政策的理解來給魯迅上課，換言之，來開導魯迅。他說，「我要告訴先生，這是先生對於現在的基本的政策沒有瞭解之故。現在的統一戰線——中國的和全世界的都一樣——固然是以普洛為主體的，但其成為主體，並不由於它的名義、它的特殊地位和歷史，而是由於它的把握現實的正確和鬥爭能力的巨大。所以在客觀上，普洛之為主體，是當然的。但在主觀上，普洛不應該掛起明顯的徽章，不以工作，只以特殊的資格去要求領導權，以致嚇跑別的階層的戰友。所以，在目前的時候，到聯合戰線中提出左翼的口號來，是錯誤的，是危害聯合戰線的。所以先生最近所發表的《病中答客問》，既說明『民族革命戰爭的大眾文學』是普洛文學到現在的一發展，又說這應該做為統一戰線的總口號，這是不對的。」徐懋庸的話倒是直截了當的：魯迅不懂黨的政策，所以魯迅你錯了。

接著，徐懋庸對一些人談了他的看法。他認為參加「文藝家協會」的「戰友」，未必個個右傾墮落；集合在魯迅左右的「戰友」，自然也未必個個都是好的。他說，「既然包括巴金和黃源之流，難道先生以為凡參加『文藝家協會』的人們，竟個個不如巴金和黃源嗎？我從報章雜誌上，知道法西兩國『安那其』之反動，破壞聯合戰線，無異於托派，中國的『安那其』的行為，則更卑劣。黃源是一個根本沒有思想，只靠捧名流維生的東西。從前他奔走於傅鄭門下之時，一副諂佞之相，固不異於今日之對先生效忠致敬。先生可與此輩為伍，而不屑與多數人合作，此理我實不解。」徐懋庸的意思是不是這樣的：魯迅被巴金、黃源這一類小人包圍了，被利用了？

在這封信中，徐懋庸還幫魯迅找「錯誤」的「根由」，認為是「不看事而只看人」，而「看人又看得不準」。

通觀全信，措辭之激烈，口氣之狂妄，可以說是達到無以復加的程度。魯迅一生中，我們可以找到第二個如此教訓魯迅的人嗎？也許，這時徐懋庸自認為是周揚的代言人，因而也是「黨」的代言人了，他是以「黨」的名義來教訓魯迅的。若非如此，他怎麼會這樣神智不清呢？

徐懋庸的叫戰，讓魯迅回想起了「左聯」時期的許多痛苦的記憶，於是，魯迅寫了《答徐懋庸並關於抗日統一戰線問題》這一著名的公開信。這篇文章題目的一個「並」字是很有餘味的，我理解，它的意思是這樣的，答徐懋庸，也一併對解散「左聯」及「兩個口號」等問題做一了結。這一「並」字，反映了魯迅的厭煩和厭惡的情緒。

解散「左聯」基本上是幕後的糾紛，端到檯面上的，是關於「兩個口號」的爭論。「國防

文學」口號提出後，魯迅看到「國防文學」「這名詞裡左的不正確的意見」（《答徐懋庸並關於抗日統一戰線問題》），經與馮雪峰等商議後，由胡風在一九三六年六月一日發表《人民大眾向文學要求什嗎？》一文，提出「民族革命戰爭的大眾文學」的口號。但胡風的文章沒有說明新口號與已為廣大群眾所接受了的「國防文學」口號的關係，而「國防文學」的宣導者，從宗派主義立場出發，不能容忍新口號的提出，他們想用一個口號一統文藝界，所以爆發了論戰。

因為胡風似乎不夠「權威」，他的文章也有「解釋得不清楚」的地方，魯迅先後發表了《論現在我們的文學運動》、《答徐懋庸並關於抗日統一戰線問題》等文，對「民族革命戰爭的大眾文學」做出闡述。魯迅認為這個口號比「國防文學」的口號「意義更明確，更深刻，更有內容」。同時指出，新口號的提出，「決非停止了歷來的反對法西斯主義，反對一切反動者的血的鬥爭，而是將這鬥爭更深入，更擴大，更實際，更細微曲折，將鬥爭具體化到抗日反漢奸的鬥爭，將一切鬥爭匯合到抗日反漢奸鬥爭這總流裡去。決非革命文學要放棄它的階級的領導的責任，而是將它的責任更加重，更放大，重到和大到要使全民族，不分階級和黨派，一致去對外。這個民族的立場，才真是階級的立場」。魯迅認為，「國防文學」這一口號「即使曾被不正確的解釋，它本身含意上有缺陷，它仍應當存在，因為存在對於抗日運動有利益」，兩個口號可以「並存」。

既然可以「並存」，也就沒有了爭論的必要。到了十月份，魯迅、郭沫若、茅盾、巴金、謝冰心、周瘦鵑、林語堂等文藝界有代表性的各方人物，聯合發表了《文藝界同人為團結禦侮與言論自由宣言》，號召文藝界為抗日救國而聯合起來，這標誌著「兩個口號」的爭論趨於結束，新形勢下建立文藝界統一戰線的條件已經成熟。

徐懋庸曾經是魯迅的「弟子」，「弟子」叫罵上門，魯迅的心情格外沉痛。在他的幾封致友人的信中，可見其心情之一斑。一九三六年九月十五日在致王冶秋的信中說：「我的那篇文章（指《答徐懋庸並關於抗日統一戰線問題》）中，所舉的還不過很少的一點。這裡的有一種文學家，其實就是天津之所謂青皮，他們就專用造謠，恫嚇，播弄手段張網，以羅致不知底細的文學青年，給自己造地位；作品呢，卻並沒有。真是唯以嗡嗡營營為能事。如徐懋庸，他橫暴到忘其所以，竟用『實際解決』來恐嚇我了，則對於別的青年，可想而知。他們自有一夥，狼狽為奸，把持著文學界，弄得烏煙瘴氣。我病倘稍愈，還要給以暴露的，那麼，中國文藝的前途庶幾有救。現在他們在利用『小報』給我損害，可見其沒出息。」一九三六年十月十五日在致台靜農的信中說：「……繼嬰大病，槁臥數月，而以前以畏禍隱去之小丑，竟乘風潮，相率出現，乘我危難，大肆攻擊，於是倚枕，稍稍報以數鞭，此輩雖猥劣，然實

於人心有害……」

不久，魯迅去世了。

一九三六年十月十九日正午，徐懋庸得到魯迅逝世的噩耗，他在昏昏沉沉中跑來跑去，將這消息轉告給許多朋友。跑了半天，回家以後寫了一副輓聯，上聯是：「敵乎，友乎？餘惟自問。」（按照徐懋庸的解釋，這是說：「我到底是先生的敵人，還是朋友呢？這我只問自己就是了。」）下聯是：「知我，罪我，公已無言。」（徐懋庸解釋說：「先生生前，看到我的好處、壞處，都不吝批評，但現在是『無言』了，在我這面是不能再受教誨了。」）這似乎很能體現徐懋庸當時那種「成份十分複雜的痛苦」，正如徐懋庸自己所說的，「我在我和魯迅先生的私人關係上所感覺到的哀痛，總算是寄託在這十六字之中了。」(5)

其實呢，徐懋庸當年對魯迅並沒有這麼溫柔敦厚，他對魯迅的公開信，也是毫不客氣地予以反駁的。他在《還答魯迅先生》一文中就寫道：「……這一回魯迅先生實在是『信口胡說，含血噴人，橫暴恣肆，達於極點』。」並說，「倘不辯明幾句，倒顯得我是『唾面自乾』了。所以，終於決定要還答幾句。」(6)

《還答魯迅先生》表達了這樣幾層意思：

徐懋庸認為，「這信完全是我個人負責，而且是只對魯迅先生個人負責的一封私信，並不如魯迅先生所武斷那樣，是我準備請他發表的『作品』，更不是什麼『有計畫的』『他們』『向沒有加入「文藝家協會」的人們的新的挑戰』。魯迅先生這回完全是『誣枉』。未得發信人的同意，而公佈其私信，藉以引起多人的惡感而相威脅，這種『惡劣』的『拳經』的出手，在魯迅先生好像是第一回。」又說：「這回使我非常驚異的是，……魯迅先生竟有那樣的魄力，把許多不應公開發表的言語公開發表出來。因替胡風辯護而把左聯裡面的人事盡情揭露，同時也證實了我和左聯的關係，這種魄力，是唯魯迅先生所獨有的。」徐懋庸認為，他給魯迅的是私信，私信被發表了，而又沒有徵求寫信人的意見，這當然讓徐懋庸有話可說。

一方面，我覺得還是應該肯定徐懋庸的申辯，徐懋庸在私下通信中議論了一些人，卻被魯迅公開了，這應該是魯迅的因激憤而欠考慮，或是考慮不周全。誰不背後說人家，誰不背後被人說呢？有時候私下隨便聊天的事，一俟公開，其性質就大不一樣了。徐懋庸提到了《兩地書》，他說：「上面已經聲明過，我寫給魯迅先生的那信只是一封私信，因為是私信，所以拉扯了許多人，信口雌黃了一通，只是等於私人的閒談。身非阮嗣宗，『口不否臧人物』的美德的確缺如，私下褒貶別人的事，是常有的。即如魯迅先生在私人談話和私信中，也常用簡單的評語，議論他人一樣。魯迅先生公開他和景宋先生的《兩地書》時，曾把其中的許多人名改掉，聲明曰：『此無他，或則怕別人見於我們的信裡，於他有些不便，或者單為自

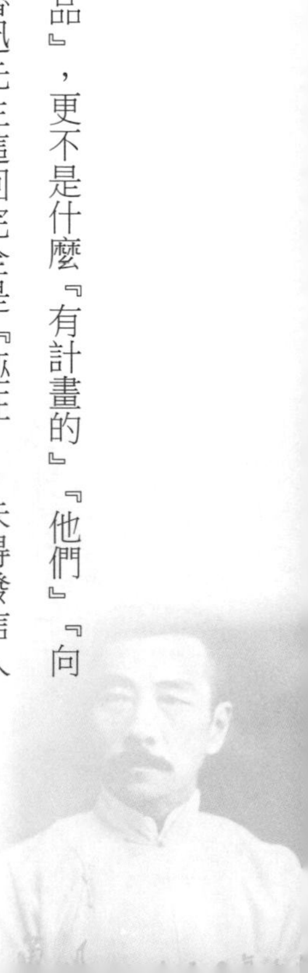

己，省得又是什麼『聽候開審』之類的麻煩而已』，這一條例，對於我這樣的人似乎並不適用。我的私信中拉扯到胡風、巴金、黃源諸位，經魯迅先生一公開，使諸位知道我在背後做這樣的私議，在我是不免有點惶恐的，但也沒有什麼大的不安，因為那些本是我心中所有的話，只是本不打算公開告人的而已。不過我在這裡承認：『中國的安那其的行為，則更卑劣』一語，實在說得太籠統，這是應該向別的許多並不卑劣的安那其主義者道歉的。」另一方面，徐懋庸既然寫了，而且議論的也無非是他對文壇人物的看法，他也應該有勇於正視的勇氣。背後有此見解，當面又「今天天氣哈哈哈……」這大約也不是做為雜文家的徐懋庸所應有的性格。

徐懋庸講的第二點是，他寫信給魯迅，魯迅怎麼會扯上別人呢？他說：「……魯迅先生的這回的『糊塗得可觀』。『一人做事一人當』，是極通常的情理。是我寫的私信，無論『惡劣』到怎樣，只是我一個人的事，但是魯迅先生卻要株連、誣及我以外的『他們』。這『他們』是哪些人呢？連我自己也不知道這信該叫什麼人來共同負責。」這「他們」有什麼不好理解的？無非周揚他們而已。我文章的開頭已經說了，徐懋庸是為周揚他們跑腿，又為周揚他們受過。這時，他還不知道問題的性質，還在那裡強充好漢，胡扯什麼「一人做事一人當」之類。可以說，魯迅對他們的怨氣鬱積已久，發作於一時，如此而已。

徐懋庸「所驚異的第三點」，實際上是第二點的補充，他說：「魯迅先生這回『羅織人罪，戲弄威權』的『橫暴』之甚。我這回的罪名，本來至多不過是『教訓魯迅罪』，及『攻擊魯迅的朋友巴金、胡風、黃源罪』罷了。但是，魯迅先生卻把田漢、周起應等的行為，《社會日報》的文字，一起拉扯出來，擱在我的頭上，一則曰：什麼『覆車之鬼』『附徐懋庸的肉身而出現』，再則曰：『徐懋庸正是一個嘁嘁嚓嚓的作者，和小報是有關係了』。好像我和田、周是一系，《社會日報》的文字全是我做的。……魯迅先生借此來打擊我，真是所謂『含血噴人』！還有呢，我不過說到黃源的『諂』，魯迅先生卻誣我是攻擊《譯文》，我不過說跟胡風他們本來可以在同一原則上，邀集有關係方面，評定雙方的傾向的曲直、而『實際解決』文藝界的糾紛，魯迅先生卻誣我是要把胡風他們『充軍』『殺頭』。還有呢，魯迅先生說我是什麼『奴隸總管』『倚勢』，『驕橫』，『橫暴恣肆』，『以鳴鞭為唯一業績』，『抓到一面旗子，就自以為出人頭地』……我的那封私信的寥寥千餘言，難道竟包含著這許多罪狀嗎？還有呢，魯迅先生又懷疑我是『敵人所派遣』——嗚呼，在這樣的罪狀下面，倒是我該先被魯迅先生這面『充軍』『殺頭』了！」徐懋庸這裡所說，都是魯迅對周揚他們不滿的話，這正可以證明魯迅是針對「四條漢子」而不僅僅是衝著徐懋庸來的。當時，徐懋庸在氣頭上，情急失態，對問題缺乏判斷能力，這也是可以理解的。

自然了，不論是否針對徐懋庸，也不論有多少內容是針對徐懋庸的，徐懋庸和魯迅的關係，

畢竟成了魯迅研究的一個課題，徐懋庸也將因此而不朽。徐懋庸自己也充份意識到了這一點。他說：

我和魯迅先生的關係，固然有始，卻還沒有完結。在當前，報刊上的文章也好，人們的閒談也好，一提到魯迅，常要牽涉到我和魯迅的關係。不僅如此，魯迅先生的名字和著作全集，一定是會「流芳百世」的，那末，我的名字，也將夾在他的全集中「遺臭萬年」。至於我自己，只要分析到自己的思想，就離不了與魯迅有關的問題，他所給予我的深刻的影響，以及我對這些影響的也有正確、也有錯誤的反應。這是要我死的時候才停止的。而且在我死後，不僅我的兒女們，下代的青年們也還會碰到我和魯迅的關係的問題，而且對於他們會發生某些影響。(7)

這是確定無疑的，我也可算「下代的青年們」，今天做著這篇文章，確實又碰到了魯迅與徐懋庸這一問題了。

一九三八年五月二十三日「左右」，毛澤東在延安窯洞與徐懋庸做一長談，其中，談到了「兩個口號」的爭論問題。毛澤東給徐懋做了如下的指示：

一、「關於兩個口號的爭論的問題，周揚同志他們來延安以後，我們已基本上有所瞭解。今天聽了你們所談的，有些情況使我們更清楚一些，具體一些。」

二、「我認為，首先應當肯定，這次爭論的性質，是革命陣營內部的爭論，不是革命與反革命之間的爭論。你們這邊不是反革命，魯迅那邊也不是的。」

三、「這個爭論，是在政策路線轉變關頭發生的。從內戰到抗日民族統一戰線，是一個重大的轉變。在這樣的轉變過程中，由於革命陣營內部理論水準、政策水準的不平衡，認識有分歧，就要發生爭論，這是不可避免的。其實，何嘗只有你們在爭論呢？我們在延安，也爭論得激烈。不過你們是動筆的，一爭爭到報紙上去，就弄得通國皆知。我們是躲在山溝裡面爭論，所以外面不知道罷了。」

四、「這個爭論不但是不可避免的，也是有益的。爭來爭去，真理越爭越明，大家認識一致了，事情就好辦了。」

五、「但是你們是有錯誤的，就是對魯迅不尊重。魯迅是中國無產階級革命文藝運動的旗手，你們應該尊重他。但是你們不尊重他，你的那封信，寫得很不好。當然，如你所說，在某些具體問題上，魯迅可能有誤會，有些話說得不一定恰當。但是，你今天也說，那是因為他當時處境不自由，不能廣泛聯繫群眾的緣故。既然如此，你們為什麼不對他諒解呢。」

六、「但錯了不要緊，只要知道錯了，以後努力學習改正，照正確的道路辦事，前途是光明

的。」(8)

這裡，有一個關鍵性的結論，即，關於「兩個口號」的爭論，雙方都是革命的，都是正確的。毛澤東的這個談話，與他對蕭三所談，內容有所不同，我在本書關於「四條漢子」一節有引用毛澤東對蕭三的談話。蕭三說：「我告以解散左聯是王明的主張，他兩次逼我寫信回上海……主席這才知道，並說：『這有點像解散共產黨。』『反帝而去掉無產階級立場，那就反帝也不會有了。』又笑說『那就是和「右聯」、「中聯」一道搞了』。」此一時也，彼一時也，我應該相信哪一次談話呢？好在哪一次內容是準確的，這在今天已經不是那麼重要了。重要的是要看事實，看誰是誰非，而不是誰說了什麼。

概而言之，周揚他們是「元帥」，徐懋庸不過是一個小兵，一個「元帥」與魯迅之間的通訊員或「傳話人」。徐在很大程度上是在為「元帥」們受過。魯迅的「打」徐懋庸，既是打徐懋庸，更是「打」「四條漢子」。既是「傳話人」，當然就代表了捎話者的觀點。何滿子先生指出：「這場聲討由徐懋庸來出頭，不管徐懋庸是受了指派，還是如後來『指導家』們矢口否認並堅持是徐懋庸自作主張的個人行為，但是徐懋庸事實上代表了『指導家』一夥的心曲的。」(9)何滿子筆下的「指導家」，指的就是「四條漢子」。

※※

⑴《魯迅全集·且介亭雜文末編》。

⑵⑶⑷⑺⑻《徐懋庸回憶錄》，人民文學出版社一九八二年七月版。

⑸徐懋庸：《打雜續集·知我，罪我，公已無言》。

⑹《徐懋庸研究資料》，江西人民出版社一九八五年七月版。

⑼何滿子：《遠年的薔薇·試析魯迅晚年一篇文獻》，湖北人民出版社二〇〇六年一月版。

「托派」即「漢奸」？
——魯迅與陳仲山

一

陳仲山（一九〇二—一九四二）本名陳其昌，當時以陳清晨知名於人。著有《人口西遷與中國之前進》、《海南島與太平洋》，二書皆由亞東圖書館出版，都署名「陳清晨」。此外，他還翻譯了杜威的《真理在前進》一書。《且介亭雜文末編》「附集」中《答托洛斯基派的信》一文的「注釋」是這麼寫的：「來信的『陳××』，原署名『陳仲山』，本名陳其昌，據一些托派份子的回憶錄，當時他是一個托派組織臨時中央委員會的委員。」據趙濟回憶，趙濟和陳仲山曾「撐起」「托派臨時中央」。

根據北京大學的資料記載，陳仲山一九二二年八月進入文預科，一九二四年轉入哲學系本科。他「在校期間，喜歡聽魯迅的課，對魯迅懷著長久的敬佩的感情」，但他從不嘗試文學，而研究社會學和經濟學，對德國古典經濟學和馬克思主義經濟學很有研究。

一九三六年初，「左聯」解散，接著，圍繞「兩個口號」，在原「左聯」的作家之間發生了一些矛盾和爭論。魯迅強調共產黨的獨立性和領導權問題，「在感情上表露出某種『嫉惡如仇』的『孤憤』情緒，使魯迅這時再次陷入『少數派』的境地」。據趙濟稱，「這種情況感動並且啟發了『在百般困苦的環境中，為我們的主張做不懈的鬥爭』，因而長期以來懷有一種『孤憤』情緒的陳清晨。出於自身情感慰藉的需要和為托派事業打開一條路子這樣的雙重目的，陳在六月初悄悄寫成那封致魯迅的信」(1)。同時，還給魯迅寄「托派」刊物，企圖引為同調。在信中，他不僅攻擊史達林和共產黨，還攻擊了以毛澤東為代表的中共中央的抗日民族統一戰線的政策。

陳仲山在致魯迅的信中闡明的觀點，由馮雪峰代筆的「魯迅文章」是這麼歸納的：「總括先生來信的意思，大概有兩點，一是罵史達林先生們是官僚，再一是斥毛澤東先生們的『各派聯合一致抗日』的主張為出賣革命。」我理解，陳仲山的意見是：他反對與民眾的劊子手組成「聯合戰線」；他認為，中共的抗日統一戰線是中共聽命於史達林的結果。他的原話是這樣的：

> 他們一反過去的行為，放棄階級的立場，改換面目，發宣言，派代表交涉，要求與官僚、政客、軍閥，甚而與民眾的劊子手「聯合戰線」。藏匿了自己的旗幟，模糊了民眾的認知，使民眾認為官僚、政客、劊子手，都是民族革命者，都能抗日，其結果必然是把革

命民眾送交劊子手們，使再遭一次屠殺。史太林黨的這種無恥背叛行為，使中國革命者都感到羞恥。

陳仲山在信中表達了對魯迅的敬意，「先生的學識文章與品格，是我十餘年來所景仰的，在許多有思想的人都沉溺到個人主義的坑中時，先生獨能本自己的見解奮鬥不息！」他之所以向魯迅闡述觀點，給魯迅寄刊物，無非是想得到魯迅的同情和支援，「我們的政治意見，如能得到先生的批評，私心將引為光榮」。

此前，魯迅和陳仲山沒有來往，也沒有通訊的紀錄。陳仲山名不見經傳。那麼，魯迅對這封信的態度是怎麼樣的呢？這從魯迅的文字中查不到，只有馮雪峰一九四九年後寫的回憶錄留下了「痕跡」：

一九三六年六月間，最無恥的托派存心不良地寫一封信給他，在信中對史達林同志和我黨中央大施攻擊的時候，他對托派的憤怒和憎惡真可謂到了極點了。他那時病在床上，我去看他，他還沒有對我說一句話，我也還沒有來得及坐下，他就忙著伸手向枕頭下面摸出那封信來，沉著臉遞給我，憤恨地說：「你看！可惡不可惡！」我看了後說：「他們自己碰上來，你迎頭給他們一棍吧！」他說：「等我病好一點的時候，我來寫一點。」可是，雖然決定要給打擊了，而憤怒仍不稍減，又沉著臉說一句：「可惡不可惡！」兩天之後，他仍舊在沉重的病中，我就提出一個辦法，請他說個大意由我筆錄，寫幾句做公開信回答，他同意了。我主張早日答覆，是認為打擊托派固然重要，而同時也實在為了他可以早日減輕憤怒以免加重他的病。這封回信在雜誌上發表了，他翻著那雜誌的時候是高興的；可是，過幾天我去看他時，他笑著說：「我們還是便宜了托派！他們的來信沒有比我的回信低兩格排，這樣，我們就把來信和回信平等看待了。」我們當時沒有注意，便宜了他們(2)！

雖然沒有旁證，但我們也沒有理由不相信馮雪峰的回憶。馮雪峰在「文化大革命」中寫的資料《有關一九三六年周揚等人的行動以及魯迅提出「民族革命戰爭的大眾文學」口號的經過》(3)一文，對此有過大同小異的表述，這裡就不重複摘引了，有興趣的讀者可找來參閱。

《答托洛斯基派的信》的要害是，信中指斥托洛斯基晚年「使用敵人金錢」，並由此生發開去，問「托派」是不是拿了日本人的錢：

你們的「理論」確比毛澤東先生們高超得多，豈但得多，簡直一是在天上，一是在地下。但高超固然是可敬佩的，無奈這高超又恰恰為日本侵略者所歡迎，則這高超仍不免要

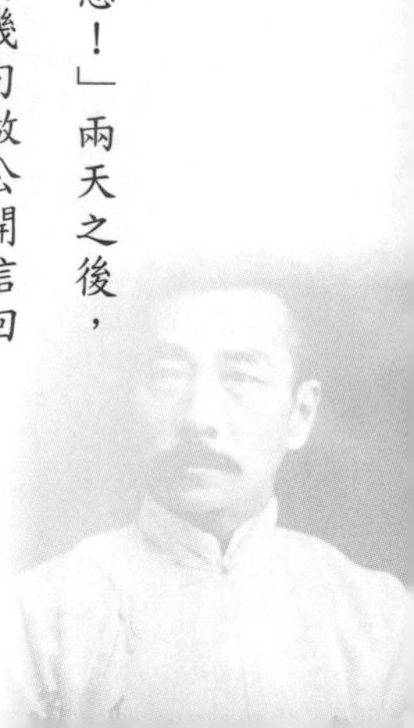

> 從天上掉下來，掉到地上最不乾淨的地方去。因為你們高超的理論為日本所歡迎，我看了你們印出的很整齊的刊物，就不禁為你們捏一把汗，在大眾面前，倘若有人造一個攻擊你們的謠，說日本人出錢叫你們辦報，你們能夠洗刷得很清楚嗎？

就在這封信發表不久，一九三六年十月五日巴黎中文版《救國時報》即發表題為《我們要嚴防日寇奸細破壞我國人民團結救國運動——請看托陳派甘作日寇奸細的真面目》的文章，此後，連續發表此類文章四十餘篇。而這一切，都是以《答托洛斯基派的信》為依據引發出來的(4)。馮雪峰代擬的信確實產生了嚴重的後果，這就是，在相當長的一段時間裡，人們把「托派」與漢奸畫等號了。「托派即漢奸」之論遂成鐵案，凡是涉及「托派」的，即以漢奸論罪，有冤難伸，王實味之死，即是顯例。

陳仲山的信交給魯迅，希望得到「先生的批評」，但沒有想到，他的去信及魯迅批判性的回信都被公佈了。據一些當事人回憶，他感到「非常驚愕和痛苦」，抱著頭連連說：「怎麼會是這樣的？」

這封信公開發表後，上海的「托派」組織便以「中國共產主義同盟」的名義，在《火花》上發表了由王凡西草擬的簡短聲明，聲明指出，魯迅此信稱為《答托洛斯基派的信》，其實原信只是陳其昌一個人簽名寫的，他對之負全責。聲明聲稱，「我們不願意花費寶貴的時間和精力來和魯迅做無益的爭論」。上海的「托派」組織認為這是陳仲山的個人行為，因為陳仲山被魯迅抨擊，他們似乎要與陳仲山拉開距離。有史料顯示，陳獨秀也認為陳仲山給魯迅寫信是「愚蠢」的。

陳仲山則沒有這樣平心靜氣，他感覺被傷害了，於一九三六年七月四日寫了第二封信給魯迅。信中，他又提到聯合戰線問題，他責備魯迅沒有回答他的政治論據，而做無聊的誹謗。讓他最為生氣的是，「魯迅」說他拿了日本人的錢辦報刊，「你散佈了謠言，說日本人給我們的錢，出版我們的報刊」。他寫道：

> 你真是太會顛倒是非！布爾什維克——列寧派（即托派）的刊物《鬥爭》和《火花》得以繼續出版，全靠我們的同志節衣縮食，在狹小的過街樓中，不辭辛苦，流盡汗水，才把報紙印出來。正因為我們沒有金錢來源，我們的《鬥爭》才不能不由原來的週刊改為半月刊，以後還有可能維持不下去而改為月刊。如果布爾什維克——列寧派拿日本人的錢出版報刊，無疑就會同你們一樣公開出版雜誌，一期接著一期在書店出售，現在我們只能自己印刷，自己傳播。

陳仲山又說：

> 你躲躲藏藏的造謠，說日本人拿錢叫我們辦報等等。真虧你會污蔑的這樣曲折周到！……假如布列派能從日本人拿錢辦報，那它一定要像你們那樣，公開的一本本一種種的出書出雜誌，並公開擺在四馬路出賣，即不然，也仍可以交給日本人書店在玻璃窗內張廣告出賣，而就不須這樣自印自散了。

陳仲山沒有得到得魯迅的回覆，此信仍藏在魯迅的檔案內，經過四十多年後，才發表於一九七七年一月北京出版的《魯迅研究資料》第四期上。

具有諷刺意味的是，陳仲山不僅不是拿日本人的錢辦報辦刊的漢奸，而是一個為抗日做過有益工作的人，還是一個慘死於日本侵略者之手的烈士。陳其昌一九二六年入黨，一九二八年加入陳獨秀等人所在的「托派」並成為骨幹(5)。「九・一八事變」發生後，在抗日的熱潮中，上海出現了各界抗日救國的民眾組織，其中之一是「上海著作者抗日協會」，陳仲山參加了這個協會，進行過抗日的宣傳工作(6)。抗戰爆發後，陳仲山因替重慶搜集情報被日本憲兵逮捕，搜查中發現有「托派」刊物而被定為「共產黨大案」。在獄中，他受盡拷打，始終不吐一字。「父親不僅以自己的生命保護了上海摯友們的安全，臨刑之前，還關懷著全國各地親友們的安全。歷史證明：陳其昌一案只犧牲了陳其昌一個人。」(7) 一九三八年九月，陳仲山被日本憲兵塞入麻袋用刺刀戳死，從吳淞口扔進大海……

二

為了徹底弄清陳仲山問題，我們應該對中國「托派」問題進行梳理和評價——現在，已經到了可以做出科學評價的時候了。

所謂「托派」，實際上是以陳獨秀為首的「共產黨左派反對派」，或是獨立於毛澤東為首的主流共產黨的非主流共產黨。在延安共產黨眼裡，「托派」是革命的敵人；在當時的執政者蔣介石眼裡，不論毛澤東的共產黨，還是陳獨秀的「共產黨左派反對派」，本質上都是共產黨。「托派」份子中，包括陳獨秀在內的很多人坐過國民黨的監獄，就是證明。

大革命失敗後的中共「八七會議」，臨時中央是主張讓陳獨秀參加的，但共產國際的代表反對。陳獨秀受到缺席批判，中央領導人員改組，便自然解除了陳獨秀的總書記職務。史達林認為中國大革命失敗，完全是由於中共中央犯了一系列極大的錯誤，不承認共產國際也有責任。在聯共黨內，托洛斯基和季諾維也夫一派，反對史達林和共產國際所執行的國共兩黨黨內合作的政策，主張中共退出國民黨。陳獨秀是反對共產國際要中共參加國民黨的，他主張「中國革命應由中國人自己來領導」。他想不通國際為什麼不同意他退出國民黨的建議，為什麼國際自己不承擔責任，反而過多地追究他個人的責任。（在陳獨秀眼裡，共產黨和國民黨的政治信仰不同，怎麼能既參加共產黨又加入國民黨呢？你到底信仰哪一個主義？這是

一個問題。陳獨秀畢竟是個書呆子，他忘了中國人的德性。從歷史上看，中國人是沒有什麼信仰的，用魯迅的話說，就叫「無特操」，「無堅守」。信儒教的，也可以同時信道教；信基督教的，不妨礙他同時是一個佛教徒。不論一個個人，還是一個集團，他們所謂信這個那個，從根本上看，都是為了某種利益。信仰，在中國人這裡，無非是一個好用就用，不好用就扔的工具。）陳獨秀既抱怨又委屈，化裝去了上海，鮑羅廷要他去莫斯科參加討論中國問題，他不去，也拒絕去莫斯科參加第六次全國代表大會。

陳獨秀因和托洛斯基有不謀而合的相同主張，一九二九年八月在《關於中國革命問題致中共中央信》中，才可說他是托洛斯基主義者了（托洛斯基早在這年一月就被驅逐出蘇聯了）。一九二九年十二月陳獨秀被開除出黨後，曾寫過《告全黨同志書》，那是為自己辯護的。隨後又由八十一人簽名寫過《我們的政治意見書》，這是「托派」集體的意見。後來，中國的「托派」組織，有過四個小團體，政見紛紜，互相爭奪領導權，沒完沒了。也曾統一起來，叫「中國共產黨左派反對派」（簡稱「中國托派」），陳獨秀為書記。陳獨秀在「托派」期間，脫離了工農革命鬥爭。一九三〇年七月一日發表的《關於所謂「紅軍」問題》，也罵過共產黨為「匪」，「紅軍」為「寇」。他曾既反對國民黨，又反對共產黨，國共兩黨都反對他。

陳獨秀是主張抗日並做過一些有益的工作的。一九三一年日本帝國主義發動「九．一八事變」，陳獨秀提出反蔣抗日，要求與共產黨並肩戰鬥，共同挽救民族的危亡。當時掌握中央領導權的是以王明為首的「左傾」冒險主義者，一九三二年一月九日中共中央決議攻打大城市，爭取革命在一省與數省首先勝利，指責陳獨秀和一切中間勢力，是革命「最危險的敵人，應該以主要力量來打擊這些妥協的反革命派」。這期間，陳獨秀被國民黨投入了監獄。接著「一·二八」、「七七事變」發生，陳獨秀出獄後，「托派」的人要他回上海重整「托派」組織。他批評「托派」「宗派的做法沒有出路」。他去了抗日戰爭的中心武漢，一去便投入抗戰宣傳，到處演講寫文章，到年底就寫了十六篇抗戰文章（包括演講），宣傳抗戰的偉大意義和主張全民總動員，幾和中共抗戰綱領相似。

對陳獨秀抗戰言論的反映，一九三七年十一月二十日延安《解放》週刊署名文章說，陳先生恢復自由，大家都為他「慶幸」。說他對抗戰的意見，與中國「托派」的主張已大有差別。文章雖對陳仍有指責，但對被開除出黨的陳獨秀來說，這還是一個友好的表示。王若飛也說：「極端希望獨秀等幾位老朋友，完全以革命的氣魄，站在大時代的前面，過去一切的是非都無須再費筆墨口舌去爭辯。」這也是良好的願望。但王明卻嗤之以鼻，他自稱是共產國際派回來的，是史達林派他回來的。一九三七年十二月在中央政治局會議上指責中央「過去忽視托派危險」，指出「我們和什麼人都可以合作抗日，只有托派例外。」「史達林正在雷厲風

行地反托派，而我們卻要聯絡托派，那還了得；如果史達林知道了，後果是不堪設想的。對托派不能有仁慈觀念，陳獨秀即使不是日本間諜也應說成是日本間諜。」康生心領神會，迫不及待地於一九三八年一月、二月連續在《解放》雜誌上發表了一萬六千字的長文《剷除日寇偵探民族公敵的托洛斯基匪徒》。說日本偵探機關與「托派」中央談判結果是：托洛斯基匪徒「不阻礙日本侵略中國」，日本給托匪中央每月三百元津貼，待有成效後再增加之。這就是國民黨統治區有名的「陳獨秀事件」。就這樣，積極主張抗日的陳獨秀，魯迅一生對其都有好感的老友陳獨秀，在「即使不是日本間諜也應說成是日本間諜」的強盜邏輯面前，成了「托派漢奸」，而將「托派」與漢奸掛鉤，卻始於馮雪峰代擬的這篇文章。

由馮雪峰代筆的這篇文章，在以後半個世紀中，對「托派」人士是一場深重的災難！這些人士當中，有五四運動的旗手之一陳獨秀，有在中共建黨初期主編黨刊《嚮導》的傑出學者鄭超麟。後者在新中國成立後又因「托派」問題被囚三十年，直到晚年才由鄧小平下令釋放並安排為上海市政協委員。

一九八八年八月四日，塔斯社公佈《蘇共中共政治局重新研究三〇至四〇年代和五〇年代被迫害事件資料委員會公報》，為「托洛斯基—季諾維也夫反蘇聯合總部」、「托洛斯基平行反蘇總部」徹底平反。既然蘇聯最高法院已宣佈撤銷上述兩案，那麼當年共產國際《關於與法西斯主義的奸細——托洛斯基份子做鬥爭的決議》，以及按照這個決議在中國開展的反對「托派漢奸」的鬥爭，就都失去了依據。因此，在今天，我們有必要對反對「托派漢奸」的這段歷史重新做出評價，即對開展這場鬥爭的必要性予以否定。歷史已經證明，當年被點名為「托派漢奸」的人，沒有人充當過漢奸，有些人也不是「托派」。他們之所以被斥為「托派漢奸」，原因是多方面的，但沒有客觀事實的依據。因此，應該給他們摘掉「托派漢奸」的帽子，予以平反。

一九九一年《毛澤東選集》第二版在兩條新注中，對所謂「托派」問題也加以澄清：

> 抗日戰爭時期，托派在宣傳上是主張抗日的，但是攻擊中國共產黨的抗日民族統一戰線政策。把托派與漢奸相提並論，是由於當時共產國際流行著托派與日本帝國主義間諜組織有關係的錯誤論斷所造成的⑻。

三

馮雪峰代筆的信，表達的多是馮雪峰的思想，而不完全是魯迅的真實想法，這封信一定程度上損害了魯迅，從根本上看，與魯迅的價值觀相違背，與魯迅的基本見解相對立，不能代表魯迅的觀點。

在「托派」即漢奸的問題上，馮雪峰的表述是與魯迅的為人品格有悖的。第一，「說日本人出錢叫你們辦報，你們能夠洗刷得很清楚嗎」這沒有事實根據，所以，這種假設屬於誣衊性質。第二，馮雪峰也提到「從前你們中曾有人跟著別人罵過我拿盧布」，魯迅鄙視「盧布說」，對「拿盧布」之類是極為痛恨的，因而他不可能也用相同的辦法來暗示讀者。此外，魯迅在短暫的病情好轉期間內，即從發表那封信到他逝世（一九三六年十月十九日）這一時期，未再提及陳仲山的信（上面說了，陳仲山後來又給魯迅寫了一封信，這封信在為自己辯護的同時，甚至可以說是痛斥了魯迅，其態度，要比第一封信激烈許多，但魯迅未置一詞。為什麼呢？這還真是意味深長哩），反而在發表答徐懋庸的信中重提「兩個口號」的鬥爭問題，這就使人懷疑，那種惡意誹謗陳仲山的信，不是出於魯迅本意。魯迅寫道：「因為據我的經驗，那種表面上扮著『革命』的面孔，而輕易誣陷別人為『內奸』，為『反革命』，為『托派』，以致為『漢奸』者，大半不是正路人。」魯迅又說：「首先應該掃蕩的，倒是拉大旗做為虎皮，包著自己，去嚇唬別人；小不如意，就倚勢（！）定人罪名，而且重得可怕的橫暴者。」(9)另外，說魯迅「拿盧布」並不是「你們中」人，而是梁實秋之類的人，這裡硬把陳仲山扯進來，實屬不妥。

我們還可以從魯迅對「托派」人物的評價上看問題。

托洛斯基在魯迅眼裡只是一個文藝評論家，魯迅多次談到他，但談的全是文藝問題。魯迅對托洛斯基是很尊重的，曾摘譯托氏的《文學與革命》，並說：「在中國人的心目中，大概還以為托羅茲基是一個喑嗚叱吒的革命家和武人，但看他這篇，便知道他也是一個深解文藝的批評者。」(10)一九二七年托洛斯基被蘇共開除出黨，魯迅在次年還說：「托洛斯基雖然已經『沒落』，但他曾說，不含利害關係的文章，當在將來另一制度的社會裡。我以為他這話卻還是對的。」(11)一九三二年寫的《〈豎琴〉前記》仍然提到托氏，但在二十世紀五〇年代編印的《魯迅全集》中被刪掉了。

此外，魯迅和美國「托派」伊羅生保持了友誼。應伊羅生之約，魯迅和茅盾選編了中國現代作家短篇小說集《草鞋腳》，由伊羅生譯成英文。一九三四年伊羅生離開上海前夕，魯迅設宴歡送他。

這一切都表明，魯迅對托洛斯基和中外「托派」，並無惡感。

馮雪峰的觀點不代表魯迅的觀點，所以，在魯迅眼裡，《答托洛斯基派的信》，不是魯迅的文章。馮雪峰代擬的文章的文末標明，「這信由先生口授，O.V.筆寫」，「O.V.」即馮雪峰。魯迅病癒後看到了此文。他沒有像對待自己的其他文章那樣把它收起來準備編入文集，而是不予理睬。(14)這就清楚地表明他對此文的態度，即，他沒有把此信當成自己的文章。此文在

魯迅逝世後，由許廣平編入《且介亭雜文末編》的「附集」中。

胡風在他的晚年撰寫的回憶錄《魯迅先生》(15)一文中，提供了許多過去鮮為人知的重要史料，其中有一處談到一九三六年六月魯迅重病期間馮雪峰代擬《答托洛斯基派的信》和《論現在我們的文學運動》的情況，尤為發人深思。現將其中有關文字摘錄如下：

口號問題發生後，國防文學派集全力進攻。馮雪峰有些慌了，想把攻勢壓一壓。當時魯迅在病中，無力起坐，也無力說話，連和他商量一下都不可能。恰好愚蠢的托派相信謠言，竟以為這是可乘之機，就給魯迅寫了一封「拉攏」的信。魯迅看了很生氣，馮雪峰拿去看了後就擬了這封回信。「國防文學」派放出流言，說「民族革命戰爭的大眾文學」是托派的口號，馮雪峰擬的回信就是為了解消這一栽誣的。他約我一道拿著擬稿去看魯迅，把擬稿唸給他聽了。魯迅閉著眼睛聽了，沒有說什麼，只簡單地點了點頭，表示了同意。

馮雪峰回去後，覺得對口號問題本身也得提出點理論根據來。於是又擬了《論現在我們的文學運動》，又約我一道去唸給魯迅聽了。魯迅顯得比昨晚更衰弱一些，更沒有力氣說什麼，只是點了點頭，表示了同意，但略略現出了一點不耐煩的神色。一道出來後，雪峰馬上對我說：魯迅還是不行，不如高爾基；高爾基那些政論，都是黨派給他的祕書寫的，他只是簽一個名。……

……

到病情好轉，恢復了常態生活和工作的時候，我提了一句：「雪峰模仿周先生的語氣倒很像……」魯迅淡淡地笑了一笑，說：「我看一點也不像。」

從中看出，此信是在魯迅身患重病、無力思考和討論問題的情況下，完全由馮雪峰根據自己對問題的理解撰寫的。我們應考慮到魯迅當時身在病中，無力思考、無力討論的因素。馮雪峰代擬的文章，是一九三六年六月魯迅病重時發表的。魯迅長年堅持寫日記不輟，那年六月卻只記了五天，後面註明「自此以後，日漸委頓，終至艱於起坐，遂不復記。期間一時頗虞奄忽，但竟漸癒，稍能坐立誦讀，至今則可略做數十字矣。但日記是否以明日始，則近頗懶散，未能定也。六月三十下午大熱時志。」他在六月十九日寫給邵文熔的信中說：「上月中又因不慎招涼，終至大病，臥不能興者匝月，期間數日，頗虞淹忽，直至約十日前始脫險境，今則已能暫時危坐，做百餘字矣。」由此可以推知，由「頗虞淹忽」到「始脫險境」，當在馮雪峰擬這封信的九日左右。可以想見，魯迅此時絕無思考、討論問題的精力。考慮到應盡快回答托派、澄清影響這一大局，加之對馮雪峰的信任，他也就沒有仔細思考馮雪峰所寫的每一具體內容，而「點了點頭，表示了同意」。

胡風的回憶很引起了中國托派元老們的關注、重視。鄭超麟就寫了《讀胡風〈魯迅先生

長文有感》，發表在《魯迅研究月刊》上；還有王凡西、樓子春等在海外發表了文章，對於這種情況表示理解，同時也恢復對魯迅的尊敬。鄭超麟在《魯迅研究月刊》一九九三年第十期上發表文章說：「由此可見，在馮雪峰代擬的《答托洛斯基派的信》中，用辱罵代替戰鬥，用『日圓說』代替『盧布說』，這二方面，魯迅本人實在不能負責。」事實也是如此，同樣是馮雪峰代筆，但是經過魯迅深思熟慮、精心修改的《答徐懋庸並關於抗日統一戰線問題》一文他就負責任的編入到自己的著作集《且介亭雜文末編》裡了，而攻訐托派的文章他是沒有認可的，所以他自己並沒有收入；現在我們看到的是後來的編者做為附錄收入的。

近年有人提出，應該把《答托洛斯基派的信》等文從新版《魯迅全集》中刪掉。對此，我還專門打電話給一位參加新版《魯迅全集》修訂工作的老先生，問此文是否保留，回答是肯定的。我認為，無論如何，魯迅對此文至少是點過頭，表示過肯定，因此應該留在《全集》中，但只能做為附錄，還要加適當的注釋。

四

最後，我要順便提到與本文主旨的聯繫不是非常密切，但卻可以幫助讀者理解本文的兩個問題。一個是有人攻擊魯迅為「托派」問題；另一個是，曾幾何時，馮雪峰和陳仲山的觀點事實上相一致，並且，還付諸行動，開過「小差」。

先說第一個問題。一九三四年四月六日上海《社會新聞》第七卷第二期發表少離的文章《魯迅與托派》，文章說：「人都以為今天的魯迅，是個共產黨。……然而，我們更深一層的追究下去，魯迅在共產黨內，是屬於哪一派呢？……我敢負責的報告讀者，魯迅翁的政治關係，確是共產黨左派反對派的一員。」又說，「魯迅翁加入托派的動機，主要的卻是被火一般的領袖欲所驅使著的。」(16)一九三六年初，隨著日本日益加緊吞併中國的侵略戰爭，「左聯」領導人根據急劇變化的國內形勢和共產國際的精神，在組織上自動解散了「左聯」，籌備成立文藝家協會。同年六月七日，中國文藝家協會在上海正式成立，發表了《中國文藝家協會宣言》。由於魯迅對倉促解散「左聯」有保留意見，故拒絕參加中國文藝家協會。於是，社會上沸沸揚揚盛傳「魯迅反對統一戰線」的流言蜚語，有的甚至把魯迅與「托派」相提並論。有人據此推論，魯迅被人誣衊為「托派」，因而對「托派」特別切齒，所以馮雪峰代擬的文章可以代表魯迅的觀點。

我認為，這樣的推論是站不住腳的。除了馮雪峰代擬的文章外，我們在魯迅的相關文章和書信、日記中，看不到魯迅有對「托派」哪怕是不滿的言論。有人說魯迅是「托派」，所以魯迅特別賣力地反對「托派」；那麼，有人說魯迅是共產黨，魯迅是不是也特別賣力地反對

共產黨呢？

魯迅與周揚等人，在口號問題上產生分歧，周揚是正統的共產黨，魯迅反對周揚，所以魯迅成了反對派，既然是反對派，那自然就是「托派」。這種思維方式有點像「文化大革命」中劃分陣營一樣的簡單化。魯迅、陳獨秀是這樣一類人，他們既不是「這一邊」，也不是「那一邊」，所以，既被「這邊」反對，又被「那邊」擠壓。用魯迅的話說，就叫「兩間餘一卒，荷戟獨彷徨」。魯迅就是魯迅。不過，我從魯迅堅持統一戰線中，共產黨的領導強調共產黨的獨立性和領導權問題，堅持「民族革命戰爭的大眾文學」這一口號等情況看，魯迅對陳仲山的「他們一反過去的行為，放棄階級的立場，改換面目，發宣言，派代表交涉，要求與官僚、政客、軍閥，甚而與民眾的劊子手『聯合戰線』。藏匿了自己的旗幟，模糊了民眾的認知，使民眾認為官僚、政客、劊子手，都是民族革命者，都能抗日，其結果必然是把革命民眾送交劊子手們，使再遭一次屠殺」這樣的觀點，不會持激烈反對的態度。魯迅抨擊過「翻來覆去的機會主義者」，認為自己的「有些主張」，「是由許多青年的血換來的，他（筆者按：係指日本人龜井）一看就看出來了，在我們這裡面卻似乎無人注意，這真不能不『感慨系之』。」(17) 共產黨和國民黨打了十年的仗，魯迅也見多了青年人的血，一轉眼，冤家又成了同一戰壕的戰友，像馮雪峰和魯迅這樣性情的人，是不容易立即轉過彎來的，由此發幾句感慨，又算得了什麼呢？當然，這只是我的推論。

馮雪峰對抗日統一戰線的政策，也曾經是不理解的，甚至是有抵觸的。《夏衍談「左聯」後期》⒅一文，轉引了胡愈之《我所知道的馮雪峰》一文中胡愈之提到的一件往事，「七七事變」前後，馮雪峰曾找過胡愈之：

> 有一天晚上雪峰突然到我家來。我高興地問他：「好久不見了，你到哪裡去了？」
>
> 他氣色很不好，賭氣似的說：
>
> 「我到南京（也可能是杭州）去了，現在不去了，他們要投降，我不投降。我再也不幹了，我要回家鄉去。」
>
> 原來他隨中央代表團（雪峰不是代表）和國民黨談判第二次國共合作的問題，與博古吵翻了，氣得跑回來的。那時為聯蔣抗日，共產黨要的條件是很低的，如取消蘇維埃政權，改編紅軍等等，這對於這個農民的兒子，血氣方剛的雪峰也確實不容易接受。
>
> 第二天我找到潘漢年，問究竟怎麼回事？潘說：「雪峰這樣子不對，談判還未成功，怎麼就說是投降呢？這是中央的事情，他是共產黨員，怎能自己說跑就跑掉？組織紀律呢？他說他再也不幹了，他不幹什嗎？不幹共產黨嗎？」

但是雪峰脾氣倔，總是堅持自己認為對的。後來，他真的跑回義烏老家「隱居」去了。

對此，夏衍根據自己的生活閱歷發表了一通很有傾向性的高見：

他（雪峰）一個長征幹部，又是江蘇省委宣傳部長。他就是因為這件事情，他開過「小差」。他被關進上饒集中營，是宧鄉把他保出來的。保出來後，他到重慶。總理在重慶找他談話，我在，還有徐冰，馮乃超也在。總理批評他，我有筆記。總理批評他幾點：一是他不應該擅自離開上海（他當時是十八集團軍駐上海辦事處副主任，主任是潘漢年），無組織無紀律吧。第二件事情是他從延安出來，少奇同志曾託他找一個什麼人，他沒有找，結果這人失去了聯繫。第三件事情是他刪改了方志敏的《可愛的中國》。

他只要想想，他參加過長征，過去當過江蘇省宣傳部長，為什麼解放後才當個出版社社長？

馮雪峰自己也反對與蔣介石聯合，還脫離革命，開小差，回鄉寫小說。他的行動與陳仲山的觀點相吻合（「他們一反過去的行為，放棄階級的立場，改換面目，發宣言，派代表交涉，要求與官僚、政客、軍閥，甚而與民眾的劊子手『聯合戰線』。藏匿了自己的旗幟，模糊了民眾的認知，使民眾認為官僚、政客、劊子手，都是民族革命者，都能抗日，其結果必然是把革命民眾送交劊子手們，使再遭一次屠殺」）。也許因為他自己在這方面跌了跤，所以在這方面表現得反而特別極端，因而對陳仲山的觀點特別痛恨。就像馮雪峰的紅顏知己丁玲，自己深受「極左」勢力的迫害，為了表白自己是革命家，平反以後，也給自己帶上左的面具。人的行為，與他的經歷有關。經歷一般會沉澱為潛意識，不管自己承認不承認，必將影響著人的某些行為，甚至一生的行為。

＊＊＊

(1) 周紹強：《趙濟先生憶陳仲山及其他》，《魯迅研究月刊》一九九二年第十二期。

(2) 馮雪峰：《黨給魯迅以力量》，見《文藝報》一九五一年第四卷第五期。

(3) 見《新文學史料》第二輯，人民文學出版社一九七九年二月出版。

(4) 參看王觀泉：《誣陷陳獨秀為漢奸問題的深究》，見《魯迅研究月刊》一九九八年第七期。

(5) 一九三七年十一月，陳獨秀在《給陳其昌等的信》中說：「我對昌（即陳其昌）俊還有點幻想，並不是他們關於最近局勢的見解和我接近，而是他倆的工作精神比較積極。如果能在群眾中積極工作的話，終會抓住現實。」轉引自陳道同：《陳其昌之死》，《魯迅研究月刊》二〇〇一年第四期。

(6) 史明：《陳其昌其人其事》，一九八五年八月出版的《新文學史料》第三期。

(7) 陳道同：《陳其昌之死》，《魯迅研究月刊》二〇〇一年第四期。

(8) 《毛澤東選集》第二卷516頁。

(9) 《且介亭雜文末編·答徐懋庸並關於抗日統一戰線問題》，見《魯迅全集》第六卷第529頁。

(10) 《集外集拾遺·〈十二個〉後記》，見《魯迅全集》第七卷第301頁。

(11) 《三閒集·我的態度氣量和年紀》，見《魯迅全集》第四卷第112頁。

(12) 見《陳獨秀文章選編（下）》564頁，生活·讀書·新知三聯書店一九八四年六月版。

(13) 《南腔北調集·我怎麼做起小說來》，見《魯迅全集》第四卷第512頁。

(14) 對這一問題有興趣的讀者，可參看張永泉：《關於魯迅與〈答托洛斯基派的信〉的關係的疑問》，《魯迅研究月刊》一九九九年第三期。

(15) 見《新文學史料》一九九三年第一期。

(16) 轉引自《恩怨錄·魯迅和他的論敵文選》，今日中國出版社一九九六年十一月版。

(17) 350912致胡風，見《魯迅全集》第十三卷第211頁。

(18) 見陳漱渝主編《誰挑戰魯迅》，四川文藝出版社二〇〇二年五月版。

附錄一

「對他人的體質上的殘廢加以快意的輕薄嘲弄」

——魯迅與魏建功

一

魏建功（一九〇一－一九八〇），江蘇省海安縣人。筆名天行、文里（狸）、山鬼。語言文字學家。北京大學中文系教授，先後兼任中文系主任、北京大學副校長。第三、四屆全國人大代表。一九五五年被聘為中國科學院哲學社會科學學部委員。九三學社第三、四、五屆中央常委。有五卷本的《魏建功文集》等行世。

一九一九年魏建功考入北京大學預科，靠江蘇同鄉會每季四十元的經濟補貼，半工半讀維持學業。在預科學習期間，他已有志於民間歌謠和方言的研究。一九二一年考進北京大學，邊工作邊學習。在錢玄同、沈兼士、馬裕藻、沈尹默等名家指導下，熟悉了文字、音韻、訓詁等專業知識，打下了厚實的底子。

魏建功在音韻學方面造詣很深，成就也最大，一九三五年發表代表作《古音系研究》，此書除了音韻學上的價值之外，對研究方言學和文字訓詁學也是不可或缺的參考書。它在漢語語音的研究上同樣佔一席之地，博得國內外學者高度評價和讚賞。

這期間，魏建功先後開設了聲韻學概論、方言研究、民間文藝講話、聲韻學史、古音樂研究等八門課程。二十世紀三〇年代北大中文系有「三大概要」的說法，就是指胡適的《中國文學史概要》、沈兼士的《文字學概要》、魏建功的《聲韻學概要》。

在研究韻書系統方面，魏建功是繼王國維後有成就的人之一。他先後發表了一系列研究中古韻書的論文。如根據《切韻》與六朝韻書點系來研究《切韻》性質的《陸法言切韻以前的幾種韻書》，根據唐宋兩系韻書的差異說明《廣韻》與《切韻》關係的《唐宋兩系韻書體制之演變》等，補充、發展了前人的學說。

魏建功一生多有曲折，磕磕碰碰，不免讓人嘆息，因為年青時代開罪於魯迅，又曾與陳獨秀切磋語言文字音韻連帶沾染「托派」嫌疑，於是百口莫辯。然而詎料既遭批判的「反動學術權威」，忽然被召喚起用，為「中央首長」注解「批孔」之用的《論語》，竟隨了北大另一哲學家悉被「請」入「梁效」的大批判組。「忽如一夜春風來」，「反動學術權威」於是再翻作人所不齒的「御用文人」而再遭批判。

二

魏建功和魯迅只有過一次衝突，那還是在他的學生時代。一九二三年，北大舉行「二十五週年成立紀念」，有「北大戲劇實驗社」演出了托爾斯泰的《黑暗之勢力》。當時在北京的俄國盲詩人愛羅先珂曾在他們表演時坐在幕後「看」了這一次表演，之後寫了一篇《觀北京大學學生演劇和燕京女校學生演劇的記》(1)，他「很老實，不知道恭維」（魯迅語），相反，對中國戲劇中不能男女同臺演出的現象進行了尖銳的批評，並為連大學生也不能免此陋俗而感到「寂寞」、「悲傷」。當時魏建功是「躬與其事的演者」，對愛氏的批評很不以為然，寫了《不敢盲從！》(2)一文進行反批評。魏文語多輕薄，甚至在「看」、「觀」、「盲從」這類字眼上做人身攻擊式的暗示，對愛羅先珂的生理缺陷進行了嘲諷。此文引起了魯迅的強烈反感，寫了《看了魏建功君的〈不敢盲從〉以後的幾句聲明》(3)一文，對魏利用人體質上的缺陷來嘲諷別人做了嚴厲的批評。認為這種做法「可憐，可羞，可慘」，並且說到，「我敢將唾沫吐在生長在舊的道德和新的不道德裡，借了新藝術的名而發揮其本來的舊的不道德的少年的臉上！」由此可見魯迅當時對此事的憤怒。

我們可以想像，大學生演出托爾斯泰的劇作，應是滿懷著激情，渴望得到一片讚揚的。然而，他們的熱情卻被愛羅先珂當頭澆了一盆冷水。魏建功說，「我們讀了愛羅先珂先生第一

段的文字，總該有沉重的壓迫精神的印象，以致於下淚」，他感到非常委屈。為什麼呢？年輕的魏建功是這樣表白的：

寂寞到十二萬分的國度，像今日的中國，簡直可以說「沒有戲劇」！哪談得到「好戲劇」？哪更談得著「男女合演的戲劇」？我們以前的國度黑暗，還要厲害於今日呢！前兩年真是一個為藝術盡心的團體可說沒有；假使愛羅先珂先生那時到中國，那又夠多麼寂寞而難受呵！我們真可憐可慘，雖然不准子弟登臺的父兄很多，而一向情願為藝術盡心，來做先鋒的並沒有畏縮；這才闢開「愛美的(4)為藝術的戲劇事業」的新紀元，所謂「藝術戲劇根苗」始茁芽在沙漠的大地上。所以中國的戲劇現在才漸漸有了，而且舊的戲劇卻正在殘燈的「復明時代」，和我們搏鬥，接著那文明式的新劇也要和我們決鬥呢！我們哪敢怠慢？

但我們從「沒有戲劇」引向「有戲劇」這面來，這點不能不算今日的國度是較昔日的國度光明了些微！從前的學生不演劇，輕視戲劇；而現在極力的提倡，盡心於藝術的戲劇；而演劇，這又不能不算是中國青年學生們對舊日的「優伶」的一個宣戰，和他們對藝術忠心的表示！

魏建功覺得，他們是中國「藝術的戲劇」的開拓者，他們開創了一個「新紀元」，他們的演出是在沙漠一樣的國度中綻出了新芽。他們這種可貴的努力，不僅沒有得到肯定，反而遭此非議，他能不生氣嗎？他當然很生氣。

愛羅先珂主要對沒有男女同臺演出感到奇怪，進而提出了「學優伶」的問題。對於前者，魏建功辯解說：「到現在，將戲劇當作藝術，肯為藝術盡心而與男子合演的女子，雖愛羅先珂先生叫斷嗓子，總難請得！」當時的女性不願意和男性同臺演戲，他們只能徒喚奈何。他又說：「在如此的現在中國黑暗藝術國度之下，沒有人肯與我們『男子』合演，而我們將何以盡力於有『女子』的戲劇？」我想，當時中國，男女剛剛同校不久，女生特別少，還沒有願意上臺和男生一起演出的女生，這是大有可能的，這應是實情。所以，魏建功認為，「我們現在只好求『才有戲劇』的國度，再光明些到『有好的藝術』的國度；那末，『男女合演的，真的，好的中國藝術』才可望產出。」愛羅先珂在俄國，見慣了男女同臺演出，看了中國男女如此授受不親，發一些感嘆，也是不足為奇的。今天看來，魏建功似乎不必如此在意。

最讓魏建功不能容忍的是，愛羅先珂把他們標新立異的開拓性的做為與中國的舊戲劇畫等號，說他們「竭力學優伶」。他說：「對我們演劇的人『藝術幼稚』可以說，『表現能力不足』可以說，……我們相信既盡心於藝術，腦子裡絲毫『優伶』的影子就沒有，——現在『優伶』

還是我們的仇敵呢！」魏建功把「優伶」、把舊戲劇當作自己的「仇敵」，愛羅先珂卻說他「學優伶」，這不就等於說他向他的「仇敵」學習，他和他的「仇敵」是一回事嗎？這怎麼能讓年輕氣盛的魏建功不生氣呢？他反駁道：

這種揣度和判斷，未免太危險，太「看」輕了我們是一點戲劇眼光都沒有的了！我相信他是「以耳代目」的看戲；而他竟以「耳」斷我們「似乎以為只要在舞臺上，見得像優伶，動得像優伶，用了優伶似的聲音，來講優伶似的話，這便是真的藝術的理想」，我卻以為似乎並不如他所理想，而至於此！

又說：

愛羅先珂先生說我們「學優伶」，未免太不清楚我們黑暗的國度之下的情形，而且把我們「看」得比「優伶」還不如了！「優伶的模樣」如何？愛羅先珂先生能以「耳」辨出嗎？即使如他所說，他能以「耳」辨出我們「學優伶」嗎？……愛羅先珂先生說我們「竭力的」，「鞠躬盡瘁的」，「學優伶」，以一位世界文學家批評我們幼稚的藝術實驗者，應該不應該用其揣度，而出此態度？我們很佩服他的人和言，但他對我們的這種批評，這種態度，卻實在料不到，真是為他抱憾！

文章的末尾，魏建功氣呼呼地說：「而我們為我們的人格上保障，也永不敢盲從愛羅先珂先生所說的『學優伶』一句話！」

我們知道，人在生氣的時候是很難有健全的理性的，所以，魏建功說了一些不該說的過頭話。但是，我們理性地看，愛羅先珂之所以說他們「學優伶」，是由沒有男女同臺演出或「男扮女裝」而引出的話題。他也許是無意間傷害了年輕人？

魯迅對魏建功的辯解，沒有用太多的筆墨，我以為，這倒不是說魏建功的辯解無理到不需批駁的程度，可能某種程度上魯迅認為他說的也不無道理。魯迅的憤怒不在於他的辯解，而在於他對殘疾人的傷害。魯迅指出魏建功有一顆「輕薄的心」：

> 若說對於魏君的言論態度的本身，則幸而我眼睛還沒有瞎，敢說這實在比「學優伶」更「可憐，可羞，可慘」；優伶如小丑，也還不至於專對他人的體質上的殘廢加以快意的輕薄嘲弄，如魏建功君。尤其「可憐，可羞，可慘」的是自己還以為盡心於藝術。從這樣輕薄的心裡擠出來的藝術，如何能及得優伶，倒不如沒有的乾淨，因為優伶在尚不顯露他那舊的腐爛的根性之前，技術雖拙，人格是並沒有損失的。

在魯迅看來，如此不尊重殘疾人的「輕薄」的人，是「人格」有「損失」的比「優伶」還

不如的人。這種人的藝術做為，能好到哪裡去呢？魏建功「以為中國已經光明了些，青年的學生們對著舊日的優伶宣戰了」，魯迅認為，「這誠然是一個進步」，但青年學生「則又何以如此奚落愛羅先珂君失明的不幸呢？『可憐，可羞，可慘』的中國的新光明！」這樣的「新光明」，魯迅認為「倒不如沒有的乾淨」。

當時，不僅魯迅對魏建功的文章強烈不滿，周作人等人也指出了這是不道德的。周作人以人文主義的人道立場，同情於愛氏失明的不幸，雖然是幼年即失明了的，「但在他是盲於目而不盲於心的，但雖然眼睛看不見，卻同人家一樣的讀書作文，思想談話。我們平常同他閒談，倒不免有多少忌諱，譬如關於繪畫、色彩、光線、風景、美人、影戲這些題目，我們覺得不能不有所顧忌，故意的迴避一點」，於是自然反感於魏的輕佻。周作人表示：「我不願意，因為這一點事便牽涉到作文者的人格上去，但我可以宣言這篇文章的『文格』確已完全沒有了」，但仍以溫煦藹然的態度「希望大家對於愛羅君一方面不要崇拜他為超人的英雄，一方面也不要加以人身的攻擊，即使當作敵人也未始不可，但必須把他當作人看，而且不可失了人間對待殘疾的人的禮儀」。就連發表魏建功文章的《晨報副刊》編者也特地在魏建功的文章後面加了這樣幾句說明：「題目中有一個字，和文中有幾個字上的引號，頗表出了不大好的態度，編者為尊重原作起見，不敢妄改，特此道歉。」看來，這是明眼人的共識，時至今日，也沒有人要為魏建功熱情受挫後的失態言論「翻案」。

三

此後，魏建功與魯迅仍有往來。那時魏建功正在聽魯迅的「中國小說史」。建國初期，魏建功在《憶魯迅先生》(5)一文中說：「魯迅先生對我的嚴厲申斥，情緒總不免有些波動，但對先生的敬仰並沒有改變，只有抱著一向對先生私淑的心懷虔誠地繼續聽講來回答先生。」風波過後，他仍然堅持每星期二下午去聽魯迅的課，並沒有為他們之間的筆仗去做辯解。魯迅在孫伏園的指點下，終於從課堂的座位上認識了這個「虔誠地聽講的」青年，感到了過去的事是「暫時的誤解」。魯迅在編選自己的雜文集時沒有收錄這篇「聲明」。魯迅先生在《集外集》的序言裡曾說「也有故意刪掉的：……或者因為本不過開些玩笑，或是出於暫時的誤解，幾天之後，便無意義，不必留存了。」當時魏魯的爭論影響很大，「哄動古城」。但後來魯迅不收此文，可見絕不是一時的遺忘，而確是「故意刪掉的」。魯迅的這篇文章，一直到一九四六年十月，由唐弢編《全集補遺》時才收錄了。也就是說，當年，魯迅原諒了自己年輕的學生。

「五卅」運動後，魏建功等人創辦了黎明中學，請魯迅代課。「先生沒有絲毫遊移，滿口

應允」。事實上，那時魯迅不僅身體不好，而且還正在與無理罷免他的章士釗進行訴訟。儘管如此，他還是盡自己最大的努力支持幫助魏建功等青年。他在給許廣平的信中寫道：「晚上來了兩個人，一個是忙於翻檢電碼之靜農，一個是幫我校過《唐宋傳奇集》之建功，同吃晚飯，談得很為暢快，和上午之縱談於西山，都是近來快事。」(6)可見，魯迅先生在原諒了自己的學生後，由於共同的追求，仍然保持了非常好的合作。

魏建功在《憶魯迅先生》中，認為自己《不敢盲從》一文，「犯了人身攻擊的錯誤，對一個殘疾詩人失去應有的同情，把辯解的真實話弄成尖刻失態的言語。」他對魯迅心存感激，滿懷深情地寫道：魯迅「不但講課，還要照常寫作、翻譯、替青年審校稿子和編輯報刊，往往夜以繼日地工作。先生為著青年們累病了！他一面嚴重地病著，一面嚴肅地工作，先生的這種精神，事隔三十年後的今天想起來，實在有無限的傷痛，無限的感激！」

※※

(1) 發表在一九二三年一月六日《晨報副刊》；另見《恩怨錄·魯迅和他的論敵文選》，今日中國出版社一九九六年十一月版。

(2) 發表在一九二三年一月十三日《晨報副刊》；另見《恩怨錄·魯迅和他的論敵文選》，今日中國出版社一九九六年十一月版。本文所引魏建功言論，除另有標明外，皆出此文。

(3) 魯迅《集外集拾遺補編》。本文所引魯迅文字，除另有說明外，皆出自此文。

(4) 英語 amateur 的音譯，意思是業餘的。

(5) 發表在《魯迅研究月刊》一九九四年第十一期。

(6) 魯迅《兩地書·一二五》。

「廢名」就是名

——魯迅與廢名

廢名（一九〇一—一九六七），小說家、散文家。原名馮文炳，字蘊仲，筆名病火等。湖北黃梅人。北京大學學生，後任北京大學講師、教授。著有短篇小說集《竹林的故事》，長篇小說《橋》、《莫須有先生傳》等。新中國成立後，寫了一本《跟青年談魯迅》，一九五六年中國青年出版社出版。一九五二年後任東北人民大學中文系教授、中文系主任。一九六三年起任吉林省文聯副主席。

二十世紀二〇年代，廢名與魯迅有多次往來，魯迅日記中，一九二五年提到了四次，一九二六年兩次，一九二九年一次。這些日記，除一次記有廢名送書給魯迅外，其餘多是這麼幾個字：「廢名來。」來幹什嗎？魯迅沒說，我想，無非談談讀書作文之類的吧！魯迅在幾封信中也提到了廢名。一九二六年八月八日在致韋素園的信中，魯迅說：「《關於魯迅……》須送廢名君二本（內有他的文字），希即令人送去。」魯迅說的這本書即《關於魯迅及其著作》，書中收有廢名的論文《〈吶喊〉》。早期的廢名對魯迅的小說是愛讀的，也有所研究。

廢名是一個詩人氣質很重的性情中人。比如他和湖北同鄉熊十力的關係就很能見其為學為人的卓爾不群。他們是好朋友，學術上又是論敵。周作人在《懷廢名》中談過一則趣事：「有余君與熊翁（指熊十力）同住在二道橋，曾告訴我說，一日廢名與熊翁論僧肇，大聲爭論，忽而靜止，則二人已扭打在一處，旋見廢名氣哄哄的走出，但至次日，乃見廢名又來，與熊翁在討論別的問題矣。」說到廢名的個性，北大教授、也是廢名學生的湯一介有這樣一段回憶：「廢名先生教我們大一國文。第一堂課講魯迅的《狂人日記》，廢名先生一開頭就說：『我對魯迅的《狂人日記》的理解比魯迅自己深刻得多。』這話使我大吃一驚，於是不得不仔細聽他講了。」廢名是周作人的學生和知己。一九三四年八月，周作人訪日期間，接見日本記者井上紅梅時，談及自己「在文壇上露頭角的得意門生」「只有三個」，其中提到的就有「用廢名這筆名的馮文炳」。周作人在《藥堂雜文．懷廢名》一文中認為廢名「實在是知道我的意思之一人」。

廢名對魯迅曾經極表推崇。比如，在《從牙齒念到鬍鬚》(1)一文中說：「魯迅先生近來時常講些『不乾淨』的話，我們看見的當然是他乾淨的心，（這自然是依照藹理斯的意見，不過我自己另外有一點，就是，我們的不乾淨也是乾淨，否則世上哪裡去找乾淨呢？）甚至於看見他的苦悶。」在《給陳通伯先生的一封信》(2)中更說：「說到魯迅先生，我要提出一個較大的問題，就是個性的表現。……魯迅先生一年來的雜感，我以為都能表現他自己，是

他『轉輾而生活於風沙中的瘢痕』。」在《駱駝草》第二期以「丁武」的筆名發表的《閒話》中，廢名雖然對魯迅多有非議，但也說：「我時常同朋友們談，魯迅的《吶喊》同《彷徨》我們是應該愛惜的，因為我認為這兩個短篇小說集是足以代表辛亥革命這個時代的，只可惜著者現在聽了我的話恐怕不高興了，倘若如此，我以為錯在他，不在我。我以為我的這句評語是衷心的讚美，不勝恭敬，著者也足以受之而無愧了，可慰他多年的寂寞與沉默。與著者同時代的，除了這兩本書沒有別的書。」廢名稱魯迅為「那時的一位孤獨者」。廢名在北京大學講解新詩，所編講義即後來行世之《談新詩》一書，其中有《魯迅的新詩》一章，推崇一九一九年所做《他》「好像是新詩裡的魏晉古風」。他說：「這首詩對於我的印象頗深，我總由這一首《他》聯想到魯迅先生《寫在〈墳〉後面》那篇文章，那時魯迅先生在廈門，我在《語絲》上讀到他這篇《墳》的後記，不禁想著他很是一位詩人。這個詩人的感情，自然還是以較早的這一首新詩表現得最美好，我們讀之也最感蒼涼。」

一九二九年，周作人與原駱駝社成員和其他一些青年作家商議，決定出版《駱駝草》週刊。週刊的主持人是周作人，實際的編輯、校對、發行工作由廢名、馮至辦理。《駱駝草》發刊詞中聲稱不談國事，不為無益之事，講閒話，玩古董，頗有頹然消沉之氣。

不過，令人遺憾的是，正是「不談國事」、「不為無益之事」的《駱駝草》創刊號上就發表了一篇丁武的《「中國自由運動大同盟宣言」》，說胡適、魯迅、郁達夫等都列名其上的這篇宣言，「真是不圖諸位之喪心病狂一至於此」。說發表這篇宣言的目的是要引起當局對自己的重視，以便「文士立功」。第二期上又發表了丁武的《閒話》，說他在創刊號上的那篇文章是「刺了魯迅先生一下」，並諷刺魯迅是「丟掉了自己」。魯迅在上海看到了《駱駝草》，讀到了丁武的文章，他在一九三〇年五月二十四日給章廷謙的信中說：「《駱駝草》已見過，丁武當係丙文無疑，但那一篇短評，實在晦澀不過。以全體而論，也沒有《語絲》開始時候那麼活潑。」丙文，即馮文炳，即廢名。

應該說，對廢名的叫戰，魯迅並不回應，態度是溫和的。魯迅為何持溫和的態度呢？我想，主要是考慮到《駱駝草》乃周作人主持。我們知道，與周作人分手後，總體上說，魯迅是持沉默態度的。當然，《駱駝草》以後，魯迅對廢名也不是一直沒有表明態度。一九三二年十一月二十日，在致許廣平的信中說：「周啟明頗昏，不知外事，廢名是他薦為大學講師的，所以無怪乎攻擊我，狗能不為其主人吠乎？」從末一句看，魯迅顯然對廢名很生氣。至於狗不狗的，係私下通信，講一點氣頭話，也不足為怪。

一九三四年，魯迅寫了一篇沒有發表的文章：《勢所必至，理有固然》。後人根據原稿，將其編入《集外集拾遺補編》。這篇文章主要是針對廢名的。

文章一開頭，魯迅便寫道：「有時發表一些顧影自憐的吞吞吐吐文章的廢名先生，這回在《人間世》上宣傳他的文學觀了：文學不是宣傳。」魯迅說的這篇文章，是指廢名一九三四年十月發表的《知堂先生》，文中說：「古今一切的藝術，無論高能的低能的，總而言之都是道德的，因此也就是宣傳的……當下我很有點悶窒，大有呼吸新鮮空氣之必要。這個新鮮空氣，大約就是科學的。」我們知道，魯迅有一個著名的觀點，即：一切的宣傳未必都是文藝，而一切的文藝都是宣傳。所以，魯迅認為廢名的「文學不是宣傳」的觀點，是「已經聽得耳膜起繭了的議論」。接著，魯迅從廢名的筆名「廢名」入手，分析道：「寫文章自以為對於社會毫無影響，正好稱『廢名』而自以為真的廢了名字一樣。『廢名』就是名。要於社會毫無影響，必須連任何文字也不立，要真的廢名，必須連『廢名』這筆名也不署。」魯迅認為文學是有用的，「假如文字真的毫無什麼力，那文人真是廢物一枚，寄生蟲一條了」。即使是廢物和寄生蟲吧，也還有文學觀，「他的文學觀，就是廢物或寄生蟲的文學觀」。接著，魯迅還批評了周作人的「為文學而文學」的觀點，以及無奈中說出的「棄文就武」的高論。這是題外話，就不說它了。

魯迅寫好了為什麼又不發表呢？我以為，一是顧及周作人；一是覺得「文學不是宣傳」的觀點很陳舊，再去說它，也覺無聊。

魯迅對廢名的評價是比較公正的，儘管有以上所敘的小不愉快，然而他一九三五年三月在《〈中國新文學大系〉小說二集序》中，對廢名的小說還是做了客觀評價：

> 後來以「廢名」出名的廢名，也是在《淺草》中略見一斑的作者，但並未顯出他的特長來。在一九二五年出版的《竹林的故事》裡，才見以沖淡為衣，而如著者所說，仍能「從他們當中理出我的哀愁」的作品。可惜的是大約作者過於珍惜他有限的「哀愁」，不久就更加不欲像先前一般的閃露，於是從率直的讀者看來，就只見其有意低徊，顧影自憐之態了。⑶

在這裡，魯迅給廢名的創作大致分了兩個階段，肯定了他的早期創作，指出了他後一階段所關心的範圍變得更狹小了，由社會人生退回到自我，在藝術表現上也失去了真率、自然。有褒有貶，雖是一家之言，讀者不難看出，魯迅是理性和克制的，其中，也自有真知灼見在。

***

⑴ 發表於一九二五年十二月十四日《京報副刊》，《一九一三—一九八三魯迅研究學術論著資料彙編》轉載，中國文聯出版公司一九八五年十月版。

⑵ 發表於一九二六年二月二日《京報副刊》，《一九一三—一九八三魯迅研究學術論著資料彙編》轉載，中國文聯出版公司一九八五年十月版。

⑶ 《魯迅全集·且介亭雜文二集》。

幽默問題、躲避紅軍及「人傑」之「戾氣」

——魯迅與吳組緗

吳組緗（一九〇八—一九九四）原名吳祖襄，筆名寄谷、野松等。安徽涇縣人。一九二九年入北平清華大學經濟系，後轉中文系，畢業後在清華研究院學習。一九三二年參加反帝大同盟、社會科學研究會等團體。一九三五年到泰山任馮玉祥的國文教師和祕書。一九四二年至中央大學國文系任教，並任重慶文藝界抗敵協會理事。一九四七年任南京金陵女子文理學院教授。新中國成立後任清華大學、北京大學教授、中國作協書記處書記，《人民文學》編委等職，主要從事古典小說研究。

魯迅與吳組緗並無正面衝突，但在私下通信中卻有所批評。

當年魯迅推薦他的作品時，他還是清華大學中文系學生。吳組緗一九三〇年開始發表短篇小說。早年作品透過個人的悲歡離合，反映封建保守勢力對新事物的摧殘。此後筆鋒轉向急劇破產的皖南農村，真實地寫出了發生在農村的各種紛繁的現實糾葛。短篇小說《一千八百擔》，暴露地主豪紳宋姓家族為爭奪宗祠一千八百擔積穀的醜態，筆致細膩，刻劃深刻，得到魯迅的肯定。

一九三四年，曾任上海《大美晚報》記者、《中國論壇》主編的美國人伊羅生，為了譯介中國現代作品，曾約請魯迅、茅盾選編短篇小說集《草鞋腳》，初時，魯迅推薦了《一千八百擔》，後因為太長抽下，「換一篇較短的」。此外，日本作家增田涉也多次翻譯吳組緗的作品，發表在日本的《改造》和《文學案內》等雜誌上，也多係魯迅推薦介紹的。不過，吳組緗本人並不知道這些情況，「直到解放後，經王瑤先生提示，讀了《魯迅書簡補遺》，才知道魯迅先生生前一直很關心我」。(1)

經魯迅推薦後，增田涉也喜歡上了吳組緗。他在讀了一些具有代表性的文學雜誌上發表的作品後，認為一般水準是低下的，但「其中只有吳組緗的作品例外」，說他的小說「真摯、凝重」。此後，增田涉與吳組緗有了書信往來。

當年吳組緗並不知道增田涉與魯迅的關係，因而對增田涉亦有不滿之處，這主要是在東三省淪陷的時代背景下，一個中國人對日本人的不滿。吳組緗把增田涉的信發表在上海的《太白》紀念特輯上，並就幽默問題，對增田涉進行批駁。

關於幽默問題的緣由，增田涉曾說：「因為是真正的作家（按：指吳組緗），我對他懷有好感，但是他過於死心眼的一面也使我感到困惑，稍微有一點疏忽或開兩句玩笑，立刻就會遭到他的反駁，而且採取責備的態度。我也就回擊一下他過於性急，過於簡單的思考方式，

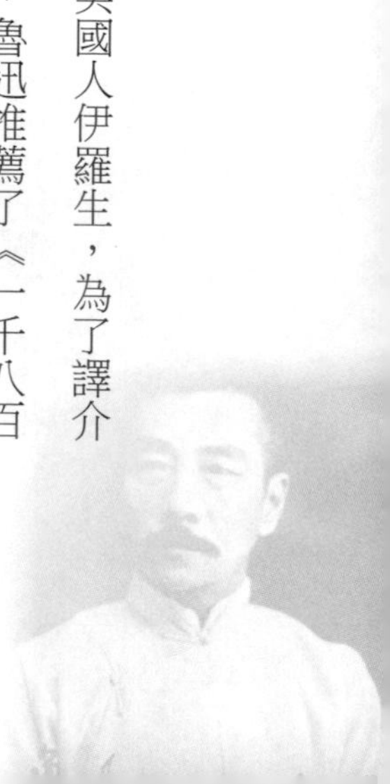

當然這樣做多少有點離題了，但是萬沒有想到，玩笑的結果，也就是離題的部分，被吳君在上海雜誌（《太白》紀念特輯）上引用發表了，而且從『增田涉先生的中文是日本式的，我不能完全讀明白……』這句話可以看出，他有些厭煩了。」(2)

吳組緗對增田涉「幽默是必要的」主張不滿，根據《斯文》上增田涉的文章，他寫道：

我欠少幽默，就因為我是個鄉下人的緣故。幽默是現代都市裡人的脾氣，都市裡的人大般是現世享樂的，他不肯正面去認識嚴肅的人生，凡事以一個笑話了之。然而鄉下人不是這樣的，鄉下人萬事認真，規規矩矩的做人，好好的找飯吃……他的實際生活不許他躲避這些嚴肅的事，因此他幽默不起來。我也曾在都市中生活過十多年，但這十多年我看見的、聽見的，全是我們民族我們社會最最嚴肅的事。對於這種種大事，我仍是以一個鄉下人的認真態度去體味去瞭解的。——我絕不能當成一件滑稽可笑的事情去告訴人家的。當我滿腹忿怒、滿腔血淚的時候，你要我說笑話，恕我說不出來，我沒有那種涵養的功夫！這是鄉下人的一種傻氣。

幽默的背後是悲觀，是消極。你們貴國的文學往往有點輕微的幽默。你們貴國是最喜歡自己剖肚子，自己投海自殺的民族。俄國人幹出光明人道的世界來。——契訶夫有點幽默，契訶夫是死灰色的。

這時候的中國人要嚴肅，應當正面迎上去，認識他的境遇。——你們也不應當躲避，不應當以幽默了之。

從這一段表述可以看出，吳組緗和許多鄉下人一樣，為生活所累，累得沉重，無法放鬆，所以笑不出來，更談不上幽默了。為生活所累的鄉下人，或者成為麻木的華老栓輩，或者成為嚴肅的吳組緗輩。當然，也有例外的，那就是魯迅說的農民式的幽默了。增田涉把吳組緗的信寄給魯迅，魯迅在一九三五年二月六日致增田涉的信中談了自己的看法：

我對吳君不大熟悉，但從他的回信所發的議論看來，我以為此人是頗不足道的。第一，我不贊成「幽默是城市的」的說法，中國農民之間使用幽默的時候比城市的小市民還要多。第二，把日本的切腹、投水等看作幽默，不知是何道理？嚴肅地觀察或描寫一種事物，當然是非常好的。但將眼光放在狹窄的範圍內，那就不好了。第三，俄國文學沒有幽默，這與事實相反。即在目前也有幽默作家。吳君好像是自滿的，如果那樣，就停留在一個小資產階級作家的地位了。依我看，和他通信也不會有什麼好結果。

但最近，紅軍進入此君的故鄉（安徽），據說他家的人逃到上海來了。

幽默是不分城鄉的，是人的個性素質使然，一個自稱農民的人的感受，不等於所有的農民

都是這樣了；切腹之類當然說不上是幽默，這是一個有愛國心的中國青年在當時的歷史背景下在挖苦日本人，是題外話，不知魯迅是否讀出了他題外的憤恨？至於俄國文學有沒有幽默，這要看怎麼立論了，說有，可以做一篇天衣無縫的大文章；說沒有，也可以做一篇洋洋灑灑的大文章。這些都是見仁見智的事情，無關宏旨。

但是，魯迅關於紅軍的「據說」——他非常慎重地加上了「據說」這兩個字——卻是與事實不符的。魯迅到底從什麼地方得悉這一「據說」的？目前尚不清楚。事實是，紅軍進入吳組緗的家鄉後，他的家人並沒有逃到上海去。讓魯迅始料不及的是，他在私人信札中提到的這個「據說」，卻給吳組緗帶來了長期的麻煩和困擾。因為，在一個歷史時期內，對待紅軍的態度，是「階級立場和階級感情問題」。關於這一問題，陳漱渝曾分析說：「……常常有意無意間把魯迅的每句話、每個論斷都放在毋庸置疑的地位，這種現象在大陸的歷次政治運動中表現得尤其充份。如利用魯迅的隻言片語來批判武訓、胡適、『四條漢子』，利用魯迅的隻言片語來『評法批儒』，評《水滸》、《紅樓夢》……凡被魯迅批評過的人，似乎都被釘在了歷史的恥辱柱上。他們難於為自己辯護，人們在一個時期內似乎忘了全面評估他們的歷史功過。」(3) 魯迅被利用了，成了陰謀家打人的棍子，這是魯迅的不幸。不過，這和魯迅又有什麼相干呢？吳組緗的情況，是頗具典型性的，他代表了一批被魯迅「隨便說說」的人在一九四九年以後的共同命運。

魯迅為什麼要特意告訴增田涉這件事呢？大約是想讓他明白，吳祖緗的家庭在社會上所處的經濟地位，以及由此可見他的政治態度吧！也可能什麼都不「為」，也許魯迅在什麼報看到或什麼人那裡聽到這一消息，增田涉說到吳祖緗，也順便提了一筆而已。我相信，魯迅絕無先見之明，留下這條「罪狀」，讓後人來整吳組緗。相反，躲紅軍的現象，在當時是不足為奇的，是為社會所接受的，因為紅軍是「匪」。魯迅是沒有惡意的。

一九四〇年十二月，吳組緗在重慶的《抗戰文藝》第六卷第四期上發表了《副官及其他——為紀念魯迅先生而想起的片段》(4)一文，這篇文章很少議論，有的只是形象，有小說氛圍，是散文筆調。文章的副題是「紀念魯迅先生……」從全文看，似乎作者並沒有詆毀魯迅的意思。但是，這篇文章的第二節卻引起了我的興趣。

這一節，他寫了一位「七十多歲的老先生」，據稱，他是一位「博學多聞之士」，曾在教會學校當過近二十年的學監，曾在幾所教會大學當過多年國文教師。孔孟經書讀得「滾瓜爛熟」，耶穌的全套博愛救世的道理，「他成天滿口的宣揚著」。這說明，他是學貫中西的。「我是個老青年，」他常說，「你們別以為我年紀大，我的腦筋可是挺新的。」這是他的夫子自道。這一天，他對包括吳組緗在內的幾個年輕人發表了他對魯迅的「高見」：

他慢慢地把手裡的一函書拔下牙簽，攤開在膝頭。防空洞口有太陽光射進來，我們看見那是最近出版的許廣平先生編的影印《魯迅書簡》。

「不是聽見你們都作興這個姓魯的嗎？」他得意地說：「我弄來這部他的書簡。是昨天孟委員請我吃飯，是他贈我的。這誠然是部好書。寫的好，做的好，稱得起『寫作俱佳』四個字。你們可以好好的研究他一番。這魯迅誠然是個人傑，的確是個人傑。」

說到這，他談了一大堆歷史上的「人傑」，接著吳組緗寫道：

他說，「這魯迅，即如唐之李太白，清之鄭板橋，是民國的一代人傑。你看他這一筆字，（他指著膝上的書簡）完全戛戛乎獨造。既不宗王，也不宗顏，不是魏碑，不是章草。什麼也不是。可是才氣橫溢，一點不俗氣。文也是好的，全然出於自然。愛說什麼，就說什麼，獨往獨來，絲毫不受拘檢。……你們常常魯迅魯迅，報上也魯迅魯迅，真是風靡一時。可是有一點你們未必知道。就是他的滿腹鬱結憂默之氣，……」

「什麼之氣？」朋友很好奇的插問道。

「你們不是常常說的憂默嗎？魯迅的文裡正就有憂默之氣，也就是鬱結之氣。這可千萬要當心！（朋友們半懂不懂，但都不禁嘻嘻的笑了）誠然，國事至於今日，憂也傷時，也是志士仁人所當有，不足為怪的。可是形之於文，傳之於後，影響可太大了。懷才不遇，牢騷發乎中，也是人情之所不免，但因此而鬱結為戾氣，不能遣解，則不但自苦，亦且害世。少年人受害尤其不淺。……魯迅的詩文，沒有一篇不是詆毀人的。哈哈，吾知之矣！罵人是多麼容易的事，那個罵人也可以罵的痛快淋漓！少年人缺少閱歷，惑於他的辭令，大家就競競尚之。如此風靡一時，造成風氣，後去真是豈堪設想！我告訴你們一句話，你們牢記著：人生處世，貴乎快樂和平，這是屬於陽性的。若整天憂默鬱結，患得患失，那就入於陰性一流。你們想想，一天到晚和和平平，坦坦蕩蕩，快快樂樂，那有多麼好！何苦牢騷滿腹，以詆毀詈罵為快，以諷嘲誹謗為能？我告訴你們，這樣的人，社會國家縱能容之，亦必不能自永其壽！不會活得長久的！屈原就是一個先例！屈原當初縱然不跳江，也必定鬱結而死，絕不能活個七十八十！何況屈原只為愛國，一片忠心，並不是成天亂發牢騷，也有其一種渾厚磅礡之氣，和戾氣又截然不同。你們看，吶，這裡，（他翻開折了角的一頁）這裡他自己說的：『我的靈魂裡有毒氣和鬼氣，我極憎惡他』。毒氣鬼氣全都是戾氣。鍾於靈氣，發為戾氣，這是末世之象，也怪不得他本人，可是我們少年人定要當心！我再告訴你，凡正氣之所鍾，如孔，孟，耶穌，那是我們可以效法，而應當效法的。凡靈氣所鍾的人傑，先不管他的戾氣不戾氣，你就連學也沒有法學的到。你們一片熱心，趁早收起來！我告訴你們，著書立言，是我們的職志，且吾人也亦有此志。但總須溫柔敦

厚。你們留心溫柔敦厚四個字！我今天說了半天，這四個字最重要！……」

反覆拜讀了這段文字，不得不承認，很難讀出吳組緗的態度來。他寫的幾乎是一篇散文了。在老先生發完怪論之後，吳組緗說：「老先生的魯迅論戛然中止，在我是覺得很可惜的。但即此已可以看出一個梗概：我相信他這番講論，佩服的必定不只孟委員一個人。」他是因為欣賞怪論而「可惜」呢，還是因為沒有聽完全這種誣衊魯迅的言論而「可惜」？或者說得明白一點，他是把老先生的話當作正面的還是反面的？我真的不得而知。本來，在一篇作品中是可以捕捉到作者的傾向的，但我還是覺得無須把「老先生」和吳組緗扯在一起。吳組緗的另一句話讓我產生了興趣，即：「我相信他這番講論，佩服的必定不只孟委員一個人」，就是說，無論吳組緗的傾向怎樣，但客觀上「老先生」所言，讓不少人信服，代表了一批人的觀點，這也正是我要批駁「老先生」的緣由——他是真人還是吳組緗塑造的人，這並不重要。

這裡不說吳組緗也吧，我們單表這位「老先生」。應該說，「老先生」的話，其戰術是陳舊的，表達的語言卻有一點古色古香，因而也有一點迷惑力。說他戰術陳舊，是因為他所採用的無非是先揚後抑的辦法；說他的語言表達有點與眾不同，那是因為他確實讀了一些古文，因而有了一點玄乎的歪理，所謂「人傑」、「靈氣」之類。儘管他把魯迅捧為「人傑」，但他仍按捺不住要對魯迅進行一番誣衊和攻擊。

「魯迅的詩文，沒有一篇不是詆毀人的」嗎？以詩而言，魯迅的「寄意寒星荃不察，我以我血薦軒轅」詆毀誰了？「躲進小樓成一統，管他冬夏與春秋」又詆毀誰了？惹不起，還躲不起？躲也不行，躲進小樓了，還是難成一統。以文而論，《故鄉》詆毀誰了？《論雷峰塔的倒掉》又詆毀誰了？便是「老先生」手上的《魯迅書簡》吧，魯迅又是如何詆毀人的呢？其實，魯迅點名道姓的所謂「罵人」文章，在他一生文字中，所佔還不到百之一二。「老先生」假裝很懂魯迅，實際上他並不怎麼讀魯迅的。若是有讀，空口白牙，怎麼會得出這樣的結論呢？「老先生」不過是聽多了一些人攻擊魯迅的言論，他也認同了這種言論而已。

憂國憂民，是一身正氣，還是滿腹「戾氣」？「老先生」說：「人生處世，貴乎快樂和平，這是屬於陽性的。」可是，民不聊生，國將不國，如何快樂？怎麼「和平」？他的話，讓我想起「商女不知亡國恨，隔江猶唱《後庭花》」的句子。他所講的「快樂」，與「商女」的快樂不知有多大的區別。「老先生」對讓人「憂默鬱結」、「牢騷滿腹」的社會不聞不問，倒也「和平」；對正人君子者流對魯迅的誣衊、詆毀頗是溫柔敦厚，倒也「和平」，卻故作高深地說魯迅的憂時憤世「社會國家縱能容之，亦不能自永其壽」。這真是庸人的哲學了，這真是自私自利者的哲學了。從屈原到魯迅，在中華民族的歷史上，有多少的仁人志士，他們何日何時顧及「自永其壽」？魯迅知道自己餘日無多，宋慶齡等敦促其出國就醫，先生斷

然婉拒，他首先想到的是「趕快做」。這一切，豈是「老先生」所可理解？有的人固然「自永其壽」，但他活著的時候就已經死了；有的人雖是未享天年，卻是「留取丹心照汗青」。

「老先生」還提到了屈原。他把屈原和魯迅聯繫在一起，只有這一點還可以證明他是有學問的。是的，魯迅和屈原一樣，都是人民的作家。可是，他對屈原的死卻很有點「聰明人」的看法，他說：「屈原當初縱然不跳江，也必定鬱結而死，絕不能活個七十八十！」（他的話不能不讓我想起王蒙之論嵇康，王蒙也是不論司馬氏集團的兇殘，卻怪嵇康如何與山巨源絕交，從而引來了殺身之禍）——是的，一個讓愛國者鬱結而死的社會，是怎樣黑暗的社會！是怎樣不人道的社會！我們乍看，似乎「老先生」人格頗健全，可是，他不責怪黑暗和不人道的社會，卻責怪屈原一類人的激憤自苦，這種無是非、無良心的所謂「健全」，不是極大的不健全嗎？

「老先生」雖是把魯迅與屈原並說，但他同時又認為，魯迅與屈原是不可比的，在他的眼裡，屈原「一片忠心」，是一個有「渾厚磅礴之氣」的人；而魯迅，有的只是「戾氣」。他的證據是，魯迅自己也說過，「我的靈魂裡有毒氣和鬼氣」。難道魯迅也應該像屈原那樣，對當代的國王也「一片忠心」，才算有「磅礴之氣」？他把魯迅的自我懺悔、把魯迅對現實的絕望都當作「戾氣」了。發現自己靈魂的毒氣和鬼氣，正說明魯迅嚴於解剖自己，是一個有無畏的懺悔精神的、在中國特別難得的盧梭一類人物；對當局的絕望，也不足以證明他便不愛這個國家了——歷朝歷代的當權者，總是把自己說成是國家的化身，黨國黨國，黨即國嘛。可是，國民黨偏安臺島，國卻依然，所謂流水的朝廷，鐵打的江山。

總而言之，「老先生」就是要年輕人「閉了眼看」，任你山河破碎、群魔亂舞，我自依然「溫柔敦厚」——他說了半天，最後的結論是這四字最重要。

文末，我要提魯迅逝世時，吳組緗在《中流》雜誌發表了《聞魯迅先生死耗》(5)的悼文。其中寫道：

> 我和魯迅先生沒有見過一次面，也沒有透過一次信，私人方面是半點關係都不曾有過。但是我讀過他的書。他教導我、鼓勵我，把剛強的正義感傳授給我。他把一切喬裝了的喝人血、吃人肉的魔鬼們的猙獰醜惡血淋腥臭的嘴臉剝露出來，叫我們認識；他把我們祖上遺留下來的卑怯愚昧種種的奴隸相一一指說出來，叫我們認識。他永遠站在被凌辱被損害的這一邊，永遠與強暴者搏鬥。他教我們奮振起來，一同抗戰。他原諒我們的幼稚，叫我們不要顧忌自己的缺點（我從一位朋友跟前聽到他告訴的這句話，我得到極大的鼓舞。）我的一點聰明、智慧（假如有的話），一點做人的態度（假如對的話），要仔細推溯，大半都是他啟發扶助起來的。我時時刻刻都在他跟前，他的呼吸我感覺得到，他的脈

搏跳動，血的沸熱我感覺得到。他的憤怒眼睛我看得見，他的慈愛的臉龐我看得見。一個新鮮活跳的人是無時無刻不在我的眼前。

魯迅先生是一切被壓迫者的代言人，真理與正義的戰士。他給我們大眾與青年留下一個永遠不朽的典範。

吳組緗對魯迅懷著多麼深沉的情感與敬意啊！新中國成立後，雖然「躲避紅軍」給吳組緗帶來不少可想而知的麻煩，但也沒有因為「據說」而怨恨魯迅，他在一九八一年第十期的《文藝報》上寫了《感謝與懷念》一文，表示對魯迅永遠心存感激。

※※※

(1) 陸曉燕：《〈魯迅修改的增田涉致吳組緗書簡原稿解說〉譯後記》，《魯迅研究月刊》一九八七年第六期。

(2) 《斯文》雜誌十七卷七號，一九三五年七月。

(3) 陳漱渝：《關於評價魯迅的若干問題》，《魯迅研究月刊》一九九三年第六期。

(4) 《一九一三—一九八三魯迅研究學術論著資料彙編》第三卷，中國文聯出版公司一九八七年三月版。

(5) 轉引自李正西：《魯迅與安徽現代作家》，《安徽統一戰線》二〇〇二年第五期。

不僅是斷句的差錯問題

——魯迅與劉大傑

劉大傑（一九〇四—一九七七），筆名修士、湘君，湖南岳陽人。文學史家、小說家、翻譯家。二十世紀二〇年代末至一九三七年在上海、安徽等地任大東書局編輯，安徽大學、暨南大學教授。與郁達夫等人過往甚密，寫有小說《支那女兒》、《昨日之花》、《三兒苦學記》，劇本《她病了》、《十年後》等，並翻譯了托爾斯泰的《高加索的囚人》、《迷途》，屠格涅夫的《兩朋友》、《一個無可救藥的人》，顯克維支的《苦戀》以及《雪萊詩選》等。一九三七年後歷任四川大學中文系教授、系主任，大夏大學、聖約翰大學中文系講師，上海臨時大學文法科主任，暨南大學文學院院長等職。側重文學史教學與研究。其主要文學史著作《中國文學發展史》分別於一九四一年和一九四九年出版。此外還寫有《托爾斯泰研究》、《易卜生研究》等外國文學研究論著。建國後歷任復旦大學中文系教授、代理系主任、全國文聯常務委員、中國作協理事、作協上海分會副主席等職。出版《中國文學發展史》的修改本，並發表中國古典文學研究論文多篇。

早在一九二八年五月，劉大傑寫了《〈吶喊〉與〈彷徨〉與〈野草〉》(1)一文，其中說：「魯迅的發表《野草》，看去似乎是到了創作的老年了。作者若不想法變換變換生活，以後恐怕再難有較大的作品吧。我誠懇地希望作者，放下呆板的生活，(不要開書店，也不要做教授)提起皮包，走上國外的旅途去，好在自己的生活史上，留下幾頁空白的地方。」劉大傑認識不到《野草》的意義和價值，出言不遜，淋漓盡致地表現了年輕人的狂妄。在他眼裡，彷彿魯迅已經江郎才盡，再難有什麼成就了。因而，他希望魯迅深入生活，並為魯迅安排了一個去處，去國外。深入生活固然是不錯的，又為什麼要深入到國外去呢？「放下呆板的生活」，應該是填補某種生活的空白呀！又怎麼「留下幾頁空白的地方」呢？劉大傑這裡有點不知所云，我給搞糊塗了。但，有一點我是清楚的，他當年頗像當代的某匹「黑馬」，指手畫腳，要作家們這樣而不要那樣。

魯迅的理解卻有所不同，他說：「……劉大傑先生的文章……我卻很感激的讀畢了，這或者就因為正如作者所說，和我素不相知，並無私人恩怨，夾雜期間的緣故。然而尤使我覺得有益的，是作者替我設法，以為在這樣四面圍剿之中，不如放下刀筆，暫且出洋；並且給我忠告，說是在一個人的生活史上留下幾張白紙，也並無什麼緊要。」(2)我理解，這裡魯迅也並沒有把劉大傑的話太當回事，不過隨便調侃一下，如此而已。而且寫這篇文章時，已是一九三二年四月二十六日，距劉大傑發表文章已過四年。魯迅的這篇文章既不是專門針對劉大傑的，也不曾在報刊上發表，而是直接收入《二心集》。魯迅是不計較的。

以上所提劉大傑的批評魯迅，與以下的魯迅的批評劉大傑，我以為並沒有因果聯繫。不過，有一點是明顯的，此後魯迅對劉大傑並無好感。一九三四年後，魯迅幾次批評劉大傑，但都沒有點出他的尊姓大名。「項莊舞劍，意在沛公」，魯迅抓住劉大傑技術性和知識性差錯不放，實際上是在嘲諷施蟄存主編的《中國文學珍本叢書》；是在挖苦林語堂，甚至經過他校閱的《袁中郎全集》，竟然還有那麼多的錯誤——畢竟劉大傑當年還年輕，也不是什麼舉足輕重的人物。

當年，由劉大傑標點，林語堂校閱的《袁中郎全集》；劉大傑校點的張岱《琅嬛文集》，被列入《中國文學珍本叢書》。出書後，有不少斷句、標點錯誤。比如，《廣莊·齊物論》中的一段，正確的標點應為：「色借日月，借燭，借青黃，借眼；色無常。聲借鐘鼓，借枯竹竅，借……」而劉大傑則錯點為：「色借，日月借，燭借，青黃借，眼色無常。聲借，鐘鼓借，枯竹竅借……」諸如此類。曹聚仁在一九三四年十一月十三日《中華日報·動向》上發表了《標點之不朽》一文，指出了劉大傑標點本的錯誤。

一九三四年十月二日，魯迅在《花邊文學·點句的難》一文中就提到了劉大傑的差錯。

一九三四年十一月十九日，魯迅在後來也是收入《花邊文學》的《罵殺與捧殺》一文中，把袁中郎做為被「捧殺」的例子，說：「人古而事近的，就是袁中郎。這一班明末的作家，在文學史上，是自有他們的價值和地位的。而不幸被一群學者們捧了出來，頌揚，標點，印刷……借得他一塌糊塗，正如在中郎臉上，畫上花臉，卻指給人家看，嘖嘖讚嘆道：『看那，這多麼「性靈」呀！』對於中郎的本質，自然是並無關係的，但在未經別人將花臉洗清之前，這『中郎』總不免招人好笑，大觸其黴頭。」這段話裡，「借得他一塌糊塗」的前面，魯迅引的就是曹聚仁指出的、我們上面提到的劉大傑錯點的句子。如此「一塌糊塗」，袁中郎當然是「大觸其黴頭」了。

無論如何，劉大傑的差錯，算不上什麼大錯——這既不是政治問題，也不是人生問題，而只是技術性和知識性問題，對於當年只有三十歲的劉大傑來說，似乎只要點到就行了。然而，魯迅在其他的文章中還不時提到這件事。一九三四年十一月十四日，魯迅在《答〈戲〉週刊編者信》一文中寫道：「據我所留心觀察，凡有自以為深通紹興話的外縣人，他大抵是像目前標點明人小品的名人一樣，並不怎麼懂得的，」(3) 捎帶挖苦了一下劉大傑。一九三四年十二月九日，魯迅在《關於新文字》一文中寫道：「最近，宣傳古文的好處的教授，竟將古文的句子也點錯了，……」(4) 指的是劉大傑。一九三五年四月二日，魯迅在《人生識字糊塗始》一文中寫道：「自以為通，別人也以為通了，但一看底細，還是並不怎麼通，連明人小品都點不斷的，又何嘗少有？」(5)（《且介亭雜文二集》）指的是劉大傑。一九三五年十二月十八日，在《「題未定」草（六）》中又說：「我買的『珍本』之中，有一本是張岱的《琅嬛文集》……但照標點看下去，卻並不十分『康莊』。」(6)針對的還是劉大傑。

魯迅對劉大傑這樣揪住不放，確實是不講恕道。但我又想，倘若純粹是劉大傑的斷句問題，倘不是和施蟄存的「珍本」以及林語堂的校閱糾纏在一起，對於此事，魯迅可能一句也不會提了——當時出版界，諸如此類的事甚多。我覺得，魯迅挖苦劉大傑，很大程度上是挖苦林語堂、施蟄存他們「弄爛古文」，折騰所謂「性靈」小品。

關於施蟄存和林語堂，已有專門介紹，這裡就略去不談了。

一九九二年十月十日，陳四益先生以「東耳」為筆名，在《文匯讀書週報》發表文章《〈袁中郎全集〉與〈雙峰記〉》，文中說：「劉大傑先生曾說過，標點是阿英搞。他那時從事革命工作，經濟上比較拮据，需要找點事換點稿費。但他不好公開露面，所以名字用的是劉大傑。至於標點的疏漏，可能是因為革命工作繁忙，無法靜下心來的緣故吧。解放後，此事已成過去，劉先生從不願談及此事，只對幾位非常熟悉的朋友談過內情。」如果劉大傑說的是事實，那劉大傑是在替阿英受罵。

針對這一觀點，倪墨炎先生寫了《劉大傑與〈袁中郎全集〉的標點》(7)一文，他參加過這件事的調查，而且調查的是當事人，結論具有權威性。倪黑炎在文章中說，「文革」末期，新的《魯迅全集》注釋工作開始，魯迅批評《袁中郎全集》標點錯誤的《點句的難》和《罵殺與捧殺》是收在《花邊文學》中的，該集由華中師範學院中文系的幾位教師為主進行注釋。

他們把徵求意見本寄給了劉大傑先生。劉先生正式向注釋組提出：「標點是阿英搞的。」並說：「阿英那時從事革命工作，需要錢用，又不便公開露面，所以用我的名義標點。他忙於革命工作，難免標點疏漏。」等等。接到劉先生的意見後，注釋組的同志走訪了阿英先生。當時阿英已重病在身，但病情有了好轉，不但頭腦清楚，還能扶著在室內走動。他聽了劉大傑的意見後，淡淡一笑說：「這是大傑記錯的。當時他是三十上下的青年。他在文壇上雖已露頭角，但名氣還不大，所以他標點後，還要掛上『林語堂校閱』的牌子。如果是我標點的，我名氣比他大，要借用他的名義做什麼。至於反動派追捕我，那是一九三五年的事，這書是一九三四年出版的，那時我還在文壇上公開活動，也沒有必要借用他的名義。」

注釋組和出版社編輯室的同志希望把阿英的說法告訴劉大傑，並當面向劉大傑核實。當時倪墨炎被借調在人民文學出版社參加《魯迅全集》的注釋工作，他家在上海，於是注釋組和編輯室的同志就託他和兩位去上海的大學教師一起瞭解一下此事。

一九七七年春節後不久，倪墨炎等人就去了上海萬航渡路劉大傑寓所。由於事先約好的，握手寒暄後，劉「開門見山就重說了一遍他向注釋組提出的『標點是阿英搞的』那些話」。待他說完後，他們轉述了阿英的話。並且告訴劉，「我們查閱了當年的《袁中郎全集》，第五冊的序是阿英署名寫的，說明阿英那時的確可以公開活動。如果阿英標點不便公開署名出版而要借用劉先生的大名，那這篇序卻何以由阿英署名呢？」「劉先生聽了我們轉述的阿英的話，和我們查閱的結果，沉思片刻，說：「我和阿英是老朋友，過去一直是互相幫助的。他既然這樣說，我沒有什麼好說的了。你們看著辦吧！」倪墨炎等堅持問道：「朋友之間，也要實事求是的弄清歷史面貌。劉先生是否可以提供別的證據？」劉說：「我沒有別的什麼證據。你們回京去時，見著了他，替我問好。」

倪墨炎先生在文章中還引用了當年《袁中郎全集》第三冊劉大傑的序中的一段話：「校刊一個古人的集子，實在是一件不容易的事。你至少得瞭解這一個人的生活思想和他的種種環境，要這樣，才可整理瞭解他的作品。像我這樣一個人，做這種事，才力是不夠的。然而自己又實在願意做這件事，沒有法，只好勉強地做下去。幸而有林語堂、郁達夫、阿英幾位先

生，盡量地幫助我，現在總算把它弄成功了。這幾位先生，有的替本書作序，有的供給我一些難得的關於中郎的書籍，特別是林先生，還擔任最後一次的校閱，我是應當在這裡表示深深的謝意的。最後，我還要感謝曹漱逸、胡雲翼兩位先生，他們也給了我一些有益的幫助。」倪墨炎寫道：「從這段話可見，標點確是劉大傑做的，阿英寫序在第五冊，此時他做的大概是提供袁中郎的一些版本吧！至於劉大傑是否另有助手，我們就不便妄猜了。」倪墨炎繼續寫道，「根據訪問和查考的結果，事情的真相應該說是明白的……此事不久，阿英先生和劉大傑先生先後作古，要是當年劉大傑沒有正式向注釋組提出他的說法，阿英也無從做出證明，可能真會以訛傳訛，在『幾位非常熟悉的朋友』中逐漸傳播開來，一面卻又打出『劉先生從不願談及此事』的旗號，使人更感到可信。但即使是這樣，事情的真相最終還是弄得清楚的，因為這部《袁中郎全集》本身就是鐵證。」

倪墨炎先生的這篇文章寫於一九九二年十一月二十一日，在收入《現代文壇內外》時又加了個「附記」，其中說道：「我們當初去拜訪阿英時，阿英正由當時的女婿吳泰昌扶著在室內散步。他與我們談到最後，還說了句：『大傑以為我已是植物人了，所以把這件事推在我身上。』我沒有把這句話寫入文章。劉大傑先生和阿英先生都是我所尊敬的大作家、大學者。我都曾為他們的著作寫過書話一類的小文章……」

我所認識的劉大傑，是書本中的劉大傑，對他在日常生活中的處世為人並不瞭解。他是不是一個誠實的人，不好妄斷。所以，對以上史實，也不好妄加評論。

還要寫一筆的是，「文革」期間，劉大傑秉承「時代的要求」，以批儒評法為主線，改寫《中國文學發展史》，當年，與楊國榮的《簡明中國哲學史》一樣，劉大傑的書大為走紅。劉大傑、楊國榮成了學術配合宣傳、配合政治的成功典範。粉碎「四人幫」以後，劉大傑是受到了一定的政治壓力的。

***

(1)《恩怨錄・魯迅和他的論敵文選》，今日中國出版社一九九六年十一月版。

(2)《魯迅全集・二心集》。

(3)(4)《魯迅全集・且介亭雜文》。

(5)(6)《魯迅全集・且介亭雜文二集》。

(7)倪墨炎：《現代文壇內外》，漢語大詞典出版社，一九九八年十二月版。

附錄二 「阿Q的運命」及其他

——關於鄭振鐸

魯迅與鄭振鐸交往的時間較長，往來也較頻繁。一九三三年初開始鄭振鐸與魯迅合編《北平箋譜》，以後又重印《十竹齋箋譜》。一般說來，他們的關係一直是比較平和的。

一九二六年鄭振鐸在《文學週報》第二五一期發表《「吶喊」》一文，對《阿Q正傳》的「大團圓」一幕，以及阿Q做了革命黨，「不以為然」，認為阿Q「至少在人格上似乎是兩個」。對此，魯迅寫了《〈阿Q正傳〉的成因》一文，予以批評。魯迅說：「據我的意思，中國倘不革命，阿Q便不做，既然革命，就會做的。我的阿Q的運命，也只能如此，人格也恐怕並不是兩個。」

到了晚年，魯迅在一些通信中，明顯地表現了對鄭振鐸的不滿。一九三五年十二月三日致台靜農的信中說：「《死魂靈》出單行本時，《世界文庫》上亦正登畢，但不更為譯第二部，因《譯文》之夭，鄭君有下石之嫌疑也。」鄭君即鄭振鐸。一九三五年十二月十九日致曹靖華信中說：「諦君之事，報載未始無因，《譯文》之停刊，頗有人疑他從中作怪，而生活書店貌作左傾，一面壓迫我輩，故我退開。但《死魂靈》第一部，實已登畢。」諦君亦即鄭振鐸。一九三六年四月一日致曹靖華信中說：「諦君曾經『不可一世』，但他的陣圖，近來崩潰了，許多青年作家，都不滿意於他的權術，遠而避之。他現在正在重新擺陣圖，不知結果怎樣。」所謂「重新擺陣圖」，大約是指成立了「作家協會」。一九三六年五月三日致曹靖華的信中說：「此間蓮姊家已散，化為傅、鄭所主持的大家族……舊人頗有往者，對我大肆攻擊，以為意在破壞。但他們形勢亦不佳。」《魯迅全集》的注釋稱，「蓮姊家」指「左聯」，「大家族」指作家協會，傅、鄭指傅東華、鄭振鐸。

狼是怎樣變成狗的

——關於向培良

向培良是狂飆社主要成員之一。一九二四年在北京中國大學讀書時開始接近魯迅，一九二五年四月魯迅創辦《莽原》週刊，他也參加了籌備工作。一九二六年魯迅曾為他選編小說集《飄緲的夢及其他》，並介紹到北新書局出版。魯迅南下前在女師大做演講，由他紀錄整理，題作《記魯迅先生的談話》，發表於《語絲》週刊。

魯迅在北京時，他一直很尊重魯迅。在魯迅離開北京南下後不久，他們的關係便趨於斷絕。以後他投靠國民黨，到南京主編《青春月刊》，鼓吹「人類的藝術」、「民族主義文學」，受到魯迅的批判。魯迅認為向培良是屬於「翻著筋斗的小資產階級」一類，他在《二心集》裡的《上海文藝之一瞥》一文中說：「類似的例，還可以舉出向培良先生來。在革命漸漸高揚的時候，他是很革命的；他在先前，還曾經說，青年人不但嗥叫，還要露出狼牙來。這自然也不壞，但也應該小心，因為狼是狗的祖宗，一到被人馴服的時候，是就要變而為狗的。向培良先生現在在提倡人類的藝術了，他反對有階級的藝術的存在，而在人類中分出好人和壞人來，這藝術是『好壞鬥爭』的武器。狗也是將人類分為兩種的，豢養牠的主人之類是好人，別的窮人和乞丐在牠的眼裡就是壞人，不是叫，便是咬。然而這也還不算壞，因為究竟還有一點野性，如果再一變而為吧兒狗，好像不管閒事，而事實在給主人盡職，那就正如現在的自稱不問俗事的為藝術而藝術的名人們一樣，只好去點綴大家教室了。」魯迅對向培良的抨擊是夠辛辣的了，活生生地勾勒出了一條狗的形象。這幾乎是一段寓言了。

向培良在一九二七年一月三十日上海《狂飆》（週刊）第十七期發表《「為什麼和魯迅鬧得這樣凶？」》一文，文中說：「我尚在北京的時候，一個朋友從廈門來，對我說魯迅跟一班人都合不大來，很生硬的（我說這話，大概魯迅又要以為我替他登反廣告了，哎！）我回答他，『大概是這樣。』其實，一個人是不應該孤獨起來，尤其不應該把自己的靈魂從時代引開。孤獨起來，只足證明自己沒有踏進新時代的勇氣。現在，在我們面前，已經呈現一個新時代的遠景了，而這卻不是孤獨者所能夠走得到的。一孤獨起來，便會漸漸不認識人家，不認識自己，而且會把不認識自己的人當作認識自己，認識自己的人反當作仇敵的。我們，並不是魯迅的仇敵，也不是任何人的仇敵；不願意和魯迅鬧，也不願意同任何人鬧。我們願意拿青年的同情，做所有人的朋友，大方家聯合起來，到新的時代去。……」他似乎要表示自己的大度，同時以自己的大度反襯魯迅的褊狹。魯迅去世後，向培良還寫了一些文章，罵

魯迅「褊狹」，比較出名的是一九四〇年十二月十一日發表在桂林《掃蕩報．文藝週刊》上的《狂飆週刊題記》一文，說魯迅「性情狷急，睚眥不忘……成了辛辣的諷刺者和四面揮戈的，不能自已的鬥士……魯迅先生全部的精力消耗於攻擊和防禦中，瑣屑爭鬥，猜疑自苦，胸襟日益褊狹，與青年日愈遠離，卒至於淒傷消鑠以死。」聶紺弩在《魯迅的褊狹與向培良的大度》（原載桂林《野草》月刊一九四一年第五期）一文中，以無可辯駁的事例說明了魯迅的「不褊狹」之後，寫道：和魯迅對於別人的不「褊狹」相反，向培良對於魯迅卻常常是「褊狹」的，「據我所知，他是像伍子胥鞭打楚平王的屍骸一樣鞭打過兩次了。我不知道和『褊狹』對立的，是不是就是大度，也不知道說別人『褊狹』，是不是因為自己大度，如果是，向培良先生一次兩次地鞭屍，莫非倒是大度的真正表現嗎？」聶紺弩採用以子之矛攻子之盾的方法，有力地回擊了向培良對魯迅的攻擊。

抗戰勝利後，國共內戰，向培良寫了劇本《彪炳千秋》（一九四七年《文藝先鋒》），吹捧蔣介石。新中國成立後，在中學教書。一九五四年，郭沫若託田漢寫信給他，請他赴北京共事，他婉言謝絕，決心「以有生之年為家鄉的教育事業盡微薄之力」。一九五八年被錯劃為「右派」，後又因寫過《彪炳千秋》劇本，被定為「歷史反革命」而入獄。一九五九年病逝於勞改農場。

「他們竟以為可欺」

——關於尚鉞

尚鉞當時是北京大學英文系學生，狂飆社成員。一九二五年後與魯迅往來較多，得到過魯迅許多幫助。魯迅離京後因受人挑撥，與魯迅產生隔閡，其後關係遂斷。在《兩地書．九五》中，魯迅說：「狂飆中人一面罵我，一面又要用我……尚鉞要將小說編入《烏合叢書》去，並謂前係誤罵，後當停止，附寄未發表的罵我之文稿，請看畢燒掉云。我想，我先前的種種不客氣，大抵施之於同年輩或地位相同者，而對於青年，則必退讓，或默然甘受損失。不料他們竟以為可欺，或糾纏，或奴役，或責罵，或誣衊，得步進步，鬧個不完。我常嘆中國無好事之徒，所以什麼也沒有人管，現在看來，做『好事之徒』實在也大不容易，我略管閒事，就弄得這麼麻煩。現在是方針要改變了，地方也不尋，叢書也不編，文稿也不看，也不燒，回信也不寫，關門大吉，自己看書，吸菸，睡覺。」這裡，魯迅半是真話半是氣話，對青年，他仍然是厚愛的。

「老頭子的確不行」

——關於潘梓年

潘梓年乃潘漢年之兄。一九二八年在《戰線》第一期上發表《談現在中國的文學界》（署名弱水）一文，將「子彈」「瞄準」魯迅，說魯迅「他和西瀅戰，繼和長虹戰，我們一方面覺得正直是在他這面，一方面又覺得辭鋒太有點尖酸刻薄，現在又和創造社戰，辭鋒仍是尖酸，正直卻不一定落在他這面……他那種態度，雖然在他自己亦許覺得罵得痛快，但那種口吻，適足表現出『老頭子』的確不行吧了……我們不禁想起了五四時的林琴南先生了。」對此，魯迅在《三閒集．我的態度氣量和年紀》中說：「這一段話雖然並不涉及是非，只在態度，量氣，口吻上，斷定這『老頭子的確不行』……粗粗一看，卻很像第三者從旁的批評。」接著，魯迅指出了潘梓年並非「公正」：「所以我和西瀅長虹戰，他雖然看見正直，卻一聲不響，今和創造社戰，便只看見尖酸，忽然顯戰士身而出現了。其實所斷定的先兩回的我的『正直』，也還是死了已經兩千多年了的老頭子老聃先師的『將欲取之必先與之』的戰略，我並不感服這類的公評。陳西瀅也知道這種戰法的，他因為要打倒我的短評，便稱讚我的小說，以見他之公正。」此後，魯迅似乎對潘梓年並沒有好印象了。一九二九年八月十七日在致章廷謙的信中說：「用種種方法罵我的潘梓年，也是北新的股東，你想可氣不可氣。」

「隱遁主義」

——關於馮乃超

馮乃超是後期創造社成員。一九二八年一月，他在《文化批判》創刊號上發表的《藝術與社會生活》一文，對魯迅有過形象化的攻擊：「魯迅這位老生——若許我用文學的表現——是常從幽暗的酒家的樓頭，醉眼陶然地眺望窗外的人生。世人稱許他的好處，只是圓熟的手法一點，然而，他不常追懷過去的昔日，追悼沒落的封建情緒，結局他反映的只是社會變革期中的落伍者的悲哀，無聊賴地跟他弟弟說幾句人道主義的美麗的說話。隱遁主義！」與此同時，石厚生（成仿吾）、李初梨、彭康、錢杏邨等紛紛撰文響應，形成了一個批判魯迅的小小的高潮。魯迅當然不會接受這種錯誤的批判，他先後寫了《「醉眼」中的朦朧》、《文藝與革命》、《我的態度氣量和年紀》等文（均收入《三閒集》）予以反駁，這就是中國現代文學史上著名的「革命文學」論戰。魯迅在《「醉眼」中的朦朧》一文中，把馮乃超和成仿吾等人捆在一起批駁，這我在有關成仿吾一文已有介紹，此不重複。

馮乃超等先後加入中共，在黨組織的幫助下，他們主動向魯迅道歉，並與魯迅一道，籌備成立「中國左翼作家聯盟」。

一九二九年冬，在柔石陪同下，馮乃超去景雲里魯迅住所第一次拜訪魯迅，三人暢談翻譯問題。次年初春，馮乃超與馮雪峰、柔石、潘漢年、李初梨等一起第二次去景雲里拜訪魯迅，商議「左聯」成立事宜。二月十六日，與魯迅、馮雪峰、柔石、夏衍、鄭伯奇、蔣光慈等十二人在上海北四川路一咖啡店召開座談會，決定成立「左聯」籌委會，馮乃超被推舉為《理論綱領》的起草人。二月二十四日，在《理論綱領》草成後，馮乃超第三次到景雲里拜訪魯迅，徵求他對《綱領》的意見。魯迅看後說：「就這樣吧。這種文章我寫不出。」三月二日，「左聯」成立大會召開，透過了《理論綱領》，成立了常務委員會，魯迅、馮乃超皆被選為常務委員，魯迅並發表了題為《對於左翼作家聯盟的意見》的重要講話。會後，魯迅成為中國左翼作家聯盟的盟主，馮乃超則擔任「左聯」第一任黨團書記兼宣傳部長。

梁實秋誣衊左翼作家拿蘇聯盧布，做蘇聯走狗。馮乃超在文章中即指斥梁實秋為「資本家的走狗」。梁先生答辯中說：「是哪一個資本家的，還是所有的資本家？我還不知道我的主子是誰……」魯迅看後對馮雪峰說：「有趣！還沒有怎樣打中了他的命脈便這樣叫了起來，可見是一隻沒有什麼用的走狗！……乃超這人真是忠厚人……我來寫它一點。」於是寫了《「喪家的」「資本家的乏走狗」》（收入《二心集》）一文，狠狠揭露了梁實秋。文章發表後，

魯迅又對馮雪峰說：「你看，比起乃超來，我真要『刻薄』得多了。……可是，對付梁實秋這類人，就得這樣。……我幫乃超一手，以助他之不足。」

一九三〇年九月，馮乃超和馮雪峰、柔石等同志一起，代表「左聯」為魯迅舉辦了五十壽辰紀念會，茅盾、田漢、葉紹鈞、傅東華等進步文化人士三十餘人參加，美國友人史沫特萊女士則為會議的安全盡了很大的努力。這次紀念會，不僅表彰了魯迅對中國文學事業、革命事業的貢獻，對廣大革命文藝工作者也是一個鞭策和鼓舞。

魯迅是「第幾階級的人」

——關於李初梨

李初梨是後期創造社成員。他在《怎樣地建設革命文學》一文中，反對甘人的「魯迅……是我們時代的作者」的觀點，他說：「我要問甘人君，魯迅究竟是第幾階級的人，他寫的又是第幾階級的文學？他所曾誠實地發表過的，又是第幾階級的人民痛苦？『我們的時代』，又是第幾階級的時代？甘人君對於『中國新文藝的將來與其自己』簡直毫不認識。」（一九二八年二月十五日《文化批判》第二號）對此，魯迅在《「醉眼」中的朦朧》一文中將其和成仿吾、馮乃超等捆在一起批駁，魯迅帶著諷刺的口吻說：「我的階級已由成仿吾判定：『他們所矜持的是『閒暇，閒暇，第三個閒暇』；他們是代表著有閒的資產階級，或者睡在鼓裡的小資產階級……』」也許魯迅以為李初梨的文章過於淺薄和無聊吧！他亦未用過多的文字去計較。

據周海嬰在《魯迅與我七十年》一書294頁記載：中國文聯第三屆全委會擴大會議近代組的會議上，「前輩李初梨說：『魯迅算什麼！郭沫若提出革命文學的時候，他還在喊虛無主義呢！』」並誣衊許廣平「和王關戚關係密切，王關戚一揪出來，就嚇死了」云云。周海嬰

只在書中為母親辯誣，而對李初梨的訓斥只能忍著聽。何滿子先生評論說：「倘他不是魯迅的兒子，換了別人，聽了這種放肆的『鞭屍』咆哮，就可以反唇相稽：『先生，您懂得什麼叫『虛無主義』嗎？您還不如重複當年郭沫若的老調，說魯迅是『封建餘孽』更到位呢！」

可見，李初梨們骨子裡並沒有改變對魯迅的「階級」認知，試想，倘沒有毛澤東的「三個偉大」在，他們還真的要把魯迅當作「封建餘孽」來對待的。

右執「新月」，左執「太陽」

——關於錢杏邨

錢杏邨即阿英，太陽社的主要成員。他在魯迅的印象裡是與右的對立的左的代表。在《「硬譯」與「文學的階級性」》一文中，魯迅有一生動的比喻：「就拿文藝批評界來比方吧……向南面擺兩把虎皮交椅，請梁實秋錢杏邨兩位先生並排坐下，一個右執『新月』，一個左執『太陽』，那情形可真是『勞資』媲美了。」（《二心集》）

在二〇年代末的革命文學論戰中，錢杏邨與創造社採取了同一步調，也對魯迅發動了攻擊，連續發表了《死去的阿Q時代》以及《死去的魯迅》等。錢杏邨認為魯迅的小說沒有反映五四時代的思潮，裡邊所寫辛亥革命前後的城鄉生活，不過是「天寶宮女，在追述著當年皇朝的盛事而已」。又說：「他的創作時代背景，時代地位，把他和李伯元、劉鐵雲並論，則是相宜的。」此外，魯迅的《匾》（收入《三閒集》）發表後，又遭到錢杏邨的攻擊，他在《「朦朧」以後——三論魯迅》中說：「『在文藝批評上比眼力』（按：係魯迅的話），魯迅不把他筆尖的血灑向青年，灑向下等人，這就是他的革命。嗚呼！現代社會並不如魯老先

生所說的這樣單純。所謂革命，也並不如魯老先生所說的這樣的幼稚。他始終沒有認清什麼是『革命』，而況是『革命精神』！」魯迅反駁創造社和太陽社最著名的文章是《「醉眼」中的朦朧》，這我在魯迅與成仿吾、魯迅與郭沫若等文中已有介紹，此不重複。魯迅在《〈奔流〉編校後記（一）》中說：「今年一說起『近視眼看匾』來，似乎很有幾個自命批評家鬱鬱不樂，又來大做其他的批評……這故事原是一種民間傳說……倘若其中仍有冒犯了批評家的處所，那實在是老百姓的眼睛也很亮，能看出共通的暗病的緣故，怪不得傳述者的。」這也算是對錢杏邨攻擊《匾》的平心靜氣的答覆吧！此外，魯迅對於錢杏邨《拓荒者》上引用盧那卡爾斯基的話，以為他推重大眾能理解的文學，「足見用口號標語之無可厚非」。魯迅認為，如此為「革命文學」辯護，「是有意的或無意的曲解」。顯然，魯迅認為標語口號是不能和文藝畫等號的。

「蔣光X」

——關於蔣光慈

蔣光慈曾名蔣光赤，大革命失敗後改「赤」為「慈」。太陽社主要成員之一。蔣光慈的改名，備受魯迅的奚落。在《三閒集．文壇的掌故》一文中，魯迅稱之為「蔣光X（恕我還不知道現在已經改了那一字）……」在《集外集．〈奔流〉編校後記》一文中，稱之為「蔣光Y」。兩個未知數都用上了。魯迅對蔣光慈的不滿，主要是由於太陽社和創造社聯合攻擊魯迅引起的。在這場有組織的對魯迅的聯合批判中，蔣光慈也在一九二八年《太陽》月刊二月號上發表了《關於革命文學》，以鄙夷不屑的口吻，說「中國現代文壇上幾個著名的作家」，「只是幼稚，幼稚，幼稚而已！」豈止「幼稚」而已，魯迅等人還成了「虛無主義作家」，其作品則是「虛無主義作品」。我們今天看蔣光慈們的腔調，才真正感覺到了他們當年除了幼稚，別無他物。在《偽自由書．後記》中，魯迅說：「事情是早已過去，恐怕有四五年了，當蔣光慈先生組織太陽社，和創造社聯盟，率領『小將』來圍剿我的時候，他曾經做過一篇文章，其中有幾句，大意是說，魯迅向來未曾受人攻擊，自以為不可一世，現在要給他知道知道了。」

魯迅認為，「其實這是錯誤的，我自做評論以來，即無時不受攻擊。」應該說，魯迅批評蔣光慈，還是比較溫和的。另外，魯迅對蔣光慈的中篇小說《短褲黨》不太滿意，認為「寫得並不好，他是將當時的革命人物歪曲了的……」

有時人發表文章稱「皖籍著名左聯作家蔣光慈，在二十世紀二〇年代的革命和文學活動中，與很多同志和朋友結下了深厚的友誼，如瞿秋白、郭沫若、錢杏邨、郁達夫、汪孟鄒等。原本很尊重魯迅先生的蔣光慈，卻在二〇年代末期與魯迅先生打了一場筆戰。回顧這場筆戰，可以讓我們從一個側面瞭解當年發生在左翼作家內部的那場文學論戰，瞭解蔣光慈在這場論戰中的思想、心態和地位，以及他何以成為魯迅先生的一位『論敵』而致頭上籠罩著幾乎難以消散的陰影……」除了太陽社和創造社合夥咬魯迅以外，魯迅就說了「蔣光X」幾字，何曾與蔣光慈打過什麼筆戰？查《魯迅全集》，魯迅專門回敬蔣光慈的文章一篇也沒有，又何言「而致頭上籠罩著幾乎難以消散的陰影」？既是「原本很尊重魯迅先生」，又如何亂咬？蔣光慈有那麼多朋友，是不是為了證明魯迅成不了他的朋友也錯在魯迅呢？魯迅有理也是沒理，當下冒出的這些莫名其妙的「學者」，做的怎麼老是這樣莫名其妙的「學問」？

「商業化」與拖欠版稅

——關於李小峰

李小峰，一九二三年北京大學哲學系畢業。學習期間曾聽過魯迅講授中國小說史。他是北大新潮社成員，曾與孫伏園經手辦理魯迅的《吶喊》、《中國小說史略》、《桃色的雲》、《苦悶的象徵》等著譯的出版事務。

由於魯迅和其他幾位作家的幫助，他在一九二五年三月創設北新書局，出版新文學書籍。魯迅當時除將自己大部分著譯交其出版外，又為之編選、校閱書稿，介紹作品，編輯叢書。李小峰所著的《兩條腿》就曾經魯迅精細修改。魯迅寫給《語絲》的稿件，也多由李小峰轉交編輯者。

一九二七年十月以後，魯迅在上海先後為北新書局編輯《語絲》和《奔流》兩種刊物，又給《北新》半月刊譯稿。但此時李小峰主持的北新書局已「大為商業化」了，在《語絲》上亂登商業廣告，大多稿件不經魯迅審閱就自行刊出，這使魯迅深感「自己編著的《語絲》，實乃無權」，於是在一九二八年十一月辭去《語絲》編輯職務。李小峰對《奔流》稿費，也

拖延不肯付給作者，這使魯迅大為不滿，一九二九年底出至第二卷第五期停編。北新書局還長期拖欠魯迅的鉅額版稅，寫信去催，他也不予理睬，故魯迅擬用法律方式解決。李小峰自知理虧，請郁達夫等人出面調解，答應分期付還所欠版稅。

以後，魯迅與李小峰仍有交往，他的新作《三閒集》、《兩地書》、《偽自由書》等，也仍交李小峰出版。

「落伍」與「浮起」

——關於鄭伯奇

鄭伯奇是創造社的主要成員，魯迅對成仿吾等人的批評一定程度上也包括了對鄭伯奇的批評。在《「硬譯」與「文學的階級性」》一文中，魯迅談到了他：「鄭伯奇先生現在是開書鋪……那時他還是革命文學家，便在所編的《文藝生活》上，笑我的翻譯這書（按指《文藝政策》），是不甘沒落，而可惜被別人著了先鞭。翻一本書便會浮起，做革命文學家真太容易了，我並不這樣想。」在《〈文藝政策〉後記》一文中，魯迅把以上這段話移植過來，又一次批評了鄭伯奇。在《集外集‧〈奔流〉編校後記（九）》一文中，又談到了所謂不甘「落伍」問題。魯迅說：「其實我譯這書，倒並非救『落』，也不在爭先，倘若譯一部書便免於『落伍』，那麼，先驅倒也是輕鬆的玩意兒。我的翻譯這書不過是使大家看看各種議論，可以和中國的新的批評家的批評和主張相比較。」

「牛奶路」——關於趙景深

一九三一年三月《讀書月刊》第一卷第六期發表趙景深《論翻譯》一文，提出「寧達而不信」的觀點，為誤譯辯解。他說：「我以為譯書應為讀者打算；換一句話說，首先我們應該注重於讀者方面。譯得錯不錯是第二個問題，最要緊的是譯得順不順。倘若譯得一點也不錯，而文字格裡格達，吉裡吉八，拖拖拉拉一長串，要折斷人家的嗓子，其害處甚於誤譯……所以嚴重的『信』『達』『雅』三個條件，我以為其次序應該是『達』『信』『雅』。」對此，魯迅在《二心集》裡《幾條「順」的翻譯》一文中，把趙景深和梁實秋聯繫起來，說：「在這一個多年之中，拚死命攻擊『硬譯』的名人，已經有了三代：首先是祖師梁實秋教授，其次是徒弟趙景深教授，最近就來了徒孫楊晉豪大學生。但這三代之中，卻要算趙教授的主張最為明白而且徹底了，那精義是──『與其信而不順，不如順而不信。』」魯迅的觀點是相反的，他認為：「譯得『信而不順』的至多不過看不懂，想一想也許能懂，譯得『順而不信』的卻令人迷誤，怎樣想也不會懂，如果好像已經懂得，那麼你正是入了迷途了。」接著，魯迅針對趙景深曾將契訶夫小說《萬卡》中的天河（Milky Way）誤譯為「牛奶路」，又將德國作家塞意斯的小說《半人半馬怪》誤譯為《半人半牛怪》，批評趙景深是「遇馬發昏，愛牛成性」，乃「牛頭不對馬嘴」的亂譯了。並說，這叫做「亂譯萬歲」！（《二心集．風馬牛》）

一九三二年十二月，魯迅在《教授雜詠四首》中的第二首挖苦了趙景深：「可憐織女星，化為馬郎婦。烏鵲疑不來，迢迢牛奶路。」（《集外集拾遺》）

沒有圈子正是圈子

——關於張天翼

魯迅對張天翼的批評，一是針對他的小說，一是關於文藝批評的圈子問題。關於小說，魯迅是在一九三三年二月一日致張天翼的信中直接批評的。魯迅說：「你的作品有時失之油滑……有時傷於冗長。」魯迅希望張天翼的作品結集時「再細細的看一看，將無之亦毫無損害於全域的節，句，字刪去一些，一定可以更有精彩。」

一九三三年十一月，杜衡即蘇汶在《現代》月刊第四卷第一期發表《新的公式主義》一文，其中轉引了張天翼的觀點：「友人張天翼君在他的短篇集《蜜蜂》的『自題』裡，對於近來的一些批評家，曾經說了幾句很有趣的話，他說：『他（指一位批評者——汶注）是不知從什麼地方拿來了一個圈子，就拿這去套一切的文章。小了不合式，大了套不進：不行。恰恰套住：行。』」魯迅在《花邊文學》裡的《批評家的批評家》一文中批評了這種沒有圈子的觀點。魯迅認為，號稱沒圈子，而其實這正是圈子。具體內容，我在魯迅與杜衡一文中已有介紹，此不重複。

名人選小說

——關於謝六逸

謝六逸曾經是上海商務印書館的編輯、復旦大學的教授。他曾編選過一本《模範小說選》，選錄魯迅、茅盾、葉紹鈞、冰心、郁達夫的作品，於一九三三年三月由上海黎明書局出版。他在序言中說：「翻開坊間出版的中國作家辭典一看，我國的作家快要湊足五百羅漢之數了。但我在這本書裡只選了五個作家的作品，我早已硬起頭皮，準備別的作家來打我罵我。而且罵我的第一句話，我也猜著了。這句罵我的話不是別的，就是『你是近視眼啊』，其實我的眼睛何嘗近視，我也曾用過千里鏡在沙漠地帶，向各方面眺望了一下。國內的作家無論如何不只這五個，這是千真萬確的事實。不過在我所做的是『匠人』的工作，匠人選擇資料時，必須顧到能不能上得自己的『墨線』，我選擇的結果，這五位元作者的作品可以上我的『墨線』，所以我要『唐突』他們的作品一下了。」謝六逸顧慮五人之外的人有意見，豈能料到，五人之內的魯迅也是不滿意的，他在《教授雜詠四首》中的「其四」，挖苦了謝六逸：「名人選小說，入線云有限。雖有望遠鏡，無奈近視眼。」可見，搞選本之類的，往往吃力不討好。

謝六逸任《立報》副刊編輯時，曾向魯迅約稿，一九三五年十月四日魯迅覆信，說了幾句客氣話，婉言謝絕。魯迅去世後，謝做五律《輓魯迅先生》：

魯雞啼甫旦，迅爾溘然逝！
先路千千言，生年五五歲。（週歲）
精心何潔白，神志特堅銳；
不料乍西歸，死哀人盡涕！

這是一首「藏頭詩」，每句第一字排下來，合成一句「魯迅先生精神不死」。

「他的親戚也和我一樣了呀」

——關於魏金枝

一九三三年四月，魏金枝在《再說「賣文」》一文中說，在一次宴會上，茅盾「問我為什麼到教會學校去教書。語意之間，似乎頗為不屑」，「但日子過得不多……茅盾的一個親戚，想到我在教書的教會學校裡來找事做了」。對此，魯迅是很不以為然的。茅盾認為魏金枝去教會學校教書似有不妥，也許是對他的才華的愛護；介紹親戚去，這是另外一個問題，可能茅盾的親戚沒有魏金枝這樣的才華，找工作只是為了謀生，也未可知。所以在《「文人相輕」》一文中附帶提及「魏金枝先生式的『他的親戚也和我一樣了呀』之類」的「文人相輕」法，給魏金枝以善意的批評。至於魯迅的《再論「文人相輕」》，原是並不涉及魏金枝的，說的無非是不能以「文人相輕」這四個字抹殺了文壇是非。但魏金枝因不滿於魯迅在《「文人相輕」》一文中對他的批評，發表了《分明的是非和熱烈的好惡》一文，說：「除了是非之外，還有『似是而非』的『是』和『非中有是』之『非』。」對魯迅的文章提出質疑。魯迅又寫了《三論「文人相輕」》、《四論「文人相輕」》兩篇雜文，批駁了魏金枝的觀點。魏金枝的文章，做為附錄，被魯迅收入《且介亭雜文二集》。

「第三種文學」

——關於韓侍桁

魯迅早期與韓侍桁的交情不淺。一九二九年，韓還在日本留學時，魯迅曾請馬幼漁等為他在北京謀職。一九二九年五月二十三日，魯迅致許廣平信中有「為士衡的飯碗去設法」。一九二九年七月三十一日致李霽野信中「薦了一個人，也各處被擠」，即指此事。韓侍桁曾參加「左聯」，後轉向「第三種人」。正當「左聯」在困苦戰鬥時，韓侍桁卻退出了隊伍，並從旁譏諷、謾罵。當楊邨人發表《離開政黨生活的戰壕》和《揭起小資產階級革命文學之旗》後，他在《讀書雜誌》第三卷第六期（一九三三年六月）發表《文藝時評·揭起小資產階級革命文學之旗》，其中說楊邨人是「一個忠實者，一個不欺騙自己，不欺騙團體的忠實者」；他的言論是「純粹求真理的智識者的文學上的講話」。魯迅因此挖苦說：「時代的巨輪，真是能夠這麼冷酷地將人們輾碎的。但也幸而有這一輾，因為韓侍桁先生倒因此從這位小將的腔子裡看見了『良心』了。」（《偽自由書·後記》）在《答徐懋庸並關於抗日統一戰線問題》一文中，魯迅是把杜衡、韓侍桁、楊邨人捆在一起，認為他們搞的是「第三種文學。」

此外，韓侍桁在《談說謊》一文裡，以為說謊的原因之一是由於弱，由於女人是弱者，所以女人講謊話「比男人來得多」。對此，魯迅寫了一篇《女人未必多說謊》予以批駁。魯迅認為「女人的替自己和男人伏罪，真是太長遠了」。此文收入《花邊文學》。

韓侍桁在《憶恩師魯迅》一文中說：「在我一生中對我影響最大的是魯迅和雪峰。魯迅是恩師，雪峰是畏友。」（《魯迅研究動態》一九八七年第七期）文中，他還談了他陪魏金枝去拜訪魯迅的事，「到了那裡，魯迅根本不睬我，好像沒有我這個人在場似的，看都不看。」「從此我就不到魯迅家去了。」

「非近於胖，就近於瘦」

——關於戴望舒

魯迅對戴望舒的批評集中在《南腔北調集》中的《又論「第三種人」》一文。一九三三年六月，戴望舒在《現代》第三卷第二期發表《法國通訊——關於文藝界反法西斯蒂運動》一文，他在報告事實的同時，「一併指明了中國左翼作家的『愚蒙』和像軍閥一般的橫暴」。他還認為，「在法國文壇中，我們可以說紀德是『第三種人』……」魯迅的文章對戴望舒的觀點逐一加以批駁。最後，對「第三種人」的含意進一步加以明確：「所謂『第三種人』，原意只是說：站在甲乙對立或相鬥之外的人。但在實際上，是不能有的。人體有胖和瘦，在理論上，是該能有不胖不瘦的第三種人的，然而事實上卻並沒有，一加比較，非近於胖，就近於瘦。文藝上的『第三種人』也一樣，即使好像不偏不倚吧，其實是總有些偏向的，平時有意的或無意地遮掩起來，而一遇切要的事故，它便會分明的顯現。」魯迅非胖即瘦的判斷，是與他一貫反對中庸，反對騎牆，反對正人君子的「公正」的思想和情感上鮮明的愛憎相一致的。

「歸於一丘」

——關於老舍

一九三四年六月十八日，魯迅在致台靜農的信中說：「文壇，則刊物雜出，大都屬於『小品』。此為林公語堂所提倡，蓋驟見宋人語錄，明人小品，所未前聞，遂以為寶，而其作品，則已遠不如前矣。如此下去，恐將與老舍半農，歸於一丘，其實，則真所謂『是亦不可以已乎』者也。」如何與老舍等「歸於一丘」呢？不得而知，然語氣中可見魯迅對老舍有所不滿。

土話、白話和拉丁化
——關於胡繩

一九三四年八月二十三日《中華日報·動向》發表了胡繩《走上實踐的路去——讀了三篇用土話寫的文章後》一文，認為用土話寫作不如用白話，土話比白話難。八月二十五日，魯迅也在同一報紙發表《漢字和拉丁化》一文，認為「只要下一番工夫，是無論用什麼土話寫，都可以懂得的」。魯迅認為中國語言的出路「只還有『書法拉丁化』的一條路」，而要拉丁化，和土語即大眾語文是「分不開的」。魯迅說：「不錯，漢字是古代傳下來的寶貝，但我們的祖先，比漢字還要古，所以我們更是古代傳下來的寶貝。為漢字而犧牲我們，還是為我們而犧牲漢字呢？這是只要還沒有喪心病狂的人，都能夠馬上回答的。」（《花邊文學》）魯迅和錢玄同一樣，曾有一段時間主張廢除漢字、實行漢字的拉丁化的。不過，這幾十年已經沒有人、至少沒有人大張旗鼓地再提「拉丁化」這件事了。

「理想人物」及其他

——關於楊振聲

楊振聲主張「用人工來製造理想的人物」。魯迅認為，這別無妙法，「唯一的方法是『說假話』」；然而，用「說假話」的方法塑造出來的所謂「理想人物」，「不過是一個傀儡，她的降生也就是死亡」。（《且介亭雜文二集．〈中國新文學大系〉小說二集序》）魯迅對楊振聲的小說是持不以為然的態度的。

魯迅對楊振聲似乎有一點成見，對他的態度是不屑的。一九二九年七月二十一日致章廷謙的信中說：「青島大學已開。文科主任楊振聲，此君近來似已聯絡周啟明之流矣。此後各派分合，當頗改觀。語絲派當消滅也。陳源亦已往青島大學，還有趙景深沈從文易家鉞之流云。」楊振聲與陳源他們搞在一起，魯迅當然是不會有好感的。

不喜歡「身邊瑣事」

——關於葉聖陶

魯迅對葉聖陶的童話創作曾給予較高評價，在《表》的「譯者的話」中，魯迅說：「十來年前，葉紹鈞先生的《稻草人》是給中國的童話開了一條自己創作的路的。」但魯迅對葉聖陶的小說創作，似乎持不以為然的態度。一九三六年二月三日他在致增田涉的信中說：「葉的小說，有許多是所謂『身邊瑣事』那樣東西，我不喜歡。」魯迅的批評，固然有對的一方面，也有不夠全面的地方，葉聖陶的《倪煥之》、《多收了三五斗》等等，不完全是「身邊瑣事」。

葉聖陶的公子葉至善在《魯迅研究月刊》二〇〇五年第九期發表文章《葉聖陶與魯迅先生二三事》，對魯迅的「身邊瑣事」說進行分析，不無道理：

> 魯迅先生不喜歡「所謂『身邊瑣事』那樣的東西」，在《小說二集》的《序》中已經有所表示了。我父親拘泥於寫自己熟悉的事物，把身邊的小事做為小說的資料，是不可避免的。但是小事不一定就是「瑣事」，魯迅先生自己，不也常常把身邊的小事做為小說的資料嗎？我看「小事」與「瑣事」是有區別的，區別大概在於有沒有普遍的社會意義，所

以大家並不把魯迅先生的《一件小事》看作「身邊瑣事」。魯迅先生不喜歡的「身邊瑣事」到底指哪一些，倒是個值得研究的問題。對我父親的小說，魯迅先生雖然沒作更多的評論，有他自己的譯著在，有他對別人的作品的評論在，這個問題想來是不難弄清楚的。

有人覺得有點奇怪，在《小說二集》的《序》中，魯迅先生才說過「葉紹鈞有更遠大的發展」，過了十個來月，怎麼又不喜歡「葉的小說」了呢？有人說，魯迅先生不喜歡的是「所謂『身邊瑣事』那樣的東西」，「葉的小說」雖然「有許多」，並非全部都是。也有人說這兩句話說的是兩碼事，有沒有發展是客觀事實，喜歡不喜歡是個人愛好；意思是不能用後一句來否定前一句。兩種解釋都有替我父親辯護的傾向，我當然也十分感激。

「毛姑似亦在內」
——關於茅盾

魯迅與茅盾一生友誼甚厚，然魯迅對他亦小有不滿。「兩個口號」論戰，魯迅與茅盾的意見就大不一致。據馮雪峰說：「魯迅不支持『國防文學』主張」魯迅還曾對馮雪峰說過：「『國防文學』不過是一塊討好敵人的招牌罷了，真正抗日救國的作品是不會有的。」後來由於馮雪峰做了工作，魯迅才勉強轉變看法，認為兩個口號可以並存。而茅盾一開始是明確支持「國防文學」的，他說「國防文學」是當時文學的中心點，是真正的民族文學。（茅盾《需要一個中心點》）而對「民族革命戰爭的大眾文學」他本來是不同意的，後來是馮雪峰告訴他這一口號是魯迅提的，他才表示同意。他的兒子說：「文革」後不久，當茅盾知道這一口號是胡風、馮雪峰提的，「這使爸爸有一種受欺騙、受侮辱的感覺」。這就是說，茅盾不是看這一口號的正確與否，而是看是誰提出來的：是魯迅提的，他便同意；是胡風提的，他便反對。看來魯迅、茅盾對「兩個口號」的真正態度是截然相反的。

一九三六年四月，馮雪峰從陝北來到上海魯迅身邊，魯迅曾對馮雪峰說：「近年來，茅盾對我也疏遠起來了。他沒有搬家前，我們同住一里弄，有的事當面一談就可以解決，可就不當面商量。」（《新文學史料》第二輯第 250 頁）對此，茅盾在《需要澄清一些事實》一文裡是這樣「澄清」的：「我直到看見馮雪峰六十六年所寫的資料中說，『魯迅幾次提到，近年來，茅盾對我也疏遠起來了』這才想起『疏遠』的根源是在一九三五年下半年我也對魯迅說過胡風形蹤可疑，與國民黨有關係，而且告訴魯迅，這消息是從陳望道、鄭振鐸方面來的，他們又是從他們在南京的熟人方面聽來的。但是魯迅當時聽了我的話，臉色一變，就顧左右而言他。從此以後，我就無法與魯迅深談了，即魯迅所謂對他『疏遠』了。我真不理解，胡風何以有這樣的魅力，竟使魯迅聽不進一句講胡風可疑的話。」（《新文學史料》第二輯）這些文字，茅盾寫於一九七八年六月至八月間。茅盾在文末更進一步寫道：「即使事情牽涉到魯迅的知人之明，我們也應該實事求是，這並不有損於魯迅之為三〇年代左翼文藝運動的旗手。」言外之意，魯迅是沒有知人之明的，胡風後來成了反革命份子，便是證明。但是，僅僅以「形蹤可疑」和「南京來的」傳聞，就對同一營壘中的同志的政治身分，如此這般地說一通，則未免輕率。魯迅的態度是：「證據薄弱之極，我不相信！」（《答徐懋庸並關於抗日統一戰線問題》）當年，胡風冤案尚未平反，再往胡風頭上扣一盆屎，也未必只有姚文遠一類政治

騙子才做得出。特別指明馮雪峰的資料寫於六十六年，是不是暗示人們，那年代的資料是沒有可信度的？

「《譯文》事件」與茅盾也有關係。《譯文》雜誌是魯迅創議，鄭振鐸、茅盾等支持，由生活書店出版的。茅盾將黃源介紹給魯迅在《譯文》當編輯，《譯文》銷路不錯，黃源開始有名氣了。這時鄭振鐸出於某種考量想撤掉黃源，這事是徵得茅盾同意的。於是他們約魯迅吃飯，想在席上和魯迅商議此事。魯迅到後，他們馬上提出撤黃源問題。魯迅聽了，臉一沉，筷子一放便走了。魯迅後來說，這是用「吃講條」要脅他。魯迅深知茅盾與鄭振鐸關係不錯，魯迅這次離宴也是對茅盾的一種不滿，黃源是茅盾介紹的，可是關鍵時候茅盾卻騎牆。在撤黃源問題上，茅盾並未與魯迅站在同一邊。這裡，魯迅對茅盾疏遠乃至不滿是顯而易見的。

一九三六年五月三日，魯迅在致曹靖華信中說：「此間蓮姊家已散，化為傅、鄭所主持的大家族，實則借此支持《文學》而已，毛姑似亦在內。舊人頗有往者，對我大肆攻擊，以為意在破壞。但他們形勢亦不佳。」這裡，「蓮姊家」指「左聯」，「大家族」指作家協會，「毛姑」指茅盾。

二十世紀七〇年代末，茅盾還提出所謂神化魯迅問題，李何林等人曾予以反駁。

國家圖書館出版品預行編目(CIP)資料

太陽下的魯迅：魯迅與左翼文人 / 房向東著.
-- 第一版. -- 臺北市：樂果文化事業有限公司出版：
紅螞蟻圖書有限公司發行, 2022.04
面； 公分. --(樂生活；53)
ISBN 978-957-9036-40-5(平裝)

1.CST: 周樹人 2.CST: 傳記 3.CST: 學術思想 4.CST: 文學評論

782.884 111000793

樂生活 53
太陽下的魯迅：魯迅與左翼文人

作　　　者 ／ 房向東
總　編　輯 ／ 何南輝
行 銷 企 劃 ／ 黃文秀
封 面 設 計 ／ 引子設計
內 頁 設 計 ／ 沙海潛行

出　　　版 ／ 樂果文化事業有限公司
讀者服務專線 ／ (02) 2795-3656
劃 撥 帳 號 ／ 50118837 號　樂果文化事業有限公司
印　刷　廠 ／ 卡樂彩色製版印刷有限公司
總　經　銷 ／ 紅螞蟻圖書有限公司
地　　　址 ／ 台北市內湖區舊宗路二段 121 巷 19 號(紅螞蟻資訊大樓)
電話：(02) 2795-3656
傳真：(02) 2795-4100

2022 年 4 月第一版　定價／ 400 元　ISBN 978-957-9036-40-5